前言

员工手册，顾名思义就是给员工看的“小册子”，现在无论企业是大是小，都会制定一份员工手册。一般来说，员工手册有两个作用：一是对公司的相关规章制度进行说明，包括公司的发展史、发展前景、企业文化等；二是帮助员工快速了解公司，并对员工的日常行为进行规范。这样看来，员工手册能够加强公司制度的要求，提升公司整体效率，对公司发展有很重要的作用。

在实际工作中，编写一份员工手册并不是一件容易的事情，很多企业只能高价聘请外部人员编制公司员工手册。不仅浪费经营成本，而且外部人员编制的内容与公司实际情况的契合度可能不高，员工手册容易漏洞百出。所以作为公司人力资源部的员工，应该不断提高自己的专业能力，按照要求和实际情况为公司定制一份员工手册。

为了帮助相关工作人员找到编制员工手册的方法，使员工手册更加专业和完整，本书从员工手册的编制流程出发，从不同的行业、不同的角度来讲解编写员工手册的基础知识和要点。

本书包括 8 章，可分为 3 个部分，各部分的内容如下所示。

◎ 第一部分：第 1 章

这部分主要介绍了员工手册的基本编制流程，包括基本内容的认识、员工手册各要点部分的讲解以及员工手册的风险防范、发布和使用。通过该部分的讲解，相关工作人员能够了解员工手册编写的基本要点。

◎ 第二部分：2 ~ 6 章

这部分从不同行业出发，对各行业应该注意的员工手册的重点内容进行了展示和分析，以实际案例供相关工作人员借鉴和学习编写。涉及的行业包括服务行业、生产销售行业、研发行业、建筑行业以及一些特殊的其他行业。

◎ 第三部分：7 ~ 8 章

这一部分重点讲解如何使用 Word 和 PPT 编制和展示员工手册。使用 Word 制作员工手册是为了纸质文件的打印，使用 PPT 制作员工手册则是为了新员工培训讲解。这部分从文本内容的输入、字体格式的调整、页面的美化等部分讲解相关操作，并配有步骤截图，内容更直观。

本书语言简洁精炼、通俗易懂，内容上包含了员工手册的基础知识、实际案例及案例分析，丰富翔实。另外，本书以案例 + 分析的展示方式将各行业员工手册中涉及的制度、管理规则、工作流程图、表单等进行了呈现，使员工能够活学活用。本书适合企业管理人员、行政人员、文秘以及行政管理相关专业学生学习使用。

最后，希望所有读者能从本书中获益。由于编者能力有限，对于本书内容不完善的地方希望获得读者的指正。

编 者

2019 年 12 月

为方便读者学习，可扫描下方二维码或输入网址 https://pan.baidu.com/s/1sI4bAaIqFUGngiFTBJijOQ 提取码：2toh 获取本书配套模板文件。

YUANGONG SHOUCE
BIANZHI SHICAO
(Fangfa+Jiqiao+Zhidu+Guifan)

员工手册编制实操

方法+技巧+制度+规范

王晓均◎编著

中国铁道出版社有限公司
CHINA RAILWAY PUBLISHING HOUSE CO., LTD.

内 容 简 介

本书是一本专门介绍企业相关工作人员如何编制员工手册的书籍，书中详述了员工手册的编制流程、各行业员工手册案例分析以及用 Word 和 PPT 制作员工手册的一些方法步骤，对员工手册的编制提供相关指导。

全书共8章，主要内容分为3部分。第一部分介绍了员工手册的基本内容、编制要点，以及风险防范、发布和使用；第二部分详细讲解了不同行业的员工手册案例，并对其中的重点内容进行了分析；第三部分介绍如何用 Word 和 PPT 编制、展示员工手册。

本书在讲解过程中，展示了许多的案例、组织结构图、工作流程图以及工作表单，书中模板稍做修改即可使用。无论你是想要从事行政管理工作的毕业生，还是有一定经验的行政管理从业人员，都可通过学习本书，了解员工手册的编制方法。

图书在版编目（CIP）数据

员工手册编制实操：方法 + 技巧 + 制度 + 规范 / 王晓均编著 .—北京：中国铁道出版社有限公司，2020. 6

ISBN 978-7-113-26671-4

Ⅰ . ①员… Ⅱ . ①王… Ⅲ . ①企业管理－人事管理 Ⅳ . ① F272. 92

中国版本图书馆 CIP 数据核字（2020）第 031837 号

书　　名：员工手册编制实操（方法 + 技巧 + 制度 + 规范）

YUANGONG SHOUCE BIANZHI SHICAO (FANGFA+JIQIAO+ZHIDU+GUIFAN)

作　　者：王晓均

责任编辑：王　佩　张文静　　**读者热线电话：**（010）63560056

责任印制：赵星辰　　**封面设计：**宿　萌

出版发行：中国铁道出版社有限公司（100054，北京市西城区右安门西街 8 号）

印　　刷：三河市兴达印务有限公司

版　　次：2020 年 6 月第 1 版　2020 年 6 月第 1 次印刷

开　　本：700 mm×1 000 mm　1/16　**印张：**16. 5　**字数：**206 千

书　　号：ISBN 978-7-113-26671-4

定　　价：55. 00 元

目录

第 1 章　梳理员工手册的编制流程

每到招聘季，企业内就会迎来一批新员工，新员工对企业的基本规章制度、企业文化、企业各种事项的遵循与办理都存在问题，而编制员工手册可以很好地解决这些问题。员工手册的内容、结构都很复杂，需要相关人员按流程进行编制，才能真正编制出适合企业的员工手册。

1.1　弄清员工手册的基本内容　/2

1.1.1　员工手册能做什么　/2

1.1.2　员工手册的内容结构　/3

1.1.3　员工手册的框架结构　/11

1.2　掌握编写员工手册的大致方案　/12

1.2.1　员工手册的编写原则和注意　/13

1.2.2　员工手册的编写流程　/16

1.2.3　员工手册封面设计　/20

1.2.4　员工手册前言怎么写　/24

1.2.5　员工手册的附则编写　/26

1.2.6　编写员工手册切忌几点　/28

1.3 员工手册的风险防范、发布和使用 /29

1.3.1 未公示的风险及防范措施 /29

1.3.2 如何进行手册的发放与签署 /32

1.3.3 员工手册内容上的风险防范 /33

第2章 服务行业类员工手册

服务行业主要通过贩卖服务来运营整个企业，所以服务行业看重的员工仪容仪表、礼仪规范、服务用语、行为规范都可以成为服务类企业员工手册的选择内容。如何抓住重点，使用好规范用语，可以通过本章来简单了解一下。

2.1 餐饮行业员工手册 /36

2.1.1 仪容仪表规范 /36

2.1.2 食品卫生检查规范 /39

2.1.3 工作时间规定及加班管理 /41

2.1.4 薪资管理 /42

2.1.5 休假管理 /44

2.2 物流公司员工手册 /46

2.2.1 员工基本行为守则 /47

2.2.2 工作服管理规范 /48

2.2.3 服务规范 /50

2.2.4 考勤制度 /51

2.2.5 附则 /53

2.3 物业公司员工手册 /56

2.3.1 物业人员礼貌用语规范 /56

2.3.2 奖罚规定 /59

2.3.3 商户和住户投诉处理规范 /62

2.3.4 回访制度 /63

2.3.5 物业公司安全管理规范 /65

第3章 生产销售类员工手册

选择供应商、采购原材料、加工生产、销售是生产销售类企业的主要工作项目，这类企业的员工手册除了基本的企业介绍、人事制度、考核制度之外，还需要加入有关采购、生产等方面的内容，使员工手册更丰富且有重点。

3.1 商品销售类企业的员工手册 /68

3.1.1 员工出差管理规范 /68

3.1.2 促销员管理制度 /71

3.1.3 临时工管理制度 /73

3.1.4 福利制度 /76

3.1.5 客户信息管理制度 /78

3.1.6 销售提成管理制度 /82

3.1.7 销售回款奖惩办法 /84

3.1.8 销售合同管理制度 /87

3.2 食品加工公司员工手册 /90

3.2.1 公司架构图 /90

3.2.2 宿舍管理制度 /92

3.2.3 生产卫生管理制度 /96

3.2.4 食品原料采购管理制度 /98

3.2.5 备用金管理办法 /100

3.3 服饰生产企业员工手册 /102

3.3.1 新员工入职程序 /103

3.3.2 不合格品控制办法 /104

3.3.3 专卖店日常工作流程 /107

3.3.4 服装设计开发控制办法 /109

第4章 研发行业类员工手册

研发即研究开发，研发企业通过改进技术来获得更好的产品和服务，所以这类企业在管理方面会对员工生产安全、产品研发方面比较看重，这些内容可以展示在员工手册中。

4.1 软件开发公司员工手册 /112

4.1.1 信息安全管理制度 /112

4.1.2 员工电子邮件管理规范 /114

4.1.3 研发部职责 /116

4.2 科技公司员工手册 /119

4.2.1 职前教育培训 /119

4.2.2 员工培训出勤管理 /121

4.2.3 研发经费开支规划 /123

4.3 化工企业员工手册 /125

4.3.1 员工奖惩制度 /125

4.3.2 权利和义务 /129

4.3.3 防火与防爆安全管理 /131

4.4 制药公司员工手册 /133

4.4.1 药品储存管理办法 /134

4.4.2 发货管理规范 /136

4.4.3 费用管理规范 /138

第5章 建筑行业类员工手册

建筑是一个围绕建筑设计、施工、装修、管理而展开的行业，建筑企业应注重对工程部的管理，和对各施工人员的安全管理，所以在员工手册中需要提及相关内容。

5.1 建筑公司员工手册 /142

5.1.1 工程部日常管理规范 /142

5.1.2 安全施工保护规范 /145

5.1.3 施工队项目质量自检规范 /147

5.2 房地产公司员工手册 /149

5.2.1 客户接待营销制度 /149

5.2.2 会议制度 /152

5.2.3 印鉴使用制度 /155

5.2.4 售房部现场管理 /156

5.2.5 借支制度 /158

第6章 其他行业的员工手册

对于一些特殊行业——超市商场、广告公司、教育培训机构等，编写其员工手册的要点又有哪些呢？本章将具体讲解。

6.1 商场员工手册 /162

6.1.1 商品管理要求 /162
6.1.2 接待顾客的工作用语 /165
6.1.3 顾客投诉管理 /168
6.2 广告公司员工手册 /171
6.2.1 公司业务流程 /171
6.2.2 设计部相关规章制度 /176
6.2.3 制作部工作规范 /179
6.3 教育培训员工手册 /182
6.3.1 安全防火条例 /183
6.3.2 教学规范 /185
6.4 文化传播公司员工手册 /188
6.4.1 车辆管理规范 /188
6.4.2 外联资源部岗位描述及上岗要求 /191
6.4.3 策划文案岗位的上岗要求 /194

第 7 章 员工手册与模板精选——Word 编辑版

虽然有的公司会将员工手册的编辑工作交由专业的公司，不过大多数企业仍会直接交给人事部或行政部员工来完成。所以，相关工作人员还需要掌握使用 Word 编辑员工手册的方法和步骤。

7.1 员工手册的文字内容设置 /198
7.1.1 创建员工手册空白文档 /198
7.1.2 在员工手册中录入内容 /199
7.1.3 设置标题及正文格式 /200
7.1.4 设置员工手册段落格式和大纲级别 /201

7.1.5 为并列关系的标题或内容添加编号 /203

7.1.6 在员工手册中使用自定义项目符号 /205

7.1.7 运用 SmartArt 图形创建公司组织结构图 /207

7.1.8 运用表格添加公司岗位职责内容 /210

7.2 设置员工手册的页眉页脚 /213

7.2.1 设置首页和奇偶页位置不同 /213

7.2.2 添加公司 LOGO 到偶数页页眉 /214

7.2.3 删除页眉中的横线 /216

7.2.4 在页脚处添加制作时间和页码 /217

7.3 设置员工手册的封面并提取目录 /219

7.3.1 添加员工手册封面 /220

7.3.2 插入空白页 /221

7.3.3 提取员工手册的目录 /222

7.3.4 更新文档目录 /222

第 8 章 员工手册与模板精选——PPT 演示版

很多企业在新员工入职的时候会对员工手册进行讲解，以便让员工快速了解公司。如何将员工手册的重点内容输入到 PPT 中呢？这需要我们对演示文稿的基本功能有一个认识。

8.1 制作员工手册母版 /228

8.1.1 创建“员工手册”空白演示文稿 /228

8.1.2 为员工手册母版添加背景 /229

8.1.3 设置母版占位符中的字体格式 /232

8.2 制作演示版的员工手册 /233

8.2.1 制作封面页和结束页 /233

8.2.2 制作公司组织结构幻灯片 /235

8.2.3 利用形状创建目录幻灯片 /237

8.2.4 制作过渡页效果和子目录 /241

8.2.5 制作员工手册内容页 /244

8.2.6 制作岗位职责表格 /246

8.2.7 为幻灯片设置切换效果 /249

第 1 章

梳理员工手册的编制流程

每到招聘季，企业内就会迎来一批新员工，新员工对企业的基本规章制度、企业文化、企业各种事项的遵循与办理都存在问题，而编制员工手册可以很好地解决这些问题。员工手册的内容、结构都很复杂，需要相关人员按流程进行编制，才能真正编制出适合企业的员工手册。

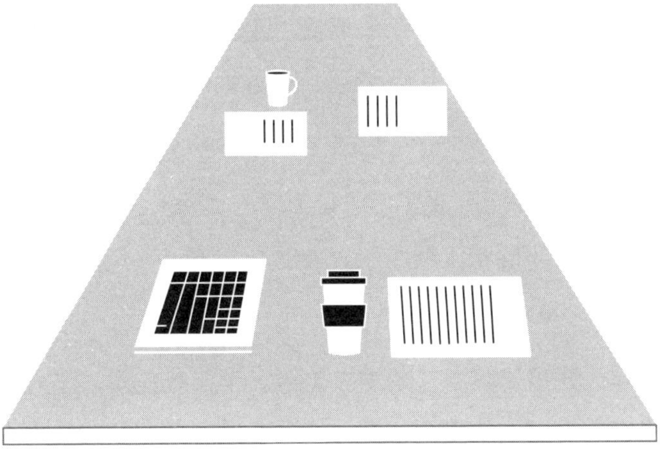

|1.1|
弄清员工手册的基本内容

很多企业都会编制员工手册，以便向公司全体员工诠释企业内部的各项制度和管理规范。员工手册的内容包括很多方面，如企业文化、各项管理制度、员工行为规范等。只有弄清楚了员工手册的基本内容和作用，才能更好地编制员工手册。

1.1.1 员工手册能做什么

员工手册的作用非常广泛，可以作为企业的基本管理规范使用，还可作为展示企业形象的工具，除此之外，它还可为企业和员工带来一些什么呢?

首先从内容上看，员工手册涵盖了企业管理的主要内容，包括人力资源管理、采购管理、服务管理、财务管理等方面，所以在一定程度上弥补了企业各项制度的不足。

对企业管理者来说，员工手册是管理的辅助工具；对于员工来讲，员工手册向新入职的员工展示了企业的基本方针、经营理念，能让新员工快速地融入企业。

从法律的角度来讲，《劳动法》第二十五条规定，用人单位可以随时解除劳动合同的情形中包括“严重违反劳动纪律或者用人单位规章制度的”。但如果企业并未制定相关的规章制度，难免会引起纠纷，不利于企业管理。因此员工手册可以在企业解聘员工时给出参考依据。

对于企业来说，应该根据自身特点、管理模式和行业发展制定独特的员工手册，这对企业的管理有很大的帮助。

1.1.2 员工手册的内容结构

行业不同、企业模式不同，员工手册的侧重也不同，由于员工的手册的范围很广，这里我们只了解员工手册的大概结构，即在制定员工手册的时候通常会考虑到的部分。

（1）手册前言

手册前言一般会包含一些寄语，并对这份员工手册的目的和效力给予说明。如下所示为某物业公司的员工手册的前言。

欢迎您成为 ×× 物业集团的一员！

我们有幸获得了与您的合作的机会，希望我们能在共同信任和相互理解的基础上，度过您在公司的时光。从现在开始，您将与 ×× 物业集团相濡以沫、共同进步。企业也将尽力为您提供发展的机会、成长的空间，希望您充分展示自己的学识及优秀的管理才能，更快、更好地融入这个大家庭。

本《员工手册》是集团员工的基本行为准则，请认真阅读并熟记，自觉遵照执行。

×× 物业集团因您而变。全体员工的共同努力，是企业持续健康快速发展的基石。公司竭诚希望您牢记自己的权利、义务和责任，热爱祖国、忠于公司、奉公守法、恪尽职守。

本《员工手册》所作出的相应调整将及时通知您。

本《员工手册》归 ×× 物业集团公司所有，仅供内部使用。

（2）公司简介

公司简介是对公司历史、现状和未来发展的基本描述，并让每一位员工对公司有深入的了解。当然在编写公司简介的时候，也可以添加公司的宗旨、客户名单等，编制者可根据实际情况进行选择。

如下所示是周大福珠宝公司的公司简介，主要介绍了公司成立背景、发展历史和工艺技术。

周大福珠宝金行有限公司于 1989 年在香港成立，是一家从事珠宝首饰设计、制造、出口及批发的综合性公司，是香港珠宝制造业厂商及香港珠宝玉石厂商会的成员。

本公司 1995 年开始在内地设有加工场，现于广东省顺德市自建厂房占地 7 500 平方米，建筑面积约 6 000 平方米，聘用技术人员 1 000 余人，月产量可达 80 000 ～ 100 000 件。主要产品为 9K、10K、14K、18K 黄白金和铂金 PT900、PT950 镶嵌钻石、宝石、半宝石等戒指、耳环、吊咀、项链、手镯、胸针。

本公司着力紧贴款式潮流及自创新潮流，运用最新电脑设计技术，配合对珠宝的多元知识，产品已深令大众注目。生产厂房配备最新、最精密的生产设备，并由经验丰富的人员操作，确保每项工序小心处理，效率高而质量好。

（3）手册总则

总则放置的位置不固定，可以放在员工手册的开篇，也可放置在结尾处。一般包括概述、生效与解释 、修改和补充等内容。以便让员工对手册的基本性质有一定的认识。如图 1-1 所示。

第一章　总则

一、　概述

为统一、规范公司员工的行为，加强公司管理的制度化、透明化，依照《中华人民共和国劳动法》及其他有关法规，结合本公司实际情况，特制定本手册。本手册对员工的聘用、晋升、薪酬福利、培训、考核、奖惩、辞退、离职、日常工作行为等事项做了明确规定。　本手册适用于公司全体员工，每一位王老吉员工必须严格遵守本手册相关规定　（除我国法律、法规另有规定外）。

二、生效与解释

由公司经营班子决策委员会成员与员工代表共同讨论通过，在颁布之日起开始实施。本手册的解释权归公司人事行政中心。

三、修改和补充

本手册原则上每年　10 月份修订一次。

本手册规定如与国家法律法规和政府有关规定发生冲突，以国家法律法规政府规定为准。

图 1-1

（4）培训开发

很多企业会在员工手册中着重编辑培训开发的内容，因为这可能是员工刚入公司最看重的部分，通过公司培训他们可以尽快地上岗工作，尤其是操作性强的工作，新人都要接受人力资源部的统一调配，定期参加公司培训。如图 1-2 所示是某集团员工手册中关于培训与发展的部分内容。

第五节 员工培训与发展

公司建立了系统的培训体系，为员工提供有针对性的各项培训，有效地帮助个人不断提升综合素质，完善职业规划。

新员工入职培训：

新员工入职培训的目的是使新入职员工尽快熟悉公司企业文化，了解公司规章制度和业务流程。培训包括社会在职人员入职培训和应届毕业生入职培训，均由集团人力资源中心统一集中组织安排，其中：

社会在职人员入职培训原则上每两个月一次，时间统一安排在当月前两周周末（周六、周日），共四天；主要由“企业文化统一宣贯”及“管理制度强化培训”两部分内容组成，每部分培训两天。

图 1-2

（5）任职聘用

任职聘用主要是对员工从入职到离职的相关事项作出规定，包括试用期、转正手续、员工评估、调任规定以及离职手续等。如下所示是海兰电气员工手册上有关“试用与转正”的内容。

5. 试用期根据您所签订的劳动合同期限长短决定。按照《上海市劳动合同条例》劳动合同期限不满半年的，不能约定试用期；劳动合同在6个月以上一年以下的，试用期为一个月；劳动合同满一年不满三年的，试用期为三个月；劳动合同满三年的，试用期为六个月。根据员工情况，也可与公司协商确定试用期限。

在此期间，如果员工感到公司实际状况、发展机会与预期有较大差距，或由于其他原因而决定离开，可提出辞职，并按规定办理离职手续；相应的，如果员工的工作无法达到要求，公司也会终止对其的试用。

6. 如试用合格并通过入职前培训（包括脱产集中培训和在职培训），员工可填写《员工转正申请表》，由试用部门负责人签署意见，行政部经理审核后，报总经理审批。

7. 如在试用期内请假，员工的转正时间将会被顺延；若请假超过一个月，则作自动离职处理。

8. 从公司离职后，重新再进入公司时，员工的司龄将从最近一次进入公司起计。

（6）考核晋升

对于现代企业来说，科学的考核晋升制度非常重要，所以在员工手册上可对公司的考核制度进行说明。员工考核有转正考核、晋升考核、绩效考核等，如图1–3所示。

考核评价

20. 为帮助员工总结个人工作得失，明确未来工作目标和工作要求，有针对性地进行改进和提高，每年集团人事部将根据集团公司的目标和任务，对二级企业的负责人和集团总部员工进行考核。具体做法是，员工与其直接上司共同填写《年度考核目标责任书》，借此时对员工的工作业绩、表现、能力等进行季度和年终考核评估。员工的工作表现将被鉴定为优秀、良好、称职、基本称职、需改进五个等级。

21. 考核结果将与薪酬福利和职务升迁机会等相结合，并将和季度奖金、年终奖金挂钩。凡被评为“基本称职”及以下等级者将失去加薪、晋升和评奖机会，并将被要求参加岗位培训或进行岗位调整；经培训或进行岗位调整后仍连续两次被评为“需改进”者将有可能被公司辞退或要求下岗。

22. 集团下属各企业也将根据集团的统一要求，对各级员工进行系统而全面的考核评价。具体做法由各下属企业根据本单位的情况予以规定。

内部调动

23. TCL 深信工作调动将有利于发挥员工的潜质，所以如有需要，公司将可能根据你的能力和工作表现，将你调至集团内任何部门及任何企业工作，亦可能视业务需要指派你前往全国其他地方乃至海外工作。

24. 集团内部调动是一种组织行为，必须经过正式批准和正当手续。任何私人之间进行协议调动都是不允许的，违者将作自动离职处理。

25. 集团人事部将经常公布集团内部职位空缺信息，你可自荐报名或推荐内外界人才，由集团人事部及相关部门负责具体考核录用协调工作。

晋升机制

26. 公司鼓励员工敬业、协同、创新，并为工作敬业、进取创新、业绩出色、能力出众的员工提供晋升和发展的机会。

图 1-3

（7）员工薪酬

薪酬作为员工最关心的问题之一，当然应该出现在员工手册中，企业一般会对公司的薪酬结构、薪酬基准、薪酬发放方式和时间等给予详细的说明。如下所示是有关保洁公司的基本薪酬策略。

宝洁公司基本的薪酬策略是：

（1）支付有竞争性的工资。

（2）在员工表现评估的基础上提供不同的工资待遇。

这表明公司的总体薪酬水平是基于劳务市场以及我们的员工工作表现和对公司所作的贡献来定的。

为了确定我们工作的价值，人力资源部每年都进行薪酬福利调查。我们定出了能代表每一不同层次员工的基准职位。在调查的时候，我们请当地处于领先地位的公司提供他们相应基准职位的工资情况，根据所提供的工资情况资料，我们定出了总体报酬水平。

在比较这些基准职位的工资时，我们会选择一些优秀的公司，如通用电器公司、壳牌、高露洁、可口可乐等。这些都是我们的员工若不选择宝洁时可能会选择的公司。

我们采用一种以功绩为依据的工资系统，在这一工资系统中，每个人的工资都不同，每个人的贡献都能得到承认。这种工资系统体现了对员工的职责和工作表现两方面的承认。

（8）员工福利

对于有员工福利或是员工福利较好的企业，管理者会在员工手册中展示出来，作为宣传的手段，内容一般包括公司的福利政策和福利项目。如下所示为海底捞的劳保福利制度。

一、住房补助

夫妻两人在公司同一地区工作，西安片区、郑州片区人员其中一方工作满半年以上并在外面租房的员工，每月享受最高120元住房补助（在片区公司人事部门凭结婚证办理相关手续），北京片区、上海片区人员每月可享受最高600元住房补助。

二、员工公休假探亲补贴

第一条 已婚员工在公司工作满一年且夫妻在不同地区工作，员工因工作当月假期未完全使用的，可以累积推后用于夫妻探亲。公司为员工提供每年三次夫妻所在地之间的往返硬座车票报销。

第二条 符合上述要求的员工使用累积假期的，应当提前三十天向主管部门领导申请。

第三条 主管部门领导应当合理调整员工的休息时间，不得以任何形式或理由允许或安排员工超长时间工作。

三、生日补贴

为了让员工真切感到公司对员工的关心，凡是进入公司合格分配的员工，在生日的当天由部门内发放 30 元的生日补贴。

（9）工作时间

工作时间是员工手册基础内容，使员工了解公司作息，方便安排自己的居住地点、交通方式等。主要包括办公时间、出差规定、节假日规定等，如图 1-4 所示。

第十三条 公司实行每日 7 小时工作制

公司总部：上午：8:00～11:45　下午：2:15～5:30

生产总部：上午：8:30～12:00　下午：2:00～5:30

以后如有调整，以新公布的工作时间为准。

第十四条 部门经理级以下员工应亲自打卡计时，不得托人或代人打卡，否则双方均按旷工一日处理。

第十五条 实行弹性工作制的，采取由各部门主管记录工作人员的工作时间（含加班时间），本人确认，部门备案的考勤方法。

第十六条 员工如有迟到、早退、或旷工等情形，依下列规定处理：

一、迟到、早退

1. 员工均需按时上、下班，工作时间开始后 15 分钟内到班者迟到。

2. 工作时间终了前 15 分钟内下班者为早退。

3. 员工当月内迟到、早退合计每 3 次以旷职(工)半日论。

4. 超过 15 分钟后，才打卡者以旷职(工)半日论，因公外出或请假经主管在卡上签字或书面说明者除外。

5. 无故提前 15 分钟以上下班者，以旷职(工)半日论。因公外出或请假者需经主管签字证明。

6. 上、下班而忘打卡者，应由部门在卡上或有效工作时间考核表上签字。

二、旷职(工)

1. 未经请假或假满未经续假而擅自不到职以旷职(工)论处。

2. 委托或代人打卡或伪造出勤记录者，一经查明属实，双方均以

图 1-4

（10）行政管理

行政管理一般指对办公用品、设备、工作区域等的管理，有时也涉及对员工的奖惩和一些专利版权声明。如下所示为某物业公司行政管理的总则内容。

一、公司行政管理细则包括：《办公管理制度》《办公用品管理制度》《保密制度》《复印机和传真机使用管理规定》《会议制度》《合同管理制度》《印章管理规定》《车辆管理制度》《报刊杂志管理制度》《出差注意事项》10 个部分。

二、管理制度作为公司员工入职培训教材的内容之一。

三、本管理制度的最终解释权属公司经理办公会，公司经理办公会有权根据国家、包头市及公司实际需要修改本规定各项条款。

四、本制度自批准之日起执行。

（11）安全守则

对于生产类企业或建筑类企业来说，安全是非常重要的，所以这类企业一定会将安全守则展示在员工手册中，希望引起员工的重视。常见的内容包括安全规范、火灾预防及紧急事故处理等，如图 1–5 所示。

第九章　安全卫生

第 45 条　遵守防灾管理规则

员工要遵守公司规定的《防灾体系管理规程》，在公司灾害防止委员会的指示下，必须致力于各种灾害的预防以及卫生保健。

第 46 条　遵守消防管理规程

员工要遵守公司规定的《消防管理规程》，在公司灾害防止委员会的指示下，必须致力于火灾的预防以及火灾发生时的灭火扑救行动。

第 47 条　发现灾害、异常时的处理

员工发现灾害或者发现设备、器物异常而预知危险时，必须立即报告所属长。但是，紧急时应先进行紧急处理后，再快速报告给所属长或灾害防治委员会事务局。

第 48 条　遵守防止灾害和安全卫生管理规定

员工在公司特别要遵守下列事项。

（1）为了防止灾害发生，要努力进行职场的整理整顿；

（2）未经许可不得进行安全装置、安全用品等的拆除、变形、破坏等；

（3）非担当人员，不得进行药品及其他危险物的处理；

（4）担当者要严格进行药品及其他危险物的保管、管理、处理；

（5）非担当人员，不得进行电器、机械的启动以及停机作业等；

（6）非电气维修人员不准进行电气配线装置、器具、电热器等的安装、拆除、更换等作业；

（7）未经许可不准在公司规定位置以外的地方动火；

（8）禁止在非指定场所吸烟；

（9）未经许可，不准进入禁区；

（10）不得随地吐痰以及乱扔垃圾等；

（11）在宿舍生活期间，要遵守正常的生活秩序，与其他宿舍生保持友好相处；

（12）提高自身的安全卫生知识，共同努力维持和增进健康；

（13）宿舍生在宿舍内禁止使用电炉子、电褥子等大功率电热器，防止发生群体火灾事故。

第49条　命令停止工作

公司有时会因员工有下列情况，根据公司指定医院或者公司健康管理室的诊断命令其停止工作直至适合工作为止。

（1）患法定传染病者；

（2）患有其他传染疾病疑似者；

（3）患有精神障碍，可能伤及自身或者伤及他人者；

（4）因劳动，其病有可能进一步恶化者；

（5）被认为其他不适合继续就业的患病者。

第 50 条　传染病发生的申报

员工以及员工的同居家属或同居者患有传染病或有传染病嫌疑时，应立即向所属长报告，并接受其指示。

第 51 条　健康检查

为保证全体员工的身体健康，公司定期为全体员工进行健康检查。员工必须服从公司安排的健康检查，接受公司健康管理部门的健康建议、指导。未得到健康管理室大夫书面同意而不参加公司进行的定期健康检查，或在体检中冒名顶替、弄虚作假者，是严重违反公司规章制度的行为。

图 1–5

（12）手册附件

手册附件主要是对员工手册内容的补充，包括与手册各条款相关的或需要员工了解的其他文件，如各项制度（绩效考核制度、财务制度）和表单。

1.1.3　员工手册的框架结构

在编写员工手册时要了解员工手册的框架结构，只有设定好基本的框架，才能按照框架制作内容。员工手册的基本框架分为前言、目录、正文和附则 4 个部分。如表 1-1 所示是某网络科技有限公司的员工手册框架体系表。

表 1-1　员工手册框架体系表

<table>
<tr><th>一级结构体系</th><th>二级结构体系</th><th>三级结构体系</th></tr>
<tr><td rowspan="3">前言</td><td>企业概况</td><td>1. 董事长致辞；2. 企业成立及发展；3. 企业大事件</td></tr>
<tr><td>企业文化</td><td>1. 成立初衷；2. 企业精神；3. 经营理念</td></tr>
<tr><td>组织架构</td><td>1. 企业基本框架；2. 部门简介；3. 业务情况</td></tr>
<tr><td rowspan="3">目录</td><td>章节</td><td>第一章
第二章
……
第 N 章</td></tr>
<tr><td>标题</td><td>总则
……
附则或说明</td></tr>
<tr><td>页次</td><td>1
2
……</td></tr>
</table>

续表

一级结构体系	二级结构体系	三级结构体系
正文	企业管理制度	员工日常规范
		各项制度
		岗位职责
附则	关于手册	1. 使用规则；2. 保管规则；3. 修订规则
	手册效力	1. 制定依据；2. 约束效力；3. 异议处理
	员工签收	1. 签收回执；2. 意见书
	附属文件	（略）

除了表 1-1 所示的框架体系，根据实际情况的不同，编制者还可以再细分结构，或是添加 / 减少相应内容。有的员工手册比较简单，所以会省略目录部分；有的员工手册没有附则部分；有的员工手册将总则从正文中单独列出形成一个新的部分，这些都是成立的。

|1.2| 掌握编写员工手册的大致方案

编写员工手册就是一个从大到小的过程，从框架到内容，从整体到细节，从形式到外观都要做好才可以。所以员工手册的编制需要掌握一定的方法，才能设计出合适、美观的员工手册。

1.2.1　员工手册的编写原则和注意

在编写员工手册的过程中，相关负责人应遵守5个基本的编写原则，如表 1-2 所示。

表 1-2　员工手册的编写原则

原则	具体内容
依法而行	员工手册的制定要遵循国家的法律法规和行政条例
权责对等	员工手册不能只展现企业对员工单方面的要求，而应充分体现企业与员工之间权利义务的对等
实事求是	员工手册的内容要实在，不能着重于套话、空话
不断完善	制定出员工手册后还需根据企业实际情况不断调整、改进
公平、公正、公开	制定员工手册需广泛征求员工的意见，对好的意见和建议要积极采纳，不能独断专行

根据员工手册的编写原则，我们可以大致掌握一些编写技巧或注意点，如下所示。

内容取舍。员工手册包含的内容可以非常广泛，也可以很独特，这往往需要相关人员对员工手册的内容进行取舍，不能没有重点将所有内容放进去。如有的公司重考核，有的公司重安全。

顺序安排有设计。除了前言、目录和附则是按照固定的顺序放置的，正文部分的各项制度是需要设计顺序的，一般来说按照制度的重要性由高到低依次往后排序。不过一般来说，会将聘用制度、考勤制度、工作时间和假期、薪酬制度等放在正文前面的部分，而将安全卫生制度、奖罚制度、福利政策等放在正文后面。如图 1-6 所示为佳能公司员工手册的正文目录顺序。

第一章	总则	2
第二章	招聘、新员工进入公司教育、试用期	2
第三章	劳动合同、劳工合同期限、专业技术培训协议	3
第四章	纪律和守则	4
第五章	工作时间、工作时间带	6
第六章	休息日、休假、换休	7
第七章	入退场、迟到、早退、欠勤	10
第八章	工资、保险福利	11
第九章	安全卫生	12
第十章	灾害补偿	13
第十一章	奖罚规则	13
第十二章	劳动合同履行、变更	16
第十三章	劳动合同的解除、中止、终止、续订	18

图 1-6

用词风格统一。在编制员工手册的时候，要注意用词风格应准确统一。如果是大企业，那么用词需要正式一点，如果是个性化的设计公司，用词可以风趣、有设计感一点，如表 1-3 所示。

表 1-3　用词风趣的技巧

技巧	具体内容
避免出现太多禁止事项	最好向员工展示积极的一面，设置太多的禁止事项会让员工觉得不平等的感觉
突出对话感	可以将“员工”换成“您或你们”，从称谓上改变可让员工倍感亲切
随机插入故事或图片	在保证员工手册的内容准确后，可以插入一些句子、故事、图片，让员工手册更吸引人

适当断句、避免长句。虽然要突出员工手册的正式、严谨，但也

要避免使用较长的句子及生僻字，最要紧的是让员工更好地理解员工手册的内容。

表现形式多样。不必拘泥于电子档还是纸质小册子，或是更加个性化的表达，比如有的公司将自己的员工手册制作成漫画的形式，便于员工清楚地理解企业内部规范。在文字版的员工手册内也可以插入一些插图形象展示当前内容，如操作步骤、公司内部图景。如图 1-7 所示为 Valve 公司员工手册的效果展示。

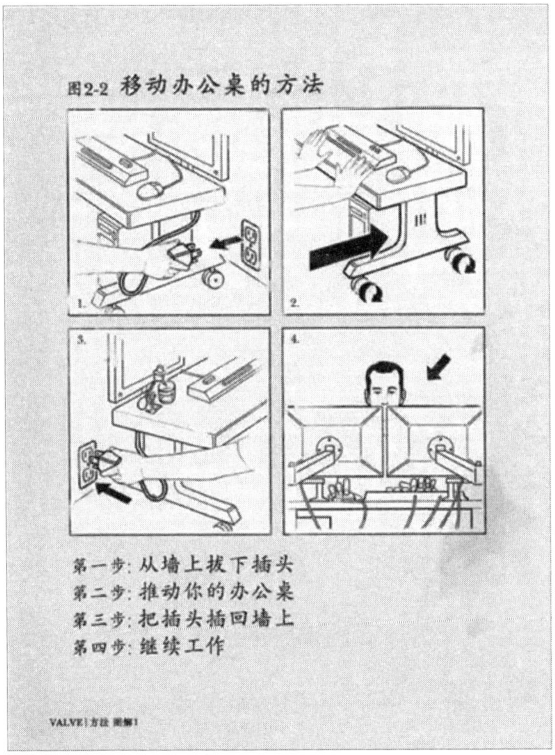

图 1-7

设定更新时间。员工手册编制完成后，企业的行政部门或人力资源部应设置更新时间，如每年的 3 月、10 月或年底，结合企业情况和员工意见进行改进。然后通过公告或其他方式让所有员工知晓。

1.2.2 员工手册的编写流程

看上去员工手册的编制需要注意和考虑的方面实在是太多了，所以为了避免出错，应该按照一定的流程来编写员工手册，如图1-8所示的是基本员工手册编写流程。

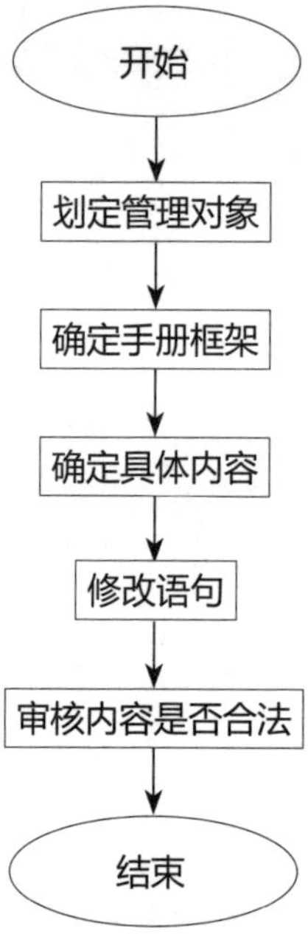

图 1-8

从图1-8可以看出，员工手册的编制主要需经历5个环节，只要把握好这5个环节就不会出太大的问题。下面分别进行介绍。

（1）划定管理对象

开始编写员工手册之前，首先要确定阅读对象。根据阅读对象的不同，员工手册的框架和内容也会有所不同。比如常见的员工手册有《公司员工手册》和《部门员工手册》，其阅读对象分别为全体员工和部门员工，那么在内容和框架上后者都会少于前者。如图1-9所示是某公司采购部员工手册的目录。

目 录

一、工作态度
二、工作内容
1. 采购部组织结构……………………………………2
2. 采购管理办法……………………………………3
3. 询价……………………………………………5
4. 比价、议价和定价………………………………5
5. 采购经理工作职责………………………………5
6. 采购员岗位职责…………………………………6
7. 供应商管理制度…………………………………13
8. 采购工作考核制度………………………………14
9. 采购工作奖惩制度………………………………15
三、工作流程
四、附表
附件1：部门表单……………………………………17
附件2：工作流程图…………………………………25

图1-9

从图1-9我们可以看出，该部门的员工手册框架与公司员工手册相比，少了前言、总则部分；从内容上看，该员工手册主要以采购部的相关工作为主，采购流程为辅进行编制的。

（2）确定手册框架

一般来说，公司员工手册的基本框架应该包含4个部分，由于在之前的小节中讲过，这里就不再赘述。有了主框架后，还需要对下级框架进行设置。设置时依然要按照一定的顺序，方法是“层层推进”，如图 1–10 所示。

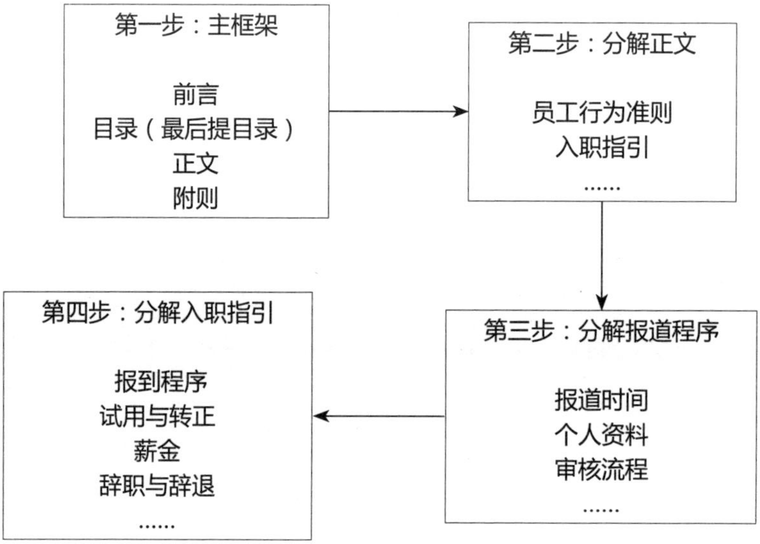

图 1–10

（3）确定具体内容

设定框架后，就需要根据框架填充具体的内容。由于员工手册包含的内容较广，所以需要各部门人员的帮助才能完成。如表 1–4 所示。

表 1–4　各部门协助内容

员工手册内容	对应部门
公司寄语	人力资源部 / 总裁办 / 总经理
公司概况	人事部 / 行政部 / 宣传部
员工行为规范 / 附则	人力资源部
各项制度	对应部门（如薪资规定由财务部设计，考核制度由人力资源部设计）

草拟完所有内容后，相关人员要核实一遍内容，对有疑问或出错

的地方，要及时与相关部门责任人沟通、修改。切忌在这一环节中闭门造车，然后花费大量的时间来修改内容。

（4）修改语句

草拟完员工手册后，需要对员工手册的内容、用词、语言风格等进行审核并修改。编写人员应注意如表 1–5 所示的几方面的问题。

表 1–5　常见的用语问题

问题	错误示范
用语居高临下	欢迎你加入 ×× 集团，本员工手册就是公司的“基本法”，员工必须严格遵守每项条款，如若出错将按手册内容进行处罚或辞退
语句重复、拖沓	本公司严禁酗酒，上班前后不能喝酒，工作时不能喝酒，会影响工作，尤其是作业部门，尤其不能喝酒，会影响作业工作，如若违反将进行罚款
缺乏逻辑	员工要认真工作、富有创造性、廉洁自律，不能擅自离开工作岗位，听从领导安排

针对员工手册中易出现的问题，编制人员要从以下几个方面改进语言。

- 各部分内容应有各自的风格，寄语应充满热情，前言应客观，正文应严谨。
- 语句表述准确、流畅、简洁，删去所有多余、重复的部分，将长句分解为短句。
- 各项条款要有前有后，有因有果。

（5）审核内容是否合法

修改一遍内容后，还需要进行的一项工作就是审核员工手册的合法性，可从两个方面进行。

①制度内容不能违反国家相关法律。相关人员需要认真参考《劳动法》《劳动合同法》等相关法律；或是由公司法务人员、法律顾问严格把关。

②手册的制定程序不能违背国家相关法律。一般来说，制定公司制度、员工手册或其他重大事项时，应经职工代表大会或者全体职工讨论，提出方案和意见，与工会或者职工代表平等协商确定。

1.2.3 员工手册封面设计

员工手册的封面设计可以按照传统的方式制作，也可以由设计公司或公司设计部设计，展现更美观、大气的公司形象。员工手册的封面主要分为以下几种类型，编制人员可根据自身情况选择适合本公司的员工手册的封面。

（1）传统模式

传统模式即没有图片和色彩，以白纸黑字的形式设计封面。如图1-11所示，有4种常见排版。

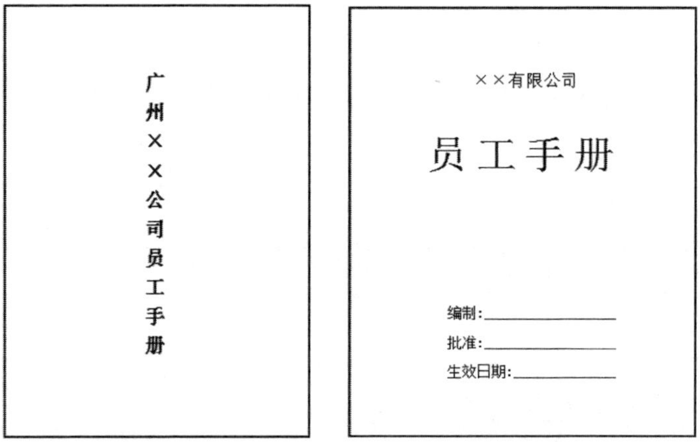

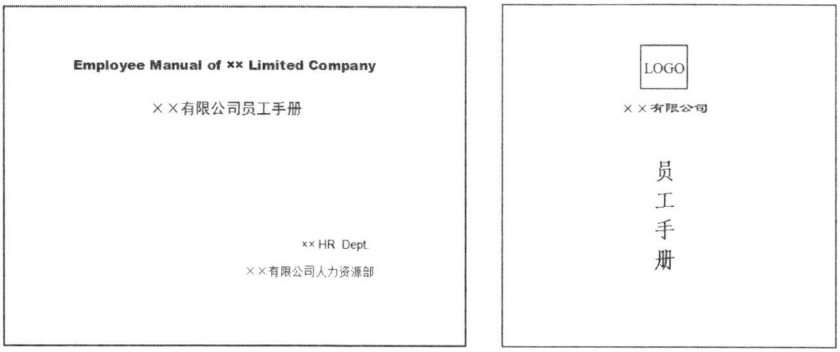

图 1-11

（2）设计模式

除了由公司编写人员自行设置封面外，很多公司会请专门的设计公司设计封面，以达到美观的效果。当然设计的风格也各有差别，总的来说还是要符合公司的整体印象，常见的有如下几种设计风格。

◆ 清新自然

使用统一的色调凸显格调，多用绿色、蓝色、灰色，再配上鲜花、植物修饰，不用多余的文字占据空间，看上去舒服亲切，如图 1-12 所示。

图 1-12

◆ 现代摩登

对于一些位于都市写字楼的公司，其员工手册应富有设计感，给人现代化的感觉。一般以几何图形模块配上高楼大厦的图像，既简约又高端，如图 1-13 所示。

图 1-13

◆ 国际化

对于国际化贸易等对外合作企业，为了突出国际化的特点，可以通过英语字母和国际都市塑造相应的形象，如图 1-14 所示。

图 1-14

◆ 展示工作环境

有的公司非常的人性化，为了让员工了解公司的办公环境，会将办公室的图片展示在员工手册封面，如图 1-15 所示。

图 1-15

◆ 以人物形象为主

有的工厂类型企业为了表示对员工工作的看重，会将员工形象展示在员工手册封面，以增强员工凝聚力和上进心，如图 1-16 所示。

图 1-16

1.2.4 员工手册前言怎么写

从前面的小节中我们知道了员工手册的前言是对手册的目的和效力给予说明。那么该如何编写前言呢？首先应该从前言结构入手，员工手册的前言没有固定的段落数量，可以是三段式、四段式、五段式……但是要遵守“一段落一版块”的原则。

前言内容中主要涉及企业文化、公司概况、手册效力、手册结构、激励语、欢迎语、说明语等版块，基本顺序是欢迎语→激励语→企业文化→公司概况→手册结构→手册效力→说明语，当然前言还是以简洁为主，不会将所有版块都包括进去。

对于单独的版块来讲，又该如何编写呢？这里我们可以参考一些常用的句式，如表 1–6 所示。

表 1–6 前言各版块的常用句式

前言版块	常用句式
欢迎语	1. 欢迎您成为 ×× 大家庭的成员。 2. 欢迎加入 ×× 集团公司，我们为您能成为我们这个充满活力、催人上进的集体成员而高兴。 3. 各位同事，很高兴我们能在 ×× 一起工作！ 4. 经过严格筛选，你们在激烈的竞争中脱颖而出，成为 ×× 大家庭中的一员，感谢你们选择了 ××，感谢你们将自己的智慧和为事业奉献的热望托付给了 ××
激励语	1.×× 的每一位员工，都会在 ×× 这个朝气蓬勃、不断进取的企业集团中，迅速成长。过去的辉煌属于大家，美好的明天让我们共同去创造！ 2. 我们期望全体员工努力学习、刻苦钻研、富于创造、积极进取、努力使自己成为德才兼备的“×× 人”。 3. 所有 ×× 人应该不断学习、吸收国内外先进科学技术、知识和卓越的管理经验，为 ×× 的明天，也为自己的明天努力工作、努力奋斗

续表

前言版块	常用句式
企业文化	1.“志存高远，××××，鼎成大业”，这一共同的愿景让我们走进 ××。 2.“传承，××，和谐”是我们企业文化建设的新目标，是每一个 ×× 人的新使命。 3.×× 提倡员工“堂堂正正做人……”。 4. 集团信奉“××××”的经营宗旨，而“××、××”正是我们过去拥有和现在倡导的企业精神的精髓
公司概况	1.×× 集团是以 ×× 为主导的大型国际化企业集团，拥有国际化素质的员工队伍。 2. 公司自 ×× 年成立以来，始终以 ×× 为目标，如今已拥有近 ×× 元的固定资产，数百人的科研开发队伍，几万平方米的科研生产基地。 3.×× 技术……等专有技术已处于世界最前列。 4. 公司在全国各城市和直辖市设立了 ×× 个办事处，在 ×× 建立了开发研究中心。 5. 公司 ×% 左右的员工是博士、硕士、高级工程师，×% 以上的人员具有大学学历。 6. 经过许多年的发展，公司逐渐变化并扩大规模，因而现在它的产品包括了 ××、××……，近来又涉足 ××……行业
手册结构	1. 通过本手册，您可以初步了解：公司基本管理制度；公司日常事务说明; 员工行为规范; 奖惩制度; 相关事务的办理手续等。 2. 本手册分为七个部分，分别是： 第一部分：背景；第二部分：员工守则；第三部分：商业行为准则…… 3. 本《员工手册》将向您介绍 ×× 集团的公司理念、发展概况、企业文化、规章制度、员工行为规范、员工修身准则、培训与发展以及您的权利和义务等事项，目的在于帮助您更好地了解 ××，更卓有成效地开展工作
手册效力	1. 随 ×× 的发展，本手册适时作相应调整。本手册的解释权归人力资源部。 2. 本手册内容如与集团制度不符，以集团制度为准。 3. 本手册不提供契约性权利，其目的也不在于保证聘用关系的继续，或保证聘用的期限、特权或其他情况。 4. 本员工手册为 ×× 集团公司所有，若要离职，您必须在工作的最后一天将手册交还人力资源部

续表

前言版块	常用句式
手册效力	5. 若您对本手册有任何的疑问，请向您的上级领导或向人力资源部经授权的人查询
说明语	1. 为了您能迅速地投入工作，准确地完成岗位所赋予您的职责，请仔细阅读。 2. 本手册包括的内容仅做一般参考之用，政策和相应做法会经常变化，我们会通过合适的方法通知您这些改变，这些改变的生效日期由公司决定。 3. 本手册意在向您提供公司政策及工作程序方面的参考，请仔细阅读并妥善保管以备将来之用，当您对我们的政策和工作程序理解透彻之后，您工作起来将更加有信心、更有效率

1.2.5　员工手册的附则编写

员工手册的附则多为补充内容或补充文件，形式则根据内容的不同会有所不同，如果附则是确认书则以文件的形式附在后面；如是其他制度则以条款的形式展示；如是补充说明的内容则可以段落形式书写于之后。

（1）补充语

补充语的内容主要围绕手册效力（解释权 / 生效日期）、对员工的要求、注意事项等来书写。常用结构有两种，如图 1-17 所示。

附则

本守则的解释权和监督权×××××××××××××××××××××
×××××××××××××××××××。

公司将根据××××××××××××××××××××。

本守则×××××××××××××××××××××××××××××
×××××××××××。

第×章 附则

第××条 本《员工手册》×××××××××××××。

第××条 本公司员工×××××××××××××。

第××条 本规则××××××××××××××××。

注：1.本《员工手册》解释权××××××。

2.本《员工手册》××××××××××。

图 1-17

常用例句有如下一些，注意内容要与结束语相关。

◆ 本《员工手册》解释权归深圳市 ×× 实业有限公司所有。
◆ 本守则自 ×× 年 ×× 月 ×× 日生效，同时 ×× 年 ×× 月 ×× 口批准生效的 ×× 有限公司《员工守则》宣布废止。
◆ 本公司员工务必了解本手册一切内容，并不得以未悉为由而免除责任。
◆ 本《员工手册》属内部资料，请注意妥善保存。
◆ 本《员工手册》如若不慎遗失，请及时向行政部申报、补领并补交相应的工本费。
◆ 对本《员工手册》应根据劳动法及公司规定作正确理解，本手册条款亦构成劳动合同的一部分。

（2）确认书

确认书即员工在阅读员工手册后向公司上交的确认知悉员工手册各项条款的文件，通常附在员工手册结束之后。确认书通常分为 3 个部分，一是员工理解声明；二是声明条款；三是签字和时间。

除了签字是放在确认书的最后，其余两项的书写顺序并不固定，常用句式如表 1-7 所示。

表 1-7　确认书常用句式

确认书版块	常用句式
理解声明	1. 我已经收到《××公司员工手册》，已经详细阅读、充分理解了其中各项条款的内容，同时保证自觉遵守手册中之所有规定，并自愿按照如下条款执行。 2. 我郑重声明：本人已经阅读并理解了××员工手册包括此确认书，并有权向我的主管咨询手册中涉及本人与××签约的相关内容
声明条款	1. 自觉遵守企业的各项规章制度，自愿接受国家法律、法规及企业规章制度的约束。 2. 本手册作为一种指南，让同事们了解××当前确定的政策和方针。 3. 本手册中政策和福利条件只供您个人保留，不得给他人传阅。 4. 因个人原因所造成的一切安全事故责任完全由我本人负责，并自愿接受国家法律及企业规章制度的处罚

（3）其他制度

其他制度不需要特地编写，将需要补充的制度（绩效考核制度、财务制度等）直接放在员工手册后就可以了。

1.2.6　编写员工手册切忌几点

对于编写一份完整的员工手册来说，我们除了要知道编写技巧外，还要避免编写过程中常发生的问题。

一是切忌“包罗万象”。员工手册的内容有很多项，但是编写人员不需要将能够写上的内容都放在员工手册内，这样只会模糊重点，也不利于员工熟记。

二是切忌“过期手册”。公司在不断发展变化，员工手册也应与时俱进，一般一年就要改善一下，对相应条款进行增删，不要拿几年前的员工手册让新员工阅读。

三是切忌称谓不一。不要“我们”和“公司”混用，也不要“您”“你”和“员工”混用，注意称谓统一。

四是切忌错误语法。语法包括标点使用、主宾谓用法、形容词使用等部分，都需要编写人员注意，以免因为语法错误让员工理解不了手册含义。

五是切忌粗制滥造。无论是由公司自己打印，还是请外面的公司制作，员工手册的材料要经久耐用，才能体现公司的整体水平，给新员工留下好的印象。

1.3 员工手册的风险防范、发布和使用

一份有效的员工手册可以帮助企业更便捷地管理员工，也能帮助员工更快地了解企业状况。但是不合规的员工手册却会带来一些法律风险，所以我们要注意员工手册的风险防范、发布和使用。

1.3.1　未公示的风险及防范措施

编写好员工手册之后不代表相关工作已经完结，在企业用工自主权这一方面，很多企业都会因操作不当惹上麻烦。很多企业都会将员工手册作为解雇员工的依据，但在实际操作时却容易变成违法辞退，先来看下面一个案例。

李某于2012年进入××有限公司工作，负责该公司的部分销售业务，月薪7000元。2018年，销售部门更换了经理，销售经理王某和李某多次因工作问题产生摩擦。2019年8月，王经理认为李某在向客人进行优惠时并未按公司标准处理，所以依照《员工手册》的相应条款将其辞退，并向李某发出《劳动关系解除通知书》。

李某对王经理的处理方式并不认同，双方协商未果后，李某通过劳动争议仲裁委员会，要求该公司支付违法解除劳动合同赔偿金共计5万元。

由于该企业的员工手册在公示时存在法律漏洞，所以最终败诉。要让员工手册生效有两项工作缺一不可，一是要有征询意见的过程；二是要进行公示。

向员工征询意见的方式主要有两种，企业可选择适合的方式。

意见征询通知／征集意见表。在初步制定好员工手册后，企业可下发员工手册并发布意见征询通知，接收员工的意见。如图1-18所示。

关于《员工手册》意见征询的通知

各部门员工：

为适应经营发展需要，公司将对《员工手册》进行重新编订。现将重新编订后的《员工手册》（征询版）下发。请各部门组织员工认真讨论，并将员工意见集中反馈至人力资源部。

同时，《员工手册》的企业文化内容也需同步更新，现面向全体员工征询相关内容：

1. 服务品牌的释义。
2. 企业价值观。
3. 企业经营理念。
4. 企业精神。

请各部门将以上内容于2019年9月16日前汇总报至人力资源部。

人力资源部

2019年9月5日

图1-18

会上讨论。通过部门会议或全体会议，引导员工积极发言，与员工讨论协商，并做好会议记录。

没有公示的员工手册不具备法律效应。所以为了预防法律风险，企业需要对员工手册进行公示。常见的一些错误的公示方法如下。

- 将员工手册放在办公室或者会议室。
- 在开会时宣读。
- 仅向员工发放手册。
- 在公司内部网站上进行发布。

为了保证员工手册能够生效，企业应选择更稳妥的方式进行公示。主要有以下几种方式。

入职签收。可在向员工发放手册的同时，发放确认并让员工签字确认收到和阅读相关内容，且自愿遵守，由企业统一回收。

组织培训。通过培训让员工了解手册的内容，保存培训记录及培训签到表；或是在培训结束时，通过考试的形式确认员工对相关规定的了解，并保留试卷。

通知公告。可在单位的各公告栏进行公示。如下例所示。

关于《×× 有限公司员工手册》向全体职工公示的通知

为了使各位员工更好地了解、掌握公司的文化和规章制度，指导各位了解应享受的权利及应承担的责任，通过全体员工大会讨论并制定了《×× 有限公司员工手册》。现予以公示，公示时间为 2019 年 9 月 16 日至 2019 年 9 月 26 日，该员工手册将于 2019 年 9 月 27 日正式生效。

如您有任何疑问请与人力资源部联系，我们很乐意解答您的疑问。

联系电话：________________。

特此通知！

将员工手册作为劳动合同的附件。在签订劳动合同的时候，附上员工手册，员工签字后附件随合同一并生效。

1.3.2 如何进行手册的发放与签署

员工手册的发放多由人力资源部或各部门单独负责，发放到各个员工手里。发放员工手册时一并发放签收表，还要在公司内发布通知，保证员工知晓。如下所示是某公司关于《员工手册》发放签收的通知。

关于《员工手册》发放签收的通知

公司各部门：

为使员工更好地了解、掌握公司的文化和规章制度，方便大家查阅相关资料，公司印发了《员工手册》。员工手册内容包括：公司简介、公司大事记、企业文化、员工行为准则、行政管理制度、人力资源管理制度、健康和安全管理等内容，现将有关事宜通知如下：

1. 在职员工人手一册，各部门领取《员工手册》的具体数量以此通知发布当日在册人数为准。

2. 各部门根据部门在职人数，到人事行政中心领取相等本数，并及时将手册发放至每一名员工手中。

3. 部门需认真组织部门员工学习《员工手册》内容。

4. 员工收到手册后在“《员工手册》签收表”中签名确认签收，部门于6月20日前将“《员工手册》签收表”交回人事行政中心存档。

签发：__________

日期：__________

如图1-19所示为该公司的《员工手册》签收表，可做借鉴。

《员工手册》签收表

姓名	部门	发文内容	签收确认
		我已了解《员工手册》及收阅确认书内容，并愿意遵守手册内容及确认书相关规定	
		我已了解《员工手册》及收阅确认书内容，并愿意遵守手册内容及确认书相关规定	
		我已了解《员工手册》及收阅确认书内容，并愿意遵守手册内容及确认书相关规定	
		我已了解《员工手册》及收阅确认书内容，并愿意遵守手册内容及确认书相关规定	
		我已了解《员工手册》及收阅确认书内容，并愿意遵守手册内容及确认书相关规定	
		我已了解《员工手册》及收阅确认书内容，并愿意遵守手册内容及确认书相关规定	
		我已了解《员工手册》及收阅确认书内容，并愿意遵守手册内容及确认书相关规定	
		我已了解《员工手册》及收阅确认书内容，并愿意遵守手册内容及确认书相关规定	
		我已了解《员工手册》及收阅确认书内容，并愿意遵守手册内容及确认书相关规定	

图 1-19

1.3.3　员工手册内容上的风险防范

员工手册除了在制作上存在法律风险外，在员工手册的内容书写方面也存在很多容易疏忽的风险。具体表现在内容的模糊、混乱，最终造成企业的损失，所以员工手册要做到具体化、统一化。

内容的具体化指对于员工的要求或相关规范，企业要说明具体情况和适用情形，多用数字展示更准确。如下例所示。

【错误示范】

员工除本职日常业务（工作）外，未经公司法人代表授权或批准，不得以公司名义从事个人活动。

【正确范例】

员工除本职日常业务（工作）外，未经公司法人代表授权或批准，不得从事下列活动。

1. 以公司名义考察、谈判、签约。

2. 以公司名义提供担保、证明。

3. 以公司名义对新闻媒介发表意见、消息。

4. 代表公司出席公众活动。

从上例我们可以看出，员工手册具体化后，员工就能知道哪些活动是违反公司规定的，将来就该条款与员工产生纠纷时，公司可以此为依据，保障公司的利益。

内容统一指的是员工手册的前后文不矛盾，没有出现相反逻辑，影响员工理解，而且没有容易产生的法律漏洞。

另外，为确保万无一失，企业人力资源部最好有管理制度、手册的相关规范，以备不时之需。主要从 3 个方面入手。

①制定过程中的通知、文件需要存档。

②在进行手册公示时也要保留相关通知、表格。

③在参照员工手册指导工作时保留相关文件。

第 2 章

服务行业类员工手册

服务行业主要通过贩卖服务来运营整个企业，所以服务行业看重的员工仪容仪表、礼仪规范、服务用语、行为规范都可以成为服务类企业员工手册的选择内容。如何抓住重点，使用好规范用语，可以通过本章来简单了解一下。

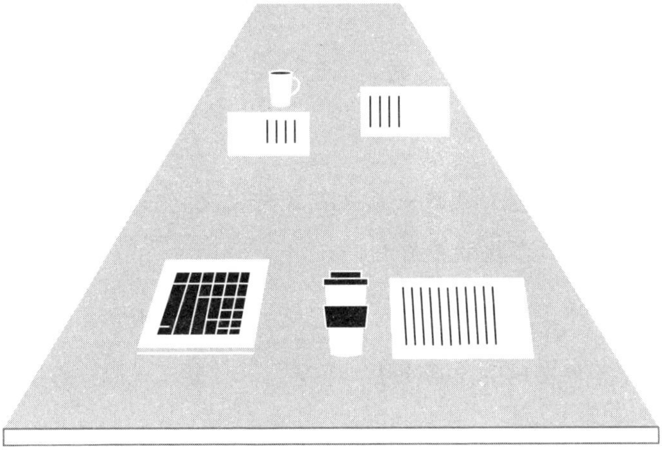

|2.1|
餐饮行业员工手册

餐饮行业可以说是一个服务行业，并且是很特殊的服务行业。从事该行业的企业（如餐厅、酒店）和人员，需要对食物进行加工处理再销售，以此获得利润。所以对于餐饮行业来说，其员工手册的内容更侧重于员工的礼仪、食品卫生安全等。

2.1.1 仪容仪表规范

仪容，常指人的外观、外貌。从事餐饮行业的人员应该尤其注重个人仪表的干净、整洁，客人会不自觉地把对员工的印象转移到食物上。所以仪容仪表的重要性不可小觑。所以餐饮行业（酒店、火锅店、快餐店等）的员工手册总会有仪容仪表规范的内容。下面来参考一下。

第九章 员工仪容仪表要求

【女士】

头发：梳理平整，用统一的头花或是发夹将头发挽起来（短发不能超过耳根、刘海不能遮盖眉毛）。

衣服：干净，平整。围裙的带子统一系在背后右侧。

裤子：不拖在地上，无油渍，平整。

鞋：干净无油渍，袜子要求每天更换。

手部：不能留长指甲。

工牌：统一别在上衣的右胸前。

化妆：要求化淡妆，眼影宜清淡，不宜太浓，嘴部抹淡红色的口红，最好是不掉色的。

【男士】

（除以下两点之外，其他和女士一样）

头发：寸头或毛寸，无油腻。

嘴部：无胡须。

上例是海底捞火锅店的员工手册中关于仪容仪表规范的内容。该企业的仪容规范结构清晰明朗，让人易于阅读和理解，分为男士和女士两个部分，每个部分又分为几个小点，对需要注意的点进行分别要求。如这里就对头发、衣服、裤子、鞋、手部、工牌、化妆进行要求，而男士在女士的基础上又有所不同，主要体现在头发和嘴部。

当然每个企业对仪容仪表的规范都不一样，也可以作为借鉴的依据，如下例所示。

个人仪容、仪表

我们是属于食品服务行业，整洁的仪容对顾客极为重要，因此在上班时必须梳戴整齐，展现专业地服装仪容，我们要求员工特别注意如下事项：

1. 工作时，必须穿戴整洁地深色防滑皮鞋，必须穿袜子。

2. 女性可化淡妆，男性不可蓄胡须。

3. 根据卫生要求，在生产区工作时间不可戴任何首饰及手表。

4. 女性头发应当梳理整齐，不得遮面；男性前发不过耳，后发不可越领。

5. 手指甲应修剪整齐并不可涂抹指甲油。

6. 在工作开始前，休息后回到工作区域或任何手可能变脏的时候，必须洗手消毒。

7. 如果你患的疾病有传染性，如重感冒或传染性眼炎，餐厅管理组有权要求你暂不上班，待健康情形完全恢复再开始工作。

该例是快餐店的仪容规范，与前例不同的是该例对店内员工进行了统一规范，并未细分男士、女士。这就体现了快餐店与火锅店的不同，火锅店的服务性更强，因此对服务员的要求会更细致。

所以餐饮行业在编写仪容规范时，首先要考虑企业自身的经营性质，火锅店和快餐店不同，西餐厅和中餐厅不同。通过这两个例子，我们知道了有两种不同的编写结构，如图 2-1 所示。

女士

头发：××××××××××××。

衣服：××××××××××××。

裤子：××××××××××××。

……

男士

头发：××××××××××××。

嘴部：××××××××××××。

……

我们是属于食品服务行业××××××××××：

1. 工作时，××××××××××××。

2. 女性××××××××××××××××××。

3. 根据卫生要求，×××××××××××××××。

4. ×××××××××××××××××××××。

5. ×××××××××××××××××××××。

6. ×××××××××××××××××××××。

……

图 2-1

对于服务要求较高的餐饮企业，如西餐厅、食品加工厂等，建议采用结构鲜明的模式，能更细致地描述相关要求；对于自助餐厅、快餐店等标准较统一的企业可以采用条款式结构。

对于餐饮行业仪容仪表的规范内容，大致包括发型、胡须、手部、化妆、饰品、衣服、裤子、鞋、袜子、工牌、服饰颜色、禁忌穿着、冬夏区别等内容。企业应着重围绕企业重点进行描述，如某些企业对制服要求很多，所以对制服的穿着、清洗等有详细规定。

2.1.2 食品卫生检查规范

凡是餐饮企业必须要做的一项工作就是食品的卫生检查，这直接关系着客人的健康安全，也关系着企业的声誉。所以餐饮企业相关人员应尽量在员工手册中就做好相关规定。如下例所示。

第六章 餐前检查程序及注意事项

A. 桌面卫生：

1. 筷子：a. 是否是脏的；b. 是否是鸳鸯筷；c. 是否弯曲；d. 筷套是否是坏的。

2. 杯子：a. 杯子是否有水渍、是否是脏的；b. 杯子是否有缺口。

3. 渣盘：a. 盘子是否是有水渍、油渍；b. 盘子是否有缺口；c. 图标是否一致、是否面向上。

4. 纸巾：a. 纸巾面上是否有油渍；b. 纸巾是否是满的。

B. 菜架卫生：

1. 调料盐盒、味精盒、油泼辣子盒、油壶、牙签盒、干辣椒面盒是否齐全，干净。

2. 菜架上是否有灰尘，有渣子、油渍。

C. 消毒柜卫生：

1. 柜内杯子准备充分，无缺口、无水印、无指纹。

2. 柜内的碗碟准备充分，干净、无缺口、无污渍。

3. 柜内的勺子准备充分，干净、无缺口、无污渍。

4. 柜内的空碗准备充分，干净无缺口，无污渍。

D. 调料柜：

1. 柜内的调料是否准备齐全充分；2. 调料内卫生干净无污渍、无渣子；3. 检查调料有无变质或变色。

E. 工作柜：

1. 检查工作柜内的豆浆壶、柠檬壶、汤壶表面是否干净无污渍，无油渍。

2. 检查柜内的豆浆、柠檬水、汤准备充分，有无变质。

3. 抽屉内的餐巾纸、筷子是否准备充分，摆放整齐，且表面干净无污渍。

4. 工作柜内的细节服务物品准备齐全。

F. 炉具：

1. 锅圈内干净无污渍、无渣子；2. 炉具是否能正常使用；3. 服务员餐前的零钱、笔准备齐全；4. 检查凳套是否干净平整，木凳子是否平稳或有无钉子。

上例分了 A、B、C、D、E、F 6 个版块进行规范，分类的标准以区域卫生为主，由于是火锅店的卫生检查，所以以桌面、菜架、消毒柜、调料柜、工作柜、炉具为主。

菜品要从两方面入手检查，一是量，二是质。由于中餐和西餐在烹饪上有很大的不同，所以对食物的要求有很多不一样的地方，可以适当进行调整，比如某西餐厅对食品有隔离要求。

食物的存放实行“四隔离”隔离：生与熟隔离、成品与半成品隔离、食物与杂物（药物）隔离，食品与天然水（冰）隔离。

2.1.3　工作时间规定及加班管理

一旦到用餐时间，餐饮企业的工作变得忙碌起来，所以有的餐厅会将工作时间做特殊安排，以适应工作需要。如下例所示。

四、工作时间及加班管理

1. 所有员工必须遵守公司制定的出勤时间准时出勤。

2. 员工每周工作 40 个小时，具体上下班时间及休息日由本公司根据实际情况决定；实行轮班制和轮休制，轮班根据各场所的营运情况适当安排班次；轮休根据各部门情况而定，如有特殊情况，公司各部门可根据经营状况调整。

3. 本公司可视营业状况的需要，要求员工加班或调派其他部门负责临时工作，超时工作本公司将给予相应假期补休或根据《劳动法》规定发放相应报酬，加班的确认需由相关部门主管批准。

上例是某餐饮企业有关工作时间安排的规定，可以看出在该员工手册中并未过多的展示具体的工作时间和加班规定，只是向员工传递了两个重要的信息，一是工作时间视具体的营业情况而定；二是公司对员工有加班的需要。

对于一份简洁明了的员工手册来说，这几条规范已经足矣。当然有的员工手册中会将具体的排班规定展示出来，以便让员工了解。如下所示。

本公司实行“三班制”，即“早班、中班和晚班”。早班的工作时间是早上 8 点到下午 4 点，中班的工作时间是早上 10 点到下午 6 点，晚班的工作时间是下午 4 点到晚上 12 点。

正常情况下，每月开始一周前会定出每位员工一月的工作时间表。所有的职员均要求准时上班，如因任何理由迟到或缺席，职员有责任至少提前4小时电话或当面告知主管。

从以上两例可以看出工作排班表对管理餐饮工作非常重要，也会在很多员工手册中出现。如图2-2所示。

排班表

日期/姓名	职位	1	2	3	4	5	6	7	8	9	10	11	12	13	14	15	16	17	18	19	20	21	22	23	24	25	26	27	28	29	30
		[illegible]	[illegible]	[illegible]	一	二	三	四	[illegible]	[illegible]	[illegible]	一	二	三	四	[illegible]	[illegible]	[illegible]	一	二	三	四	[illegible]	[illegible]	[illegible]	一	二	三	四	[illegible]	[illegible]
		off	C	C	C	C	C	C	C	C	off	A	A	A	A	A	A	A	A	A	A	A	C	C	C	C	C	off	off	C	C
		C	C	C	C	C	C	C	C	C	C	off	off	off	A	A	A	A	A	A	A	off	A	A	A	A	A	A	A	A	A
		A	A	A	A	A	A	A	A	A	A	C	C	C	C	C	C	off	off	C	C	C	C	C	C	off	off	C	C	C	C
		A	A	A	C	C	C	off	C	C	C	C	C	off	off	C	C	C	C	C	C	C	C	C	C	off	C	C	C	C	C
		D	D	D	D	off	D	D	D	D	D	D	D	D	D	D	D	D	D	off	D	D	D	D	D	D	D	D	D	off	off

备注1.A班（08:00～18:00）　C班（17:00～03:00）　D班（12:00～21:00）　红色代表不可休日期。
2.以上班次一经公布不得修改，凡需要调班人员必须填写调班单据，经批准后方可生效。
3.以上班次为连月轮转制，凡本月超出15天未转班的人员下月将优先转班。
4.以上考勤将严格按照公司考勤制度执行，如若违反，将按照公司考勤制度处理。

图2-2

2.1.4 薪资管理

要说员工来公司工作最看重的是什么？当然是薪资，所以在员工手册中可以对薪资管理作简要说明。薪资管理包括不同员工的薪资标准、薪资的明确组成部分、发放薪资的政策、薪资发放办法和原则、对该员工工作评价制度和薪资评价制度等内容。

不同的行业，薪酬管理的模式有所不同，餐饮企业一般如何规定薪酬管理制度呢？首先来看看下例。

第一章 薪酬管理制度

一、总则

第一条　员工工资发放采用“逐级考核，按劳取酬，多劳多得”的原则。

二、工资的发放

第二条 工资根据对员工工作绩效、考勤等方面认真考核后发放。

第三条 工资发放采取下发薪制，即当月考核下月发薪。

第四条 工资每月定期发放，节假日及特殊情况顺延发放。

三、工资结构

普通员工、领班的工资结构为：基本工资＋加班费＋岗位工资＋级别工资＋工龄工资＋浮动工资 / 分红

标兵：基本工资＋加班费＋岗位工资＋荣誉奖金 280 元＋工龄工资＋分红

劳模：基本工资＋加班费＋岗位工资＋荣誉奖金 440 元＋工龄工资＋分红

功勋员工：基本工资＋加班费＋岗位工资＋荣誉奖金 1000 元＋工龄工资＋分红

从上例可以看出该餐饮企业的薪资构成非常灵活，有很多可变的因素，因为薪酬设计与其营业方式也有关系。一般来说，薪资构成的内容有 5 项，如表 2–1 所示。

表 2–1　薪资构成的内容

构成部分	内容
基本薪资	一般由岗位职能等级薪资、学历薪资、技能薪资、工龄工资、特聘薪资等组成
津贴	常见的有电话津贴、夜班津贴、兼职津贴、生活津贴等组成
奖金	有全勤奖金、绩效奖金、效益奖金等常见的奖金类型

续表

构成部分	内容
超时工资	通过加班费的方式计算
业务提成	包括销售激励、营业额分成等

上例中餐饮行业的薪酬构成多是基本工资、加班费、岗位工资、级别工资、工龄工资、浮动工资／分红、荣誉奖金。

除了薪酬构成以外，该餐饮企业还注重工资发放的形式，不过该公司并未花太多的篇幅在该内容上，只是将薪资考核、下发薪制和定期发薪这 3 大重点内容告知员工。不过有的员工手册中还会将薪酬等级的划分、薪资计算方式都详细展示出来。

2.1.5 休假管理

有关休假管理，餐饮企业与其他行业不同的是越到节假日，企业业务越多，越需要人手，所以不能像其他企业一样按法定节假日来安排假期，至于其他休假方面的规定，一起来看看下面的例子。

八、假期

员工申请各种假期，均需事先到人力资源部或部门秘书处领取《假期申请表》，并办理相关手续。3 天内假期由各部门主管批准，3 天以上假期报人力资源部批准。

（一）病假

1. 员工因患病需请病假时，必须以电话（手机短信请假无效）通知直属主管或人力资源部，并 3 天内出具县级医院以上病假证明。病假只有在完成正规的手续之后方可被认可，否则视为旷工。

2. 病假期间薪资按国家相关法律法规执行。

（二）事假

1. 事假须本人提前一天填写书面《假期申请表》，经部门主管或分管经理签字后交由人力资源部备案方能生效。

2. 申请事假最长不得超过 15 日，逾期不归者按旷工处理。

3. 所有事假均属无薪假期，符合国家相关法律规定的除外。

（三）婚假及产假

1. 本公司正式员工享有国家规定的结婚及生育相应假期，标准按国家相关规定执行。

2. 员工工资也将随该岗位之工资标准予以调整（生育补贴、社保）。

（四）年假

1. 员工为公司服务满 1 年不满 10 年的，可于次年内享有 5 天有薪年假，已满 10 年未满 20 年的，年休假 10 天；已满 20 年的，年休假 15 天。

2. 申请年假时，需提前一个月提出申请，应根据部门工作安排需由所在部门同意，报人力资源部批准，经理以上人员须总经理批准后生效。

3. 员工凡一年缺勤累计超过 15 天以上（含 15 天）的取消本年度年假资格。

（五）法定假期

根据国家规定和公司具体情况由人力资源部统筹安排，提前以公告形式公布。

上例中该餐饮公司共规范了 5 类休假管理，分别是病假、事假、婚假及产假、年假和法定假期，这 5 类都是非常基础的休假类型，在编制员工手册时都会考虑进去。除此之外，还有一些常见的休假类型，如吊唁假、探亲假、丧假和哺乳假等需特殊制定。不过建议想要体现企业人性化的管理者应对产假、哺乳假作出人性化规范。

在休假管理规范中必然会出现“休假申请表”这一附件，编制人员可以在该规范结束后或在员工手册附件中展示表格内容。如图 2-3 所示。

休假申请表

员工姓名：　　　　职位：　　　　部门：	
假期申请：　月　日至　月　日，共　天，返回时间：　月　日	
假期类别： 年休□　病假□ 调休□　事假√ 婚假□　丧假□ 产假□　其他□	员工签字：______ 部门经理签字：______ 总经理签字：______
以下内容由行政部登记。 到职日期______　应得假期______　已休假期______ 尚余天数______ 人事部经办人：______ 此表格请交行政部作为考勤依据。	

图 2-3

对于法定假期的规定，餐饮企业基本会按照国家规定和公司具体情况来安排。

|2.2| 物流公司员工手册

物流行业是这两年发展起来的新兴行业，其主要业务是将运输、储存、装卸、搬运、包装、流通加工、配送、信息处理等基本功能进行有机结合。由于工作程序较多，所以员工手册内容以服务规范、考勤为主。

2.2.1 员工基本行为守则

员工基本行为守则是对公司全体员工的基本要求，很多企业会在员工手册中简单叙述公司的基本要求，那么对于物流行业来说，看重的是哪些方面的内容呢？首先了解一下以下案例。

第三节 工作守则

一、严格遵守公司的各项规章制度，按时上下班，不迟到、早退、旷工，不擅离职守。

二、服从领导的工作安排，按时保质完成任务，不无故拒绝或终止工作。

三、未经允许，严禁进入公司档案室（保密室）、仓库、财务室，相应工作人员应忠于职守，不得随意离开岗位，如有事离开应先征得直接主管领导同意。

四、上班时间不许私会亲友或做与本职工作无关事项；如确有事需会亲友时，应征得领导同意。

上例是某物流公司编制的员工工作守则，仅仅规定了 4 点内容，最重要的是向员工传递保密意识，如不能进入档案室，上班时间不能私会亲友。由于物流行业的工作特殊性，从业人员在公司内会接触大量的私人文件和物品，所以要求员工要有保密意识，不能泄露客户的隐私。

所以有的物流企业还对员工的工作权限做了规定，也是为了防止无关人员以公谋私，保证公司文件的规范性、完整性和准确性。如下所示。

六、明确个人岗位职责

公司员工应严格遵循《员工岗位职责》中所规定的职责范围，严禁不合理、私自越过个人职责范围的行为，由此造成的不良后果，公司将予以严肃处理并追究相关责任。

员工守则的编写一般分为两种形式，对于内容较少的，直接以条款的方式按顺序书写即可；对于内容较多、划分较细的，可按图 2-4 所示的结构书写。

第×章 员工行为守则

第一节 总则

……

第二节 工作态度

一、××××××××××××××××××。

……

第三节 工作守则

一、××××××××××××××××××。

……

第四节 工作关系

……

第五节 礼节礼貌

……

图 2-4

2.2.2 工作服管理规范

统一工作服能向客人展示出企业的专业性和规模化，对于快递公司来说，公司标志（LOGO）会随着物流运输去到各个地方，为了给人留下印象，几乎所有的物流公司都会要求员工着统一的工作服，展示公司标志。如何对此进行规范呢？先看看下面的例子。

第五节 工作服管理制度

为了树立公司良好的整体形象，规范员工统一着装，特对公司工作服的领用、着装和日常管理做出以下规定：

一、工作服的发放

数量：原则上每位员工发放工作服为夏季两套，实施发一备一，所有权属公司，使用权属个人；

规格：工作服大小尺码由承制商根据员工的身形量身而定；

发放工作服时，由各部门依据人数提出领用申请，并经部门主管确认。

二、工作着装规定

1. 穿着工作服即代表公司形象，必须保持工作服干净、整洁，如有脏乱，一经发现将根据规定予以处罚 10 元 / 次。

2. 工作时间内必须穿着工作服，否则罚款 10 元 / 次。

3. 工作服样式、标识为公司统一制定，各部门和个人不得随意更改，违规者一经发现将视情节严重予以至少 20 元 / 次的处罚，并予更改。

4. 员工因个人原因或工作马虎丢失工作服者应根据具体情况折价赔偿。

三、日常管理

1. 员工在工作中不慎损坏工作服，应及时向部门领导说明，进行补修，对有意破坏工作服的员工，予以严肃处理，并承担修复费用，如不能修复，则要按价赔偿。

2. 员工如果离职，应主动将工作服交还公司，否则按价赔偿。

上例中的物流公司对工作服的发放、着装规定、日常管理这 3 个方面进行了规范。

工作服的发放是以数量和规格为重点；在着装要求方面，主要规定了罚款；日常管理对员工离职、工作服损坏的情况进行了描述。有的物流公司会通过押金的方式来更好的管理工作服，并进行相应的规定。如下所示。

第五条 工作服押金的收取

1. 员工在领用工作服时，夏装应向公司交纳100元/套工作服押金；冬装应向公司交纳200元/套工作服押金。

2. 凡离职或被公司解聘、工作未满半年的员工，公司按如下标准收取员工工作服服装费：服装费＝服装成本价（1－任职天数/180天）。公司在收取员工工作服服装费后，退回所收取的员工工作服押金。

3. 任职时间满半年的员工离职或被公司解聘，公司不收取工作服服装费。员工在办理离职手续时，可向公司申请退回工作服押金。

2.2.3 服务规范

物流行业实际上还是一个服务行业，并且提供的服务类型很多，各个服务的工作标准也不一样，需要进行系统的规范，如下例所示。

第一节 业务员管理制度

1. 早上8:30上班派件，下午3:30揽收快件，揽件结束不得早于晚上6:30，不得迟到、早退，严禁无故旷工、缺勤，迟到至少10元/次处罚。

2. 派送和揽件快件时要衣着整洁，文明用语，礼貌待人，确保快件的安全性、完好性和时效性，当天的快件必须当天送完。

3. 在检查快件时如有疑问，及时交与处理部处理，禁止对快件扔、摔、踢、踏，严禁偷盗快件，一经发现予以开除，情节严重者交公安机关处理。

4. 业务员必须当日无条件派送完辖区内所有快件，并及时把回单带回公司，问题件必须在面单上注明原因交与处理部，不允许不签字就将快件交与客户。

5. 业务员揽收的快件必须签名，现付必须标注价格，不得“大头小尾”，禁止买单、卖单和逃单。

6. 业务员及时回收各项应收款，并按规定时间与财务结账。否则作挪用公款处理。因业务员没有及时收取应收款致使烂账，由业务员自行负责。

7. 上班时间内不得饮酒，行车注意安全，遵守交通法规，保持电话随时畅通。

8. 所有业务员必须维护公司的利益和形象，不得浪费公司任何材料（如面单、塑料袋等）。

9. 所有业务员必须尊重领导，服从领导工作安排、服从调动，不得拉帮结派，不得打架斗殴，不得违反国家法律、法规及公司制度。

上例是某物流公司对一般业务员的服务要求，以条款的方式分条列出业务员应注意的地方。主要对工作时间、着装、快件处理和应收款项做出了规定。

其实除了业务员的管理外，服务规范还包括对揽收快件、派送快件和违禁品管理的内容。编写人员可以分节叙述，每一节描述一个方面的服务规范。

2.2.4　考勤制度

考勤制度是企业管理者为了为维护正常的工作秩序，提高办事效率，使员工自觉遵守工作时间和劳动纪律的一项制度。物流企业的考勤制度是如何编写的呢？请参照如图 2–5 所示的例子。

第八章 考勤管理

一、总则

为确保出勤的准确统计，维持公司正常的工作秩序，提高员工工作效率，特制定本制度。

二、主题内容

本公司除后勤部分员工、客服中心部分员工、车队司机和操作部员工外，其他所有员工必须严格执行“指纹打卡制度”。由人力资源部负责登记打卡情况，并于次月10号前将汇总情况报给财务，如有迟到、早退、旷工等异常打卡，依据本制度相关条款财务部统一进行经济处罚。

三、指纹考勤制度

员工每天上下班需指纹签到、签退。

1. 指纹签到每日两次，时间分别为：早上8:30之前（含8:30）、下午5:30以后（含5:30）。

2. 员工签到签退时，应自觉遵守秩序，指纹考勤时听到“谢谢”方可离开，听到“请重按手指”时，应重新考勤。

3. 已按时上下班但忘记考勤者，应在次日填写《考勤异常登记单》说明原因，由部门主管签字批准，交人力资源部备案，否则按迟到早退处理。

4. 在市区办理公务不能按时考勤，应提前通知人力资源部做考勤记录，待回公司后应补考勤记录，否则按缺勤处理。

5. 因指纹考勤机出现故障而不能正常考勤，应到人力资源部登记上下班时间。

6. 因指纹纹路过浅，考勤机不能识别指纹，考勤者每日到人力资源部登记考勤。

7. 由人力资源部负责考勤统计各种请假单，加班单应于每月最后一个工作日交至人力资源部，由人力资源部统计考勤结果，考勤结果直接与工资挂钩。

四、未参加打卡的员工均由部门经理指定专人负责进行考勤登记和统计，考勤人员须据实记录和反映员工的出勤情况，不得隐瞒、漏报。

五、人力资源部负责在每月最后一个工作日收集本月考勤情况， 由各部门负责人根据签到薄，统计出勤情况并制表，当日将签字确认的考勤统计表报人力资源部。人力资源部统计员工备案的各类假条（以半天为单位），并审核考勤记录，确认无误后，做工资核算。

六、迟到/ 早退/ 旷工

1. 迟到

（1）员工迟到60分钟以内，每次处以20元罚款。

（2）员工迟到60分钟（含）以上，按照事假一天处理。

2. 早退

（1）员工早退60分钟以内；每次处以20元罚款。

（2）员工早退60分钟（含）以上，按照事假一天处理。

员工在工作时间内，不得随意脱岗。所有随意中途脱岗者，不计当天工资外并给予警告；当月随意脱岗累计3次，公司给予除名。

3. 旷工

有下列情况之一者，即为旷工：

（1）未请假或请假未被批准，擅离工作岗位者；

（2）假期满不续假或续假未被批准，逾期不归者；

（3）已查明请假理由确系伪造欺骗者，伪造事实，假报情况或盗窃、涂改、制造证明请假者；

（4）不服从组织调动，虽经多次教育仍不按公司指定日期到工作岗位报到者；

（5）本人要求调动工作，虽经公司同意，但尚未办理调动手续，无故不上班者；

（6）无假条，擅自休假的；

旷工按以下标准进行处理：

（1）旷工半日，扣发当日工资；

（2）旷工一日扣发三天工资；

（3）连续旷工3日（含）者，视作自动离职，公司有权在不予通知情况下与其自动解除劳动合同。

（4）一年内累计旷工5次（含）者，视作自动离职，公司有权利在不予通知的情况下与其自动解除劳动合同。

图 2–5

考勤制度需要根据国家相关政策法规，再结合本单位的实际情况来制定，是公司正常工作秩序管理的基础，也是支付工资、员工考核的重要依据。

该例中的考勤管理规范有 4 个层次的结构，如下所示：

第一章　×××

一、×××

1.×××

（1）×××

在编写比较复杂的规范时，最常用的结构就是这类结构，能够面面俱到地将细微内容展示出来，并且不会显得杂乱无章。

在内容方面，可着重书写 3 个主要内容，一是目的或主旨内容；二是考勤方式，这里对的考勤方式是指纹考勤，有的公司是打卡考勤，所以规矩和要求都不一样；三是对迟到 / 早退 / 旷工的不同处罚规定。

2.2.5 附则

附则是对员工手册的内容进行补充的部分，且形式多样并未有过多的限制条件，可以是表格，可以是文字。物流企业的附则一般会涉及哪些内容呢？请看图 2–6 所示的例了。

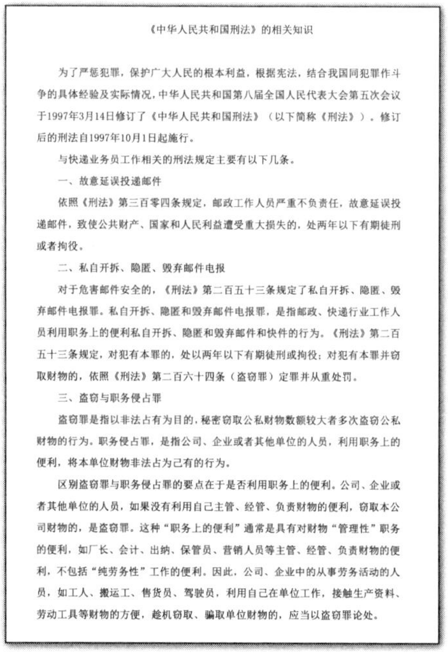
《中华人民共和国刑法》的相关知识

为了严惩犯罪，保护广大人民的根本利益，根据宪法，结合我国同犯罪作斗争的具体经验及实际情况，中华人民共和国第八届全国人民代表大会第五次会议于1997年3月14日修订了《中华人民共和国刑法》（以下简称《刑法》）。修订后的刑法自1997年10月1日起施行。

与快递业务员工作相关的刑法规定主要有以下几条。

一、故意延误投递邮件

依照《刑法》第三百零四条规定，邮政工作人员严重不负责任，故意延误投递邮件，致使公共财产、国家和人民利益遭受重大损失的，处两年以下有期徒刑或者拘役。

二、私自开拆、隐匿、毁弃邮件电报

对于危害邮件安全的，《刑法》第二百五十三条规定了私自开拆、隐匿、毁弃邮件电报罪。私自开拆、隐匿和毁弃邮件电报罪，是指邮政、快递行业工作人员利用职务上的便利私自开拆、隐匿和毁弃邮件和快件的行为。《刑法》第二百五十三条规定，对犯有本罪的，处以两年以下有期徒刑或拘役；对犯有本罪并窃取财物的，依照《刑法》第二百六十四条（盗窃罪）定罪并从重处罚。

三、盗窃与职务侵占罪

盗窃罪是指以非法占有为目的，秘密窃取公私财物数额较大者多次盗窃公私财物的行为。职务侵占罪，是指公司、企业或者其他单位的人员，利用职务上的便利，将本单位财物非法占为己有的行为。

区别盗窃罪与职务侵占罪的要点在于是否利用职务上的便利。公司、企业或者其他单位的人员，如果没有利用自己主管、经管、负责财物的便利，窃取本公司财物的，是盗窃罪。这种“职务上的便利”通常是具有对财物“管理性”职务的便利，如厂长、会计、出纳、保管员、营销人员等主管、经管、负责财物的便利，不包括“纯劳务性”工作的便利。因此，公司、企业中的从事劳务活动的人员，如工人、搬运工、售货员、驾驶员，利用自己在单位工作，接触生产资料、劳动工具等财物的方便，趁机窃取、骗取单位财物的，应当以盗窃罪论处。

图 2–6

该例是某快递公司附则内的其中一项内容，是有关法律知识的一个补充，为什么要在员工手册中展示法律知识呢？这是因为物流行业的从业人员容易借职务之便，私拆、占有他人文件或物品，所以需要从业人员了解相关的法律知识。

该例补充的是与快递业务员工作相关的刑法规定，分别对故意延误投递邮件，私自开拆、隐匿、毁弃邮件电报，盗窃与职务侵占罪这3项违法行为及所受的处罚进行了展示。

除了《刑法》规定的这几点需要从业人员了解以外，我国还有《中华人民共和国邮政法》（以下简称《邮政法》），对邮政市场和服务进行监督管理。员工手册的编制人员也可节选《邮政法》的重要内容，在附件中进行法律知识普及。

如下所示是《邮政法》内第六章的节选内容，是关于快递业务的规定，适合书写在物流行业员工手册的附则中。

第五十六条 快递企业经营邮政企业专营业务范围以外的信件快递业务，应当在信件封套的显著位置标注信件字样。

快递企业不得将信件打包后作为包裹寄递。

……

第五十九条 本法第六条、第二十一条、第二十二条、第二十四条、第二十五条、第二十六条第一款、第三十五条第二款、第三十六条关于邮政企业及其从业人员的规定，适用于快递企业及其从业人员；第十一条关于邮件处理场所的规定，适用于快件处理场所；第三条第二款、第二十六条第二款、第三十五条第一款、第三十六条、第三十七条关于邮件的规定，适用于快件；第四十五条第二款关于邮件的损失赔偿的规定，适用于快件的损失赔偿。

除此之外，附则内还可以列示一些表单，如表2–2所示的是快递公司派送人员名单。

表 2-2　快递公司派送人员名单

×× 区业务员			
姓名	公司号码	个人号码	派送范围

在进行物流业务时，不要忽略了仓储工作，货物入库时，可能用到的表单有仓库拒收单和仓库入库单，如图 2-7 所示。

仓库拒收单

某物流有限公司______仓
拒收单
NO.__________

客户名称：				拒收时间：	年　月　日	
拒收品名	拒收型号	拒收颜色	送货数量	拒收数量	合计	拒收原因
合计						
以上拒收货物处理情况备注						
送货人签字：		仓管员签字：		物流主管确认：		

仓库入库单

某物流有限公司______仓
入库单
NO.__________

客户名称：				入仓时间：	年　月　日		
品名	型号	颜色	送货数量	实收良品数量	不良品数量	合计	备注
合计							
送货人签字：		仓管员签字：		负责人签字：			

图 2-7

2.3 物业公司员工手册

物业公司是按照法定程序成立并具有相应资质条件，经营物业管理业务的企业型经济实体，属于服务型企业。物业公司受业主的委托，依照有关法律法规的规定或合同的约定，对特定区域内的物业实行专业化管理并获得相应报酬。

提供的服务可分为常规性的公共服务、针对性的专项服务和委托性的特约服务三大类。在编写物业公司的员工手册时，应该注重哪些方面的内容呢？让我们通过几个案例来学习一下。

2.3.1 物业人员礼貌用语规范

物业工作无论是绿化，还是安保、卫生等业务都属于服务的一种形式，作为物业人员，在面对业主或其他人员时，应该保持相应的礼貌，所以物业人员的礼貌用语规范很重要。如下例所示是某物业公司员工接听电话的规范。

一、电话铃响三声内接听，但不要匆忙拿起电话听筒。

二、说问候语

1. 如果为公司办公室应说："你好！ ×× 物业。"

2. 如果为保安室，应说："您好！保安室。"

3. 遇上节日要讲祝颂语，如"新年好！"等。

4. 语调轻松愉快，发音清楚，确保对方听清。

三、询问来电人的目的，确定来电人的身份及要求，可说：“请问您是？／有什么可以帮您的吗？”

四、应答

1. 如来电人找某人，应说：“请稍等”，然后叫被找人前来接听。

2. 如来电人所找的人不在，应说：“对不起，他（她）现在不在这里，有什么事可以帮您吗？”

3. 如为查询，应详细给予解答，对待业主要耐心，言语要客气文明。

4. 记录业主电话内容，如遇业主投诉或提出请修服务要求时，应迅速记下来电人的姓名、地址、联系电话、投诉内容或服务要求等。

五、告诉业主时间

1. 如业主请修，应与业主约定具体上门时间，请业主在家等候。

2. 如业主投诉，应给予业主肯定答复，告知住户我们将会采取措施处理并感谢业主对我们的支持。

六、收线

1. 向来电人说：“再见！”。

2. 等来电人挂下电话后再收线。

七、注意事项

1. 通话中途若需与他人交谈，应向对方说：“对不起，请稍候。”，然后用一只手捂着听筒，交谈完毕应向对方说“对不起，让您久等啦。”

2. 任何时候不得向业主发脾气，不得与业主争吵，不得用过高的语调对业主说话，也不得用力掷听筒。

3. 在公司不得占用电话与人聊天，家人、朋友有事来电，应从速简洁结束通话。

上例中的物业人员电话规范分了七个大点，按照接听电话的顺序对电话礼仪做了规范，不仅告诉员工该怎么做、不该怎么做，还将很多规范的电话用语展示在其中，员工可以通过员工手册熟悉了解。基本的结构顺序为：

电话铃响→问候→询问→应答→解决问题→收线→注意事项。

由于礼貌用语繁多而且杂乱，所以应尽量找到编写顺序，按顺序编写，否则会影响员工阅读和记忆。如编写上门服务的用语规范，应按照以下顺序编写：

上门准备→敲门→问候语→说明身份及来访目的→进门→告辞。

当然还有一种常用的书写方式，可按照用语本身的分类来展开编写，如下所示。

一、见面语："早上好""您好""请多指教"等。

二、感谢语："谢谢""劳驾了""让您费心了"等。

三、致歉语："请多包涵""请不要放在心上"等。

四、告别语："欢迎再来""祝您一路顺风""请再来"等。

五、忌用语："喂""不知道""不归我们管"等。

六、接听电话用语

七、接收投诉时用语

……

除此之外，编写人员还应熟知常见的礼貌用语，在编写时才能游刃有余，如表 2-3 所示是 50 句常见的礼貌服务用语。

表 2-3　50 句常见的礼貌服务用语

1. 请!	18. 没关系!	35. 让您久等了!
2. 您好!	19. 别客气!	36. 给您添麻烦了。
3. 欢迎!	20. 不用谢!	37. 希望您能满意!
4. 恭候。	21. 请稍等。	38. 请您再说一遍
5. 久违。	22. 请指教。	39. 请问您有什么事?
6. 奉陪。	23. 请当心!	40. 请问您是否找人?
7. 拜访。	24. 请走好。	41. 我能为您做什么?
8. 拜托。	25. 这边请。	42. 很乐意为您服务!
9. 请问?	26. 您先请。	43. 这是我应该做的。
10. 请进!	27. 您请讲。	44. 把您的需求告诉我。
11. 请坐!	28. 您请放心!	45. 我会尽量帮助您的。
12. 谢谢!	29. 请多关照。	46. 我再帮您想想办法。
13. 再见!	30. 请跟我来。	47. 请随时和我们联系。
14. 对不起。	31. 欢迎光临!	48. 请您多提宝贵意见!
15. 失陪了。	32. 欢迎再来!	49. 有不懂的地方您尽管问。
16. 很抱歉!	33. 请不要着急。	50. 您的需要就是我的职责。
17. 请原谅。	34. 请慢慢地讲。	

2.3.2　奖罚规定

奖罚规定一般是放在一起的，能够同时对员工的行为起到激励和约束的作用。一般在员工手册中可以对奖罚规定进行简要描述，让员工有一个基本的印象，如下例所示。

第五章 奖励和处分

一、奖励

1. 有下列情况，公司将予以奖励：

（1）为公司创造显著经济效益。

（2）为公司挽回重大经济损失。

（3）为公司取得重大社会荣誉。

（4）改进管理成效显著。

（5）培养和举荐人才。

2. 奖励分为年度特别奖和不定期即时奖励。年度特别奖须由所在部门推荐，总部人力资源部审核，集团总经理批准，奖励方式为授予荣誉称号、颁发奖状和奖金。同时公司规定管理人员可对职员的业绩表现、工作态度、敬业精神、管理创新等给予即时奖励。

3. 职员在公司服务满十周年，将获得由集团领导签发的纪念金牌。

二、处分

1. 对有下列行为之一者，公司将视情节轻重、后果大小、认识态度不同等给予行政处分或经济处罚（不排除犯有下列行为之外的过失也会受到处罚）：

（1）工作态度不认真。

（2）拒不服从合理的工作分配，影响工作。

（3）违反工作纪律。

（4）没有完成工作。

（5）玩忽职守，工作不负责任而造成事故或损失。

（6）工作中发生意外而不及时通知公司。

（7）损坏公物，影响公司正常秩序。

（8）虚报个人申述资料或故意填报不正确个人资料。

（9）擅自篡改记录或伪造各类年报、报表、人事资料。

（10）违反职员职务行为准则的规定。

（11）违反社会治安管理法规等。

2. 如果职员行为触犯刑律，被依法追究刑事责任，公司将无条件对当事人予以解除劳动合同处理。

奖罚规定的结构非常明朗，可直接划出两大结构，即奖励规定和处罚规定，然后再展开编写，主要按照奖励和处罚的类别或程度来分别编写。如本例中，首先对可以获得奖励的行为进行编写，然后划出两个奖励的类型，分别是年度特别奖和不定期即时奖励。

本例的处罚规定比较简洁，没有太复杂的结构，有的员工手册中会根据员工行为的情节轻重分出不同的处罚方式，常见有口头警告、书面警告、最后警告、无薪停职、即时解雇等。

另外，有的员工手册还会对处罚的程序、流程进行介绍，重要的是要让员工知道有申诉的途径。如图 2–8 所示的处罚流程图。

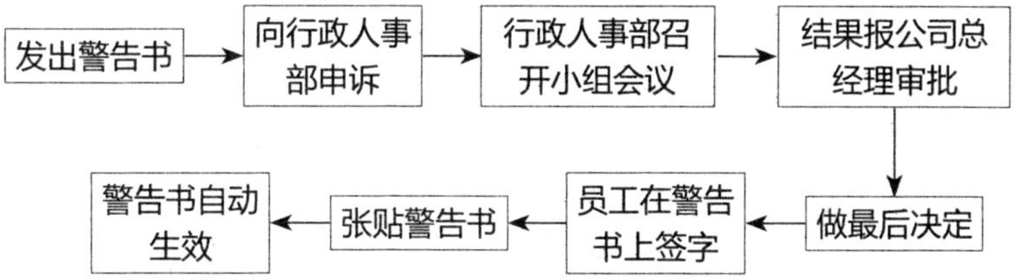

图 2–8

2.3.3 商户和住户投诉处理规范

物业服务工作可能会面临很多的投诉，如果从业人员不能处理好业主的问题，会影响业主对物业公司能力的认可度，所以应在员工手册中提及住户投诉的接收和处理办法。首先看看下面的例子。

用户投诉处理制度

一、用户投诉的接收

1. 凡用户对公司服务方面的投诉，不论采取何种方式，如信函、电话、传真或来人面谈，统一由管理处物管员集中登记、组织处理、向客户反馈处理结果。

2. 管理处建立《客户投诉登记表》，对每一份投诉或意见均予以记录。记录的内容包括客户名称、投诉文件（信件、传真、电话及面谈的正式记录）的编号、投诉性质或内容摘要、处理结果等。

3. 管理处亲自或指定人员根据客户投诉或意见，填写《客户投诉处理通知单》。为了便于跟踪、检索，每一份《客户投诉处理通知单》应进行编号，并与《客户投诉登记表》中的编号以及对客户投诉或意见原件所作的编号保持一致。

二、用户意见的处理（必须满足公司对用户的承诺要求处理）

1. 管理处将《用户投诉处理通知单》连同用户投诉或意见原件责成相应班组进行处理。

（1）由有关班组负责作出补救措施。

（2）作出补救措施的同时，还需采取纠正措施，预定时间完成。

2. 对重大问题的投诉，管理处不能处理、需统一协调的问题，直接报经理，由经理作出处理决定。

3. 对需采取纠正措施的问题要在《用户投诉处理通知单》中记录，

以便跟踪检索。

4. 在完成补救措施后，应将处理结果反馈给管理处，由管理处负责与用户联系，报告处理结果，直到用户满意为止。

该例中的用户投诉处理规范分为了两大部分：投诉的接收和处理。这种结构是最简单的，也是最明了的，有好处也有坏处。好处是结构清晰、易理解，坏处是规范难以具体、系统。不过编写在员工手册中，这样的篇幅是没有问题的。

当然，如果想要具体地、全方位地编写投诉处理制度，还可以添加其他内容，如投诉处理流程、投诉处理原则、接受投诉阶段、解释澄清阶段、提出解决处理阶段、跟踪总结阶段。一般的投诉处理流程如图 2-9 所示。

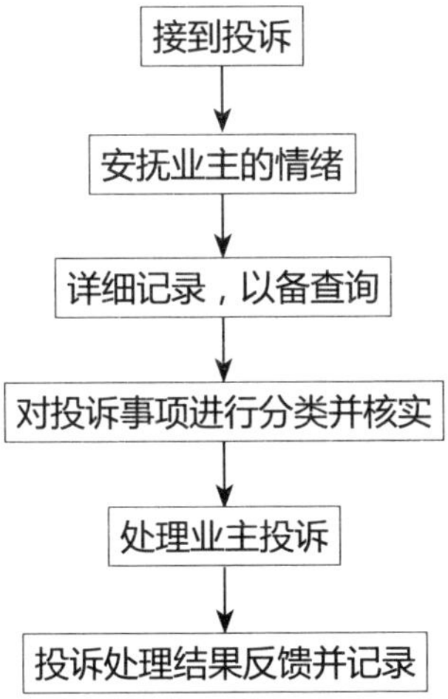

图 2-9

2.3.4　回访制度

对于物业公司来说，通过相关人员的回访工作，能够及时了解业主的现有想法和意见，以便更好改善服务，提升公司的形象。在员工手册中投诉处理规范和回访制度是配套的，如果编写了投诉处理规范，那么回访制度也不能少。如下所示。

回访规范

一、回访要求

1. 回访时，虚心听取意见，诚恳接受批评，采纳合理化建议，做好回访记录。

2. 回访中，对住户的询问、意见，如不能当即答复的，应告知预约回复时间。

3. 回访后，对业主反馈的意见、要求、建议、投诉，要及时逐条整理、综合、研究、妥善解决，重大问题向公司请示解决。

二、回访时间及形式

1. 每年登门回访 1 ～ 2 次。

2. 有针对性地对住户发放“住户调查问卷”，做专题调查，听取意见。

该例中分两部分对回访制度进行编写，一是回访要求，二是回访时间及形式。结构简单，并且按回访时、回访中、回访后的顺序依次对员工行为进行规范，是非常不错的模板。

另外，对于回访过程中需要的材料，如业主满意度调查的问卷和表单，形式多样、内容不一，如表 2-4 所示的表单可作参考。

表 2-4　业主 / 住户满意程度调查表

尊敬的业主 / 住户： 您好！很感谢您对我们工作的大力支持和关心，为了更好地提升我们的工作，及时为您提供更优质的服务，××物业有限公司特制作了此份调查问卷表，以征询您对我们工作的意见。本次调查为不署名调查，请在对应选项上打“√”。			
调查项目	满意	一般	不满意

续表

公共秩序	小区硬件设施管理			
	门卫对人员、物品进出管理			
	机动车管理			
	非机动车管理			
	小区内公共秩序			
保洁	楼道保洁			
	室外道路保洁			
	垃圾堆放、清运			
维修	维修人员到现场时间是否及时			
	维修质量			
	服务态度			
管理服务	物业管理人员的工作技能			
	水费、电费管理			
	接待业主 / 住户态度			
	投诉咨询等办理的及时性			
对小区整体管理和服务的评价				
您的意见和建议请写在此栏：				

2.3.5　物业公司安全管理规范

物业管理其中一项最重要的工作就是安全管理，所以物业人员的安全意识一定要在入职那天就建立起来，在员工手册中对安全管理进行规范是非常不错的方式。至于该如何编写，请参照图 2-10 所示的案例。

第十章 安全守则

一、安全意识

物业管理的秩序维护工作是一项预防性的措施，目的是确保项目内人、财物的安全，并将可能潜伏的危险减至最低限度。作为公司的一份子，我们有责任经常保持秩序维护之警觉，预防一切对项目和客人不利的事件发生，使物业小区成为众人安全停留及活动的场所。

二、防火、防盗

1. 下班前要认真检查，消除不安全隐患，门窗及抽屉要锁好，熄灭一切火种关闭不使用的电源。

2. 所有防火门必须经常闭上。

3. 如发现事故苗头或闻到异味，必须立即查找处理并及时报告秩序维护部做到切实消除隐患。

4. 防小孩子玩水、玩电、玩火、避免意外事故发生。

5. 如发现有任何可疑或有不法行为的人或事，应及时报告秩序维护部。

6. 不得将亲友或无关人员带入工作场所。

7. 发现遗留物品，一律报告秩序维护部查处。

三、卫生

物业项目是向公众提供服务的场所，公司对公众负有责任，对卫生讲究尤其重要。工作时不准吸烟及大声说话，咳嗽、喷嚏或打呵欠要用手掩嘴。做好防治害虫的工作，消除害虫滋生的条件。

四、火警

当发生火警，不论程度大小，必须采取下列措施：

1. 通知消防中心，清楚地说明火警地点、火势大小，并立刻知会部门上司。

2. 呼唤附近同事援助，在适当的情况下找来灭火器材扑灭火焰，但以不危及生命为原则。

3. 若火焰迅速蔓延至危险程度，敲响最近的火警钟提出警告。

4. 把所有火警现场之门窗关闭，并关掉一切电器、燃料之开关。

5. 协助引导客人撤离火警现场。

6. 切勿乘搭升降机，必须利用楼梯。

五、台风

遇有台风，根据当时情况，所有公司内员工必须服从上司指示在需要时必须继续留守岗位，当风力增强至八级时，特别指定之员工必须立刻返回公司报到，其他接班之员工应即致电部门主管查询应采取之行动。

六、停电

遇上停电，公司员工尽量安定客人的情绪，利用后备照明系统作紧急用途，尽快联络值班人员，特别留意升降机是否有人被困，并注意加强收款处之安全。

七、紧急情况

在紧急情况下，为保持公司业务正常进行，全体员工必须绝对服从上司的指挥，若被要求超时工作，员工应鼎力合作。

八、员工自身安全

公司于每位员工入职之初将进行职业安全教育，每位员工应严格遵照相关制度及培训要求执行以免人身安全受到伤害，安全守则禁止（包括但不限于）以下行为：

1. 于上下班途中乘坐、驾驶违反法规的交通工具。

2. 无证从事需专业资格执行的工作，如非专业资格人员维修水电等。

3. 从事具有一定危险性工作而不按相关安全作业规程做好防护措施的。

4. 其他不按作业规程或违反上级指示而强行操作的行为。

图 2-10

该例按照内容来分可以分为总分结构，首先对安全意识的重要性进行描述，然后针对各种易出现的意外事故进行员工指导，包括防火、防盗、火警、台风、停电和其他紧急情况，并且还对员工个人的安全进行了规范。该例内容较全面，不过仍然有扩充的空间，每一类的意外事故都可以再进行具体规定。

第 3 章

生产销售类员工手册

选择供应商、采购原材料、加工生产、销售是生产销售类企业的主要工作项目，这类企业的员工手册除了基本的企业介绍、人事制度、考核制度之外，还需要加入有关采购、生产等方面的内容，使员工手册更丰富且有重点。

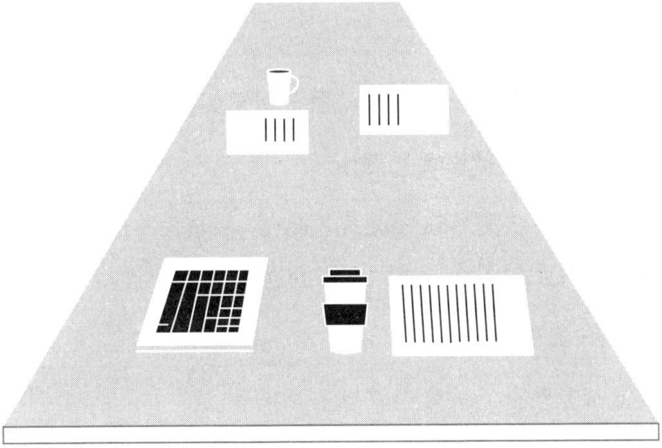

|3.1| 商品销售类企业的员工手册

商品销售类企业的利润来自产品的销售，自然销售人员至关重要，所以应该着重对销售工作进行规范，并在员工手册中体现出来。

3.1.1 员工出差管理规范

销售型企业的员工免不了要经常出差，拉业务、谈合约等，所以对出差的各项制度要进行规范，并在员工手册中展示，如下例所示。

第十一章 出差

第四十八条 员工出差分长途出差与短程出差两种，凡当天能往返的，为短程出差；需要花费一天以上的，则为长途出差。

第四十九条 长途出差

1. 出差人员在奉准出差时可以向出纳预领差旅费。

2. 员工差旅费支付标准见附件。

3. 出差人员公务完毕返回公司3天内，应填写《出差旅费报销单》，连同单据送单位主管签字后呈总经理核定，再交会计核销。

第五十条 短程出差

1. 出差人员在出差前应向单位主管报告。

2. 出差人员公务完毕返回公司，应按实际支出费用由主管签字并经经理以上领导批准，凭票报销。

注：出差人员都需先提出《出差申请单》，经单位主管及总经理批准方可出差。

第五十一条 出差人员按出差计划表到达每一预定出差地点时，应与公司联络，并报告有关工作情况。

上例将出差公务分为两种，一是长途出差，二是短程出差，然后分别进行相关说明，包括出差前的准备，出差后的费用报销及需要填写的相关表格。出差公务涉及的表格较多，为了不打断员工手册的连贯性，一般在附件中列示，如图 3-1 所示。

出差申请表

			申报日期：	
申报部门		出差人		
出差日期	年　月　日至　年　月　日，共　天			
出差省市与地区				
出差事由				
交通工具安排	飞机□　火车□　汽车□　动车□　其他□			
申请费用				
申请人	部门经理审核	财务部审核	分管副总审核	总经理审核
审核费用	元			
说明：1.此申请表作为出差申请、借款、核销必备凭证。 2.如出差途中变更行程计划需及时汇报。 3.出差申请表须在接到申请后48小时内批复。				

出差旅费报销单

附单据　张

出差事由： 年　月　日								
年	月	日	始发地	目的地	车船费	出差津贴	小计	备注
合计								
部门负责：		财务审核：		财务负责人：		报销人：		
分管领导：		总经理：		董事长：				

图 3-1

除了上例中的编写结构外，编制人员还可以参考下例所示的结构。

一、流程

出差人填写出差申请表（表格一式两份，一份部门留底，一份交财务），再由部门副总经理批准后交财务管理，公司任何人出差回来凭出差申请表报销差旅费，如果没有申请表一律不予报销。

二、标准

1. 市区内无交通补贴。

2. 职工因公出差外地，车费按实际报销（交通工具仅限火车及客车，乘坐飞机由董事长特批)，市内交通、食宿按80元/日包干。

3.职工因公出差外地，如果公司包食宿，则车费按实际报销且无差旅补贴。

该例以出差流程和标准为结构进行编制，对于工作流程之类的内容，用流程图的方式比文字叙述更加直观。对于员工出差管理规范来说，最核心的内容是差旅费报销标准，多采用文字叙述的方式，也可以表格的方式展示，以上例为例，如表3-1所示。

表3-1 国内差旅费报销标准一览表

单位：(元/天)

员工级别	酒店级别	交通工具	市内交通补贴	伙食补助	住宿标准	备注
公司领导(总助以上)	五星级	飞机公务舱/轮船一等舱/火车软卧	30	40	800	北京和上海地区
					600	其他地区
部门正副职	四星级	飞机公务舱/轮船一等舱/火车软卧	30	40	600	北京和上海地区
					400	其他地区
其他人员	三星级	飞机经济舱/轮船三等舱/火车硬卧	30	40	400	北京和上海地区
					300	其他地区
注：公司领导出差外地的市内交通费原则上实报实销；出差期间原则上可安排商务招待一次，费用大约1 000元左右。						

3.1.2　促销员管理制度

促销员通常是厂家或代理商派往零售终端的销售人员，是商店或企业的代表者。促销员是否专业会在一定程度上影响公司产品的销售量，所以在员工手册中可以加入促销员管理制度。请看下例。

一、促销员的能力要求和工作职责

1. 基本要求

（1）有较好的语言表达能力。

（2）有产品销售和推广的相关经验。

2. 职责

（1）服从市场督导的管理。

（2）向消费者宣传商品及品牌形象，提高品牌知名度。

（3）利用各种销售技巧，营造卖场顾客参与气氛，提高顾客购买愿望，帮助零售店完成预测零售额。

二、促销员的工作内容

1. 工作内容陈述（见表 3–2）

2. 工作作业陈述（见表 3–3）

三、促销员的工作纪律

1. 促销员的日常行为规范

（1）语言：落落大方，尽量使用职业语言。

（2）行为：在市场上要积极与店主、店员及顾客沟通，做好收集信息、转达信息工作。

2. 促销员的日常工作纪律

（1）促销员工作考勤。

（2）促销员工作纪律。

①按时收集保修卡，填写促销员销量周报表，参加公司例会。

②严禁促销员擅自进行送货、付款行为。

（3）促销员考核办法（略）。

四、促销员的日常管理

1. 促销员的招聘性质

2. 促销员的培训工作

3. 促销员的薪资福利

4. 促销员的奖惩与晋升

……

上例是一份促销员管理制度的节选，由于篇幅有限，只展示了制度的主体结构和部分内容。我们可以看出该公司从工作职责、工作内容、工作纪律和日常管理 4 个方面来编制规范。

对于工作内容的部分，案例用了两个表格来展示，一来使内容准确、简洁，二来方便阅读。工作内容陈述的表格模板如表 3-2 所示。

表 3-2　工作内容陈述

工作职责	工作规范	操作流程	周期	主管
售前服务				
售中服务				
售后服务				
合作服务				

对于促销员在工作中需要填报的表格作业，也用表格的方式做了展示，方便促销员做好后续工作，如表 3-3 所示。

表 3-3　工作作业陈述

作业（表格）名称	作业（表格）内容	作业（表格）递交时间	递交（上报）人	备注
报销量				
信息周报表				
考勤表				
销量报表				
保修卡登记				
营业员返利签收单				
礼品领用登记表				
礼品签收单				
备用机试用协议				

该例中工作纪律和日常管理方面的内容，其结构层次丰富、十分全面，在实际操作中为做到简洁，可以只对重要部分进行叙述。

3.1.3　临时工管理制度

临时工一般指在企业中非正式雇用的劳工，销售型企业因为季节、产品特性等原因可能会出现销售旺季和淡季。为了节省人力资源，很多企业会选择在销售旺季聘用一些临时销售人员，以完成业绩。常见的有如下例所示的管理办法。

第一章 临时促销员定位

第一条 针对需要强化的卖场、周末及重大节假日销售旺季期间，在终端卖场内有促销活动时派驻的临时销售人员，主要负责协助导购员销售，进行产品派送、产品讲解，营造销售气氛等工作。

第二章 临时促销员招聘、培训管理

第二条 临时促销员招聘流程（略）

第三条 岗前培训

1. 上岗之前必须经过岗前培训，经过考核后方可上岗，考核成绩需交由销售公司备案。

2. 培训课程安排（见附件）。

3. 培训结束后进行考核，考核分数 70 分以下者淘汰；70 分以上合格，90 分以上者重点培养，合格者进入临时促销员人才储备库。

4. 培训合格者签订临时促销员协议书（详见附件）。

第三章 临时促销员薪资待遇

第四条 临时促销员薪资

1. 岗前培训考核成绩 80 分以下者需进行 2 个工作日的试用，试用期工资为 40 元 / 天，试用期合格者转为正式临时促销员，不合格者当日辞退。

2. 岗前培训考核成绩 80 分以上者为正式临时促销员，工资标准为 50 元 / 天。

3. 进入临时促销员人才储备库的临时促销员为优秀临时促销员，工资标准为 60 ~ 80 元 / 天。

第四章 临时促销员职责

第五条 临时促销员工作明细

1. 派送员：2 ~ 3 人为一组；一人推车（或托盘），一人派送，一人引导顾客（发宣传页）至专柜前，交给导购员。

2. 讲解员：1 ～ 2 人为一组；协助导购员销售。

3. 终端拦截者：由若干人组成；在竞品区域内进行售卖，吸引顾客目光。

第五章 临时促销员管理

第六条 导购员管理责任

商场导购员为临时促销员现场管理直接责任人，负责对临时促销员实际工作进行安排，对临时促销员的工作表现进行评分（详见附件），并将评分表汇总上报至经销处。

上例是某销售型公司的临时促销员管理办法，其中主要对临时促销员的招聘、培训管理、薪资待遇、工作职责做了阐述，而培训课程的安排作为重点内容在本例中以表格的形式展示，模板如表 3–4 所示。

表 3–4 培训课程安排表

序号	课程名称	目标	考核标准	授课人员	课件编号
1	企业文化				
2	主销产品知识培训				
3	终端演示标准				
4	竞品产品知识、说辞应对				
5	卖场管理流程				

依照以上模板，编制人员可以选择适合公司临时销售人员的课程，进行安排。

在编写临时促销员的薪资待遇时，要注意其非正式性，所以以天数计算薪资，工资单位为“元/天”。

根据工作内容的不同，临时促销员可分为派送员、讲解员、终端拦截者，并以此进行分类，列示其工作职责。

3.1.4 福利制度

社会不断发展之后，企业的福利制度越来越受到重视，内容形式也越来越丰富。在员工手册中展示企业的福利制度可以体现企业的人性化，也能激发员工的工作热情，所以如何编制福利制度也需要重点了解，先看看下面的例子吧。

五、福利

1. 医疗

公司每年5～10月为员工组织一次体检，体检由行政人事部统一组织，在公司指定的医院进行，体检结果由行政人事部备案。

2. 节日津贴

按照我国的民族传统习惯，每年的清明节、端午节、中秋节、春节、妇女节，公司在当天为员工发放过节费，具体的发放标准见附件。

3. 防暑降温费

7～9月份，公司每月会给员工发放固定的防暑降温津贴。具体的发放标准见附件。

4. 礼金

公司在员工结婚、喜得贵子、住院、直系亲属去世等情况发生时，向员工赠送礼品或礼金表示关怀。具体的发放标准见附件。

5. 娱乐活动

为了丰富员工业余生活，增加员工对公司文化的认同感，公司根据员工建议组织各种娱乐、文体、郊游活动。

6. 旅游

公司组织一年一度的员工旅游活动，旅游经费视员工在公司服务年限分别规定：

（1）进入公司工作未满一年者，年度旅游需自付50%费用。

（2）工作满一年而未满两年者，年度旅游需自付20%费用。

（3）工作满两年者，年度旅游无须自付费用，但最高旅游经费为每人每年2 000元人民币。

（4）年度旅游可携带家属，其费用全额自费。

公司所有的福利政策皆为集体活动行为，个人不参加者视为自动放弃，公司不作现金或其他方式的补偿。

该例中列示的福利项目多且全面，包括员工的生活、健康、娱乐、人际往来等方面，为员工做出了人性化的考量。由于福利较多，每项福利的标准又不一样，所以需要制作福利发放标准表，如表3-5所示。

表3-5 福利津贴发放标准表

福利名称	福利标准
体检	500元 注：按各职位差异设定体检标准
清明节	100元
端午节	200元
中秋节	200元
春节	500元
妇女节	100元

续表

福利名称	福利标准
防暑降温费	300 元
员工结婚、喜得贵子、住院、直系亲属去世	500 元
员工生日	100 元

在编制员工福利制度时要注意不能“一刀切”，有的福利是全体员工都享受的，而有的福利需要对员工进行区分，一般来说可通过工作年限或职位来区分福利标准。

另外，对于员工来说最重要的一项福利就是社保，所以编制人员在编写福利内容时，最好将社保的相关条款加上，如下所示。

第十四章 社保

第五十七条 员工一律参加社保，在聘用时由人事部门办理。

第五十八条 员工参加保险后，除依法享受各项权利及应得的各种给付外，不得再向本公司要求额外的赔偿或补助。

3.1.5 客户信息管理制度

对销售型企业来说，客户信息管理是出于商业考虑的一种选择，如果能对客户信息进行整理分析，提高客户满意率，对公司的发展有着很大的帮助。所以可以考虑建立客户信息管理制度，并在员工手册中展示出来。先来看一例子。

客户信息管理制度

第一章 总则

第一条 为防止客户信息泄露，确保信息完整和安全，科学、高效地保管和利用客户信息，特制定本制度。

第二条 本制度适用于客户信息相关人员的工作。

第三条 客户的分类如下。

1. 一般客户：与企业有业务往来的经销单位及个人。

2. 特殊客户：与企业有合作关系的律师、财务顾问、广告、公关、银行、保险等个人及机构。

第二章 客户信息归档

第三章 客户信息统计报表

第四章 客户档案的检查

第五章 客户信息的使用

第十七条 建立客户档案查阅权限制度，未经许可，任何人不得随意查阅客户档案。

第十八条 查阅客户档案的具体规定如下。（略）

第十九条 客户资料外借的具体规定如下。（略）

第二十条 借阅者归还客户资料时，及时在客户资料外借登记册上注销。

第六章 客户信息的保密

第二十一条 客户服务部各级管理人员和信息管理人员要相互配合，自觉遵守客户信息保密制度。

第二十二条 凡属“机密”“绝密”的客户资料，登记造册时，必须在检索工具备注栏写上“机密”“绝密”字样，必须单独存放，专人管理，其他人员未经许可不得查阅。

第二十三条 各类重要的文件、资料必须采取以下保密措施。（略）

第二十四条 企业相关人员在对外交往与合作中如果需要提供客户资料时，应事先获得客户信息主管和客户服务部经理的批准。

第二十五条 对保管期满，失去保存价值的客户资料要按规定销毁，不得当作废纸出售。

第二十六条 客户信息管理遵循“三不准”规定，具体内容见附件。

第二十七条 企业工作人员发现客户信息已经泄露或者可能泄露时，应当立即采取补救措施，并及时报告客户信息主管及客户服务部经理。相关人员接到报告后，应立即处理。

……

本例中通过共六章的内容对客户信息管理制度进行了编制，分别是总则、客户信息归档、客户信息统计报表、客户档案的检查、客户信息的使用和客户信息的保密。我们省略了其中一些内容，只保留了具体的结构。

总则的内容其实大同小异，即对编制目的和适用范围进行了说明，并对客户进行了分类，分为一般客户和特殊客户。第二章到第四章的重点内容如表 3-6 所示。

表 3-6 客户信息归档、统计报表、检查的重点内容

主题	涉及内容示例	备注
归档	1. 建立档案	原则：一客一档
	2. 档案汇总	点名负责部门
	3. 设置索引	
	4. 档案放置	说明放置顺序
	5. 档案载体	说明载体材料（光盘、纸张）

续表

主题	涉及内容示例	备注
统计报表	1. 编制客户信息统计报表	说明负责部门
	2. 提供统计报表	需经审查同意
	3. 修改统计报表	报批并备案
	4. 因工作需要，印刷、发放	实际业务需要
	5. 数据正确	说明审核单位
档案检查	1. 检查档案	说明检查期限
	2. 修复档案	包括字迹、材料
	3. 检查保管环境	防潮、防霉

至于客户信息保密制度的编写，除了对相关管理人员进行规范外，还可以加上档案密级设置的内容，才能显得更加完善，如图 3-2 所示。

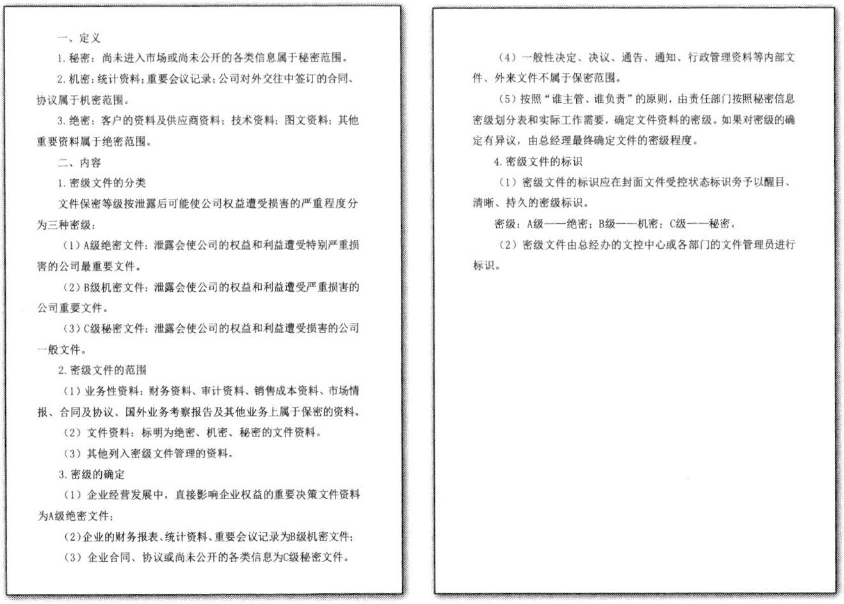
一、定义

1. 秘密：尚未进入市场或尚未公开的各类信息属于秘密范围。

2. 机密：统计资料；重要会议记录；公司对外交往中签订的合同、协议属于机密范围。

3. 绝密：客户的资料及供应商资料；技术资料；图文资料；其他重要资料属于绝密范围。

二、内容

1. 密级文件的分类

文件保密等级按泄露后可能使公司权益遭受损害的严重程度分为三种密级：

（1）A级绝密文件：泄露会使公司的权益和利益遭受特别严重损害的公司最重要文件。

（2）B级机密文件：泄露会使公司的权益和利益遭受严重损害的公司重要文件。

（3）C级秘密文件：泄露会使公司的权益和利益遭受损害的公司一般文件。

2. 密级文件的范围

（1）业务性资料：财务资料、审计资料、销售成本资料、市场情报、合同及协议、国外业务考察报告及其他业务上属于保密的资料。

（2）文件资料：标明为绝密、机密、秘密的文件资料。

（3）其他列入密级文件管理的资料。

3. 密级的确定

（1）企业经营发展中，直接影响企业权益的重要决策文件资料为A级绝密文件；

（2）企业的财务报表、统计资料、重要会议记录为B级机密文件；

（3）企业合同、协议或尚未公开的各类信息为C级秘密文件。

（4）一般性决定、决议、通告、通知、行政管理资料等内部文件、外来文件不属于保密范围。

（5）按照“谁主管、谁负责”的原则，由责任部门按照秘密信息密级划分表和实际工作需要，确定文件资料的密级。如果对密级的确定有异议，由总经理最终确定文件的密级程度。

4. 密级文件的标识

（1）密级文件的标识应在封面文件受控状态标识旁予以醒目、清晰、持久的密级标识。

密级：A级——绝密；B级——机密；C级——秘密。

（2）密级文件由总经办的文控中心或各部门的文件管理员进行标识。

图 3-2

3.1.6 销售提成管理制度

销售提成对销售人员来说是一种激励，这种激励方式在销售型企业中很常见，很多企业都会在员工手册中加上销售提成管理制度，以激励新入职的员工，这对公司的营销业绩提升有很大意义。如下例所示为某商贸公司的销售提成管理制度。

销售提成管理制度

为规范公司销售提成管理，激励公司员工，提高其爱岗敬业责任心和工作积极性，特制定本管理制度。

一、提成比例的确定

1. 公司销售提成按照各项目公司实现销售业绩每月提取，提成比例为 2%。各项目公司扣除一线销售人员提成和营销外包方佣金后，余额每月如数交回本部财务审计中心作为公司全员奖励提成。营销外包佣金包括销售代理佣金、营销顾问费、推广／广告服务费等营销业务外包所需支付的费用。行政人力资源中心在年底时，制订全员奖励提成分配方案，报公司总经理办公会审议批准后执行分配。

2. 一线销售人员销售提成比例的确定

（1）原则上，一线销售人员销售提成比例不得超过销售收入的 0.5%。

（2）项目公司销售部根据项目销售进度计划、销售难易程度等因素，制订一线销售人员提成比例方案，报项目公司总经理同意后，上报营销策划中心。

（3）营销策划中心会同行政人力资源中心、财务审计中心审核一线销售人员提成方案，报营销分管副总经理和总经理审核、审批后，下发项目公司销售部执行，同时交财务审计中心备案。

（4）项目公司销售部将公司审批通过的一线销售人员提成方案交项目公司综合部、财务部备案，便于日后执行。

（5）销售业务外包时，不计提一线销售人员提成。

二、销售业绩的申报

（1）销售主管按照销售人员销售业绩制订销售业绩报表，报销售经理审核。销售业绩每月申报一次。

（2）销售业绩确认按客户付款方式不同，分为两种：客户一次性付款和分期付款。当付款比例达到或超过 70% 而不足 100% 时，确认一次销售业绩，只提取 70% 的应得销售提成。客户付清剩余款项时，确认剩余 30% 的销售提成。只有客户全额付清款项时，可确认全部销售业绩，提取全额销售提成。

（3）销售经理审核销售业绩报表后，报财务部审核，确认销售业绩。

三、销售提成报表的制定和审核

（1）项目公司综合部根据财务部审核后的销售业绩报表，按照提成比例方案，计算制订销售提成报表。

（2）财务部审核销售提成报表，报分管副总经理和总经理审批签字。

四、销售提成的发放

项目公司财务部汇总一线销售人员的销售提成和底薪工资，扣减所得税后发放。属公司全员奖励提成部分交回本部财务审计中心。项目公司财务部发放销售提成后，应将销售业绩报表和销售提成报表交本部财务审计中心备案。

本例中通过 4 个主要部分对提成管理进行规定，分别是提成比例的确定、销售业绩申报、提成报表制定和提成发放。

提成比例的确定分为两种：一是公司全员奖励，是在实现了公司每月销售业绩后，全员都有的，提成比为2%；二是一线销售人员奖提成，基于该类员工的重要性，所以单独设计提成方案。

业绩申报主要规定了申报期限，一般来说是每月一次，而申报依据为销售回款的多少。接着制定和审核提成报表，发放提成。该例是按照申领提成的顺序来制定制度的，便于员工记忆，值得借鉴。

该例中最重要的两个附件：销售业绩报表和销售提成报表，其模板如图3-3所示。

销售业绩报表

产品型号	名次	姓名	销售量	单位	数量	单价	收款金额	赊销余额	折扣	折扣销售提成	提货商	付款方式

销售提成报表

序号	公司名称	交货时间	实际型号	数量（kg）	单价	销售金额	实际销售金额	常规提成比例	所得提成	合计	收款日期
1											
2											
3											
4											
5											
6											
	合计										
核准：				复核：				制表：			

图 3-3

3.1.7 销售回款奖惩办法

对于销售型企业来说，回款工作是非常重要的，销售和回款两者不可分割，只有得到回款，销售工作才有意义。为了有助于企业经营管理，很多销售型企业会制定销售回款奖惩办法，并在员工手册中进行展示，以体现其重要性，如下例所示。

销售回款奖惩办法

第一条 目的

1. 为进一步加强应收账款管理，加大货款回收和清欠力度，确保货款回收率达90%。

2. 激励销售客服部积极销售，及时回收货款，将销售客服人员的收入与货款回收全面挂钩，体现回款与销售同等重要的原则。

第二条 适用范围

本制度适用于销售部全体销售业务员及相关人员。

第三条 销售业务员奖惩细则

1. 销售业务员在完成销售任务的基础上，按提成比例进行奖惩。

2. 货款回收率达90%的，给予销售业务员0.1%的提成奖励。

3. 货款逾期不到位超过30天的，销售业务员的提成奖励降至0.05%。

4. 逾期货款超过两个月仍未到账的，取消销售业务员的提成奖励。

5. 对拖延1年以上的货款，销售业务员除了不能享受提成奖励外，还应接受0.5%的处罚。

6. 销售中遇到坏账或收回票据未能如期兑现时，经办业务员应负责赔偿售价或损失的50%。

7. 凡属销售业务员责任心不强导致坏账的，应按坏账金额的10%扣减销售业务员的业务提成。

第四条 企业将货款回收、清欠工作纳入销售业务员的绩效考核范围，并作为今后提拔任免和奖惩的依据。

第五条 其他人员回收坏账奖惩

1. 销售部门应收账款回收率达 95% 的，给予应收账款人员（非原销售人员）0.5% 的奖励。

2. 财务部因应收账款账龄分析出错或不及时而导致货款不能及时回收的，予以应收账款 10% 的处罚。

第六条 法律顾问奖励

1. 企业法律顾问负责对逾期账款提起诉讼，协助销售部清收欠款。

2. 法务部门通过法律途径追回欠款的，给予欠款 5% 的奖励。

从结构上来看，该奖惩办法与其他制度的结构差不多，都是从目的和适用范围入手，接着编写重点内容。通过对销售业务员、其他人员、法律顾问进行区分，分别对各个岗位的不同要求和奖惩规定。

在对各岗位人员制定具体要求时，主要以货款回收率和货款回收天数为参考指标，凡未达到指标的予以相应的处罚，按照这样的办法行事公平合理。除此之外，还有其他可以参考的奖惩办法，如下例所示。

1. 每月对各销售人员回款完成率进行排名，按排名对销售人员进行奖励和处罚。

2. 具体奖励办法

①给予每月回款完成率排名第一的销售人员奖励 300 元；给予回款完成率排名倒数第一的销售人员罚款 200 元；对于回款完成率排名倒数第二的销售人员罚款 100 元。

②回款完成率低于 90% 时，无奖励。

3. 回款完成率计算方法

回款完成率 = 当月实际回款额 / 当月理论回款额

理论回款额：应回款日期在上月26日到当月25日期间的所有应收款之和。

该例是通过对员工回款完成率进行排名的方式来制定奖惩制度，奖励的金额为固定的数额。这样规定有两个好处，一是节约企业的成本，不论回收款项是多少，奖励金额都是不变的；二是可促进员工之间的竞争，让员工不甘于人后。

不过排在最后两名的员工可能会觉得不够人性化，可以多设置一条规定，如“回款完成率达到95%时，不对员工进行处罚”。

3.1.8　销售合同管理制度

合同管理制度对于公司的正常运行、控制公司的损失、优化管理等都具有重要作用。对于公司签订的各类合同来说，销售合同涉及的金额最大，所以为避免技术性的失误应制定销售合同管理制度，并将其加入员工手册，让全体员工了解。

销售合同管理制度

第一条 为了加强对销售合同（以下简称合同）的规范管理，规避销售风险，减少销售损失，根据《中华人民共和国合同法》及其相关法规，结合本公司的实际情况，特制定本制度。

第二条 总则

1.本制度中的合同是指以销售本公司产品为标的的所有销售合同。

2.公司所有销售的产品必须签订销售合同。

3.合同的签署应坚持“规避风险，降低成本，实现效益最大化”的原则。

4. 合同的执行实行营销业务员负责制，即每一合同由营销业务员全权负责管理。负责合同的洽谈、起草、签订、履行（包括货物的生产、出库、运输、交付）以及结算（包括票据的传递、出口退税资料的传递等）。

5. 主管销售的副总经理、经理以及公司财务部门有责任指导和监督合同的洽谈、签订、履行和结算工作，其他有关人员和部门应积极配合营销业务员履行合同。

第三条 合同的洽谈

1. 合同的洽谈工作由营销业务员负责完成。

2. 营销业务员在洽谈合同时，应做到以下几点：

略。

第四条 合同的起草

1. 营销业务员负责合同的起草工作。

2. 合同起草应遵循以下原则：

略。

第五条 合同的审定按公司相关管理制度执行。

第六条 合同的签订

1. 对产品的要求确认后，由授权人代表公司与客户签订合同。

2. 合同价格需符合定价会议所定产品出厂价格。

3. 销售合同章由专人管理，只有当合同签署授权人签字后，才可加盖合同章。

4. 合同为多页的，应加盖骑缝章。

第七条 合同的签订权限按公司相关制度执行。

第八条 合同的执行

1. 合同的执行工作由营销业务员负责。

2. 产品生产。

第九条 合同的修订

当合同的内容由于某种原因需要变更时，合同应及时修改。如有必要，对变更后的内容再次进行评审。变更后的条款必须经过顾客书面认可。

第十条 合同的管理及保密

1. 营销业务员、档案管理人员及其他人员必须对公司的销售政策和合同内容严格保密，违反者将按照公司有关制度进行处罚。

2. 除公司财务部和业务往来银行有权索取相关业务合同外，其他任何部门取阅合同，须经销售经理批准。

3. 营销业务员、档案管理人员平时应注意合同的存放，避免合同被他人偷阅。

4. 销售合同每月由档案管理人员负责按合同编号整理归档，业务部门应保证合同的有效性、完整性。

……

该例中除了总则外，对合同的洽谈、起草、签订、执行、修订和保密进行了规定，而且按合同的制定顺序对相应条款进行列示。

该例的内容模式并不杂乱，规定了合同管理的基本内容，每一项工作的负责人和注意事项，若是希望员工手册的内容简洁清晰就可借鉴该模式。当然，还有一些本例中没有提及的合同管理内容，如销售合同格式、合同变更与解除、纠纷处理和合同审批流程等，可根据企业实际情况参考加入。

一般来说，销售合同格式应至少包括但不限于以下内容。

- 供需双方全称、签约时间和地点。
- 产品名称、质量标准、单价（价格审批）、付款方式及付款期限。
- 运输方式、运费承担、交货期限、交货地点及验收方法。
- 免除责任及限制责任条款，违约责任及赔偿条款。
- 具体谈判业务时的可选择条款。
- 合同双方盖章生效。

|3.2| 食品加工公司员工手册

食品加工从通俗意义来讲就是通过特定的程序，把食品原料如小麦、蔬菜、水果等进行加工，变成饼干、饮料等更美味的、可直接食用的产品。食品加工非常注重原材料采购，所以其员工手册应该注重于该部分的编写。

3.2.1 公司架构图

划分组织结构能够将企业内各部门有效连接起来，促进各个岗位的职能规划，方便企业管理。而公司架构图能向所有人展示公司的权力结构、部门分布，很多企业都会在员工手册的开始部分向新员工展示公司的基本结构，以便员工了解。图 3-4 所示为某食品加工企业的组织结构图。

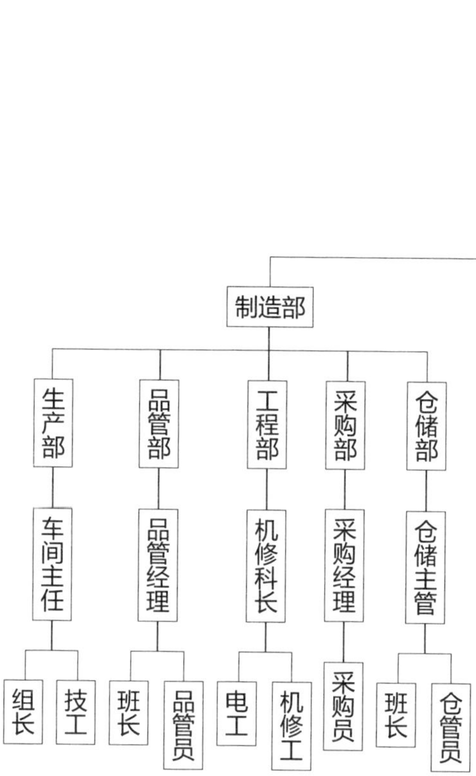

图 3–4

图 3–4 是某大型食品加工企业的组织结构图，其高级管理层分为 3 层，分别是董事长、总经理和副总经理。公司共有 4 个部门，其中制造部的层级结构最复杂。制造部下分了生产部、品管部、工程部、采购部和仓储部，都是与食品加工有关的重要部门。

组织结构图的内容编写起来很简单，只需要根据公司的结构按从上到下的顺序编制即可，要注意同一层级的职能部门要先列示，才能继续编制下一级的内容。

不过有的食品加工企业规模较小，其组织结构图与上例比起来就简洁多了，如图 3–5 所示。

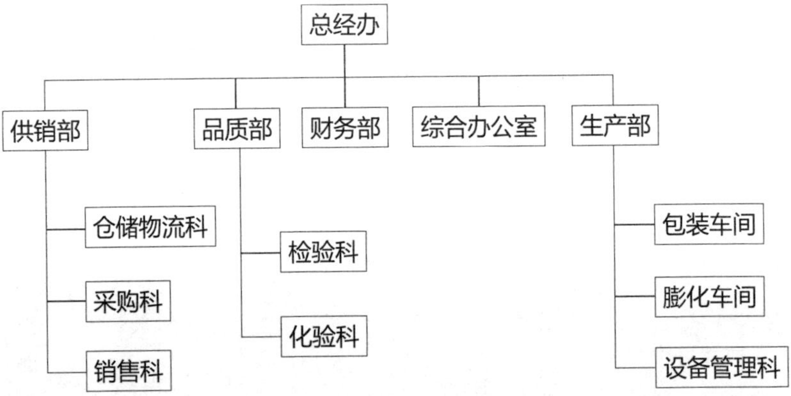

图 3-5

该例的组织结构只有 3 层，可以看出食品加工企业内生产部、品质部和供销部是至关重要的部门，所以在设计组织结构图重点展示这些部门的具体职位，做到详略得当。

3.2.2 宿舍管理制度

对于很多大型的食品加工企业来说，其工厂都建在市区郊外，为了保证员工衣食住行的方便，从而更好地投入工作，员工一般都住在厂内宿舍中。为了保证住宿的安全和秩序，设置员工宿舍管理制度是非常有必要的。下例所示为某食品加工企业员工手册中关于宿舍管理制度的内容。

公司员工宿舍管理制度

为了使住宿员工更好地生活和工作，维护宿舍的正常秩序，特制定以下制度，望各住宿舍员工共同遵守。

一、住宿申请程序

住宿人员申请宿舍之前应先到行政部登记备案，由行政部统一安排房间、床位后方可入住。

二、住宿须知

1. 宿舍床位统一由行政部安排，不准私自调换房间、床位。

2. 集体宿舍床位只限本人使用，住宿人员不得将床位转租或出借给其他人使用，一经发现，立即取消其住宿资格，并追究其相关责任。

3. 宿舍租金由公司统一支付，水电费由公司承担一部分，其他费用由员工自行承担。

4. 公司宿舍不允许留宿外来人员，如有特殊情况应先到行政部报备，等行政部备案同意后方可入住。

5. 自觉爱护公物，住宿人员有义务维护宿舍内由公司提供的所有物品的完好，如发现恶意破坏者，维修费用由其个人全部承担并视情节严重给予纪律处分。

6. 已入住员工需退宿的，须提前3天到行政部注销备案，否则按在住员工一样缴纳各种费用。

7. 离职的住宿员工必须在离职两天内搬离宿舍，到行政部交回钥匙方可办理离职手续。

三、管理规定

1. 服从公司安排、监督和管理。

2. 不得在宿舍内使用或存放危险品、易燃品、违禁品等。一经发现，没收所有物品，视情节严重处罚款50～200元不等，情节严重者，送交公安机关处理，并在公司予以开除。

3. 使用电视、电脑等电器时不得影响他人休息。

4. 员工自己的财务自己保管，贵重物品尽量不要放在宿舍内，否则一旦丢失，后果自负。

5. 严禁在宿舍内进行赌博、嫖娼、宣传迷信等活动。违者视情节严重处罚款 50 ~ 200 元不等，情节严重者，送交公安机关处理，并在公司予以开除。

四、宿舍公共卫生管理

1. 自觉养成良好的社会公德和生活习惯，保持宿舍内外环境卫生清洁。

2. 住宿员工必须配合宿舍长的安排，做好宿舍每日的清洁卫生。

3. 宿舍外公共环境卫生由所有住宿人员按值日表轮流打扫。

五、住宿人员发生以下行为之一的，立即取消其住宿资格并视情节严重呈报至相关部门进行处理。

1. 不服从公司安排、管理的。

2. 有偷窥、偷窃行为的。

3. 在宿舍赌博、打架、酗酒的。

4. 经常妨碍他人休息，屡教不改的。

5. 蓄意破坏公物的。

上例主要从住宿申请程序、住宿须知、管理规定、公共卫生管理和违规行为这几个方面来对员工的行为进行规范。内容包括员工入住和退宿的手续、注意事项以及违规处罚，使用总括型的方式来编写。除了这样设置内容外，还可通过以下两种方式编写宿舍管理规范。

①住宿须知—卫生管理—安全管理—纪律管理—设备设施管理—水电管理。

②日常管理—注意事项—费用。

第一种方式划分清晰、结构分明，内容显得井然有序，而且扩大了编写范围，篇幅较长的制度可以采用此结构。

第二种方式的结构简单，每个部分的内容都不能展开来写，只对重点内容进行编写。

对于入住和退宿的手续除了文字描写以外，还可以通过流程图这样比较直观的方式列示，方便员工记忆及照章办理，如图 3-6 所示。

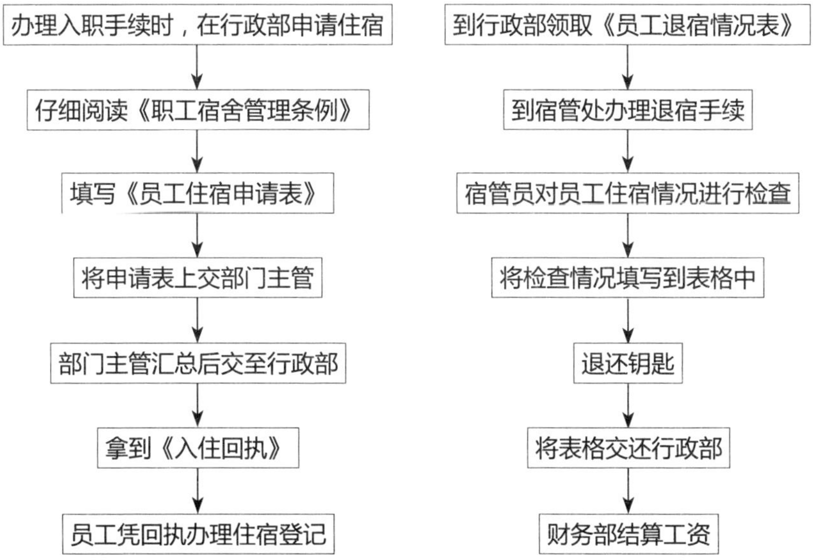

图 3-6

在办理入住手续时需要填写申请表，其模板如表 3-7 所示。

表 3-7　宿舍申请表

申请人		性别		部门		职位	
入住时间	年　月　日		宿舍号	房间		床位	
退住时间	年　月　日						
申请原因							
部门主管意见				行政部意见			

续表

宿舍长签字	
备注	
注意事项： 1. 此单由申请人填写后再由人力资源部统一安排，如有特殊理由可申请做适当调整，申请人承诺遵守《宿舍管理规定》，并承担因违反规定而导致的后果。 2. 申请人若离职或退宿，应办理相关退住手续，并协助宿舍管理部门交接，如有物品损坏，按价赔偿。	

3.2.3　生产卫生管理制度

食品加工类企业对员工卫生、厂房卫生、设备卫生、环境卫生等有很高的要求，为了达到食品卫生安全规范，需要对生产卫生进行管理，并在员工手册中将卫生管理规范展示出来。请看下例。

六、卫生管理规定

为完善××食品有限公司卫生管理，培养良好的卫生习惯，预防产品因卫生问题而导致不合格，特制定此规定。

1. 全体工作人员上班必须穿统一工作服、车间戴工帽，方可进行生产作业。

2. 车间工作的男员工不得留长发、留胡须；女员工长发必须盘在工作帽内，不得留长指甲（指甲长度不得超过1毫米），不得化妆、戴首饰。

3. 员工工作服、工帽必须勤洗勤换，并保持洁净、整齐。

4. 生产场所保持整洁、干净，地面无污水、无杂物，生产垃圾在指定位置存放，并每日清理。

5. 生产设备、工具使用完毕及时清洗，定期维护、保养。

6. 操作台保持干净整洁，生产中不使用的工具、原料严禁放入操作台。

7. 严禁穿工作服、戴工帽做一些和生产无关的事情。

8. 下班前各责任区地面、设备、工具必须打扫干净，工具放回原位。

9. 生产设备、工具出现异常必须立即停止使用，及时上报，否则导致设备损坏，由责任人赔偿。

10. 生产原料、辅料摆放整齐，盛放原料的器皿定期清洗，特殊原料必须按要求存放。

11. 成品、半成品、生产原料，必须分开存放，防止产品交叉污染。

12. 个人物品指定位置存放，严禁随意乱丢乱放。

13. 严禁偷吃生产原料、成品，否则罚款 50 元 / 次，严重者罚款 200 元，屡次不改者开除处理。

14. 严禁在车间和营业厅内闲聊、吃零食、用餐、抽烟和打闹，车间和营业厅内抽烟者罚款 50 元。

15. 严禁随地吐痰，随意乱丢垃圾。

16. 严禁浪费生产原料，因工作不按工艺流程、马虎导致产品不合格的，责任人必须按原价记账买回。

17. 下班前必须关闭设备电源开关，燃气阀门、水龙头、窗户、电灯，否则罚款 10 元 / 次。

18. 每周一必须进行全面大扫除，周二卫生大检查。各种设备、烤盘、工具、地面等全面清洁。

19. 直接接触成品必须要戴一次性手套，否则罚款 10 元 / 次。

20. 下班前或用餐前必须把工作台收拾干净、整齐。

上例的制度结构非常简单，通过 20 条规定向员工展示应该注意的食品生产安全方面的问题。对于内容较少的制度，这样编写是没有问题的。但如果内容多且杂乱，上例这样行文方式显然是不合适的，可按照表 3-8 所示的结构来编写。

表 3-8　编写结构

可选择项目	示例内容
个人卫生	1. 勤换衣服，勤剪指甲，勤理发，勤洗澡。 2. 不得将与生产无关的个人用品和饰品带入车间，不得携带非生产性物品
设备设施卫生	1. 要有纱门、纱窗、挡鼠板等器具进行防蝇、防虫、防鼠。 2. 防止食品、食品包装材料和食品接触面掺杂润滑剂、燃料、清洁剂、消毒剂、物理或生物污染物
包装、储存与运输卫生	1. 原料、半成品不允许直接放在地上，盛装半成品的食品容器，应放置在距地面有一定距离的架子上。 2. 包装过程中不允许将待包装的产品散落满地，夏天待包装的熟食产品上要有防蝇防护
……	……

除了规定的食品卫生要求外，还可以加入卫生监督的职责内容，明确监督机构或责任人，编写具体的职责内容以及抽查时间。

3.2.4　食品原料采购管理制度

食品加工生产首先要做的一项工作就是食品原料的采购，而要规范采购工作首先要编制采购管理制度。如下所示是某食品加工企业员工手册中有关食品原料采购管理的内容。

食品原料采购管理制度

一、采购食品，应当查验供货者的许可证照和食品合格的证明文件。

二、采购食品必须符合国家有关食品安全的标准和规定。禁止采购下列食品：

1. 有毒、有害、腐烂变质、酸败、霉变、生虫、污秽不洁、混有异物或其他感官性状异常的食品。

2. 无检验合格证明的肉类食品。

3. 超过保质期限及其他不符合食品标签规定的定型包装食品。

4. 无食品生产许可证的食品生产经营者供应的食品。

三、采购食品车辆专用，盛装容器清洁卫生，生熟分开，运输过程采取防蝇、防尘、防晒、防雨措施；装卸食品轻拿轻放，讲究卫生，食品不直接接触地面，不在人行道、路边堆放直接入口食品。

四、采购肉类食品等必须索要检验合格证或化验单；采购蔬菜，要向菜农了解农药喷施情况。

五、采购食品及其原料等索证必须做到如下要求：

1. 采购定型包装食品及其原料向供应商索取“五证一票”（生产厂商的《食品生产许可证》《营业执照》，同批次食品检验《合格证》，供应商的《食品流通许可证》《营业执照》和进货票据“一票通”）。

2. 采购散装食品及其原料时进行色泽、气味、滋味和形态等感官性状的检查，并索取“五证一票”。

3. 索取的“五证一票”与采购食品名称、商标、批号或生产日期相一致。

六、采购人员应保管好采购食品的来源等相关资料，落实电子台账管理制度；注意个人卫生并随时接受相关人员检查。

该例对食品原料采购的重点内容进行了说明，包括供应商证件查验、禁止采购的食品类型、采购车辆的卫生程度、索证类型以及资料的保管。

食品索证是指餐饮业经营者在采购食品时，查验产品是否符合相关卫生法规或标准要求，查验供货产品合格证明并索取购物凭证的行为。索证资料包括表3–9所示的内容。

表3–9　索证资料

类别	具体证件
购物凭证	发票、收据、供货清单、信誉卡等
产品合格证明和产品标识	产品合格证、出厂合格证、产品标签、QS标志等
检验合格报告（证）	检验合格报告（证）、检验报告（证）复印件
动物检疫合格证明和检疫合格标志	肉类必须具有动物检疫合格证明，猪、牛、羊的胴体上必须盖有蓝色的检疫合格验讫印章
资质证明、供货合同	营业执照、生产许可证、经营许可证、卫生许可证、采购供货合同、相关质量认证证书
其他资料	供应商身份证明、供应商地址和联系方式、销售凭证、进口食品的商检证明

在编制该规范内容时，可以参考表3–9所示的一些资料，结合公司实际情况，对需要查验的资料进行记录。

3.2.5　备用金管理办法

备用金是企业拨付给企业内部用款单位或职工个人作为零星开支的备用款项，可用作差旅费、零星采购、零星开支等。一般来说，企业的备用金不宜过多，但还是需要由专人负责管理，并按照规定用途使用。因此，为让员工了解备用金管理，应在员工手册中有所说明，如图3–7所示。

备用金管理办法

第一章 总则

第一条 为加强公司备用金管理，进一步规范备用金使用，保证单位日常工作开展的现金支出需要，确保资金安全，根据《现金管理暂行条例》《现金管理暂行条例实施细则》等有关规定，结合公司实际情况，制定本办法。

第二条 本办法适用公司及所属的各级内部核算单位和报账单位。

第三条 本办法所称备用金是指用于单位日常零星开支的周转金。

第四条 公司各级单位出纳人员负责保管本单位备用金，办理备用金的领取、核销手续；职能部门如需存放备用金，要指定专人负责保管；单位负责人对本单位备用金的安全和使用负责。

第五条 公司各级备用金领用单位出纳人员和备用金管理人员应当完整、真实地记录备用金的收支和核销情况，所属财务部门会计依法进行会计核算，实行会计监督。

第二章 备用金的申领

第六条 备用金实行限额管理，备用金限额根据单位日常业务3～5日内零星开支所需要的现金量（具体由公司计划财务部核定）核定。

第七条 备用金的申领程序

（一）用款单位填写《借款单》，按公司《财务审批管理办法》规定的审批程序进行签批。

（二）借款单位按时对备用金用款和结余情况进行清理和结算，将相关报销凭证按公司规定程序审批后报财务部门销账，多退少补。

第八条 对因业务需要需配发备用金卡（商业银行借记卡）的单位必须报经公司计划财务部同意，并将有关开户、保管人资料报公司计划财务部备案。

第三章 备用金的使用

第九条 下列经济业务事项，可以使用备用金：

1. 因公出差需随身携带的差旅费。

2. 总金额500元以下的个人劳务报酬。

3. 结算起点1000元以下的零星支出。

4. 确实需要现金支付的其他开支。

第十条 支付起点在1000元以上的采购商品和与其他单位正常往来的经济业务，应采用转账方式支付，不得以备用金支付。

第十一条 因公出差需携带现金的，应当填写借据，经单位主管财务领导审批后从备用金中借取，出差返回后，应在7个工作日内报账，不得长期拖欠；如因单据不全或其他原因不能及时报账的，应先将余款交回出纳人员，待手续完备后随即报账。

第十二条 出纳人员凭用款人提供的合法原始凭证支付备用金，并履行以下程序：

1. 用款人在支出发票上签字（涉及到实物保管的，必须同时有签收人），并填写《费用报销单》或《差旅费用报销表》，载明支出项目、单据张数和金额等。

2. 单位主管财务领导签字审批。

3. 出纳人员审核原始凭证的真实性、完整性。

4. 出纳人员支付现金。

5. 出纳人员应对现金支付的情况进行序时登记，做到日清月结、账款相符。

第四章 备用金的核销

第十三条 各单位出纳人员应当定期与所属财务部门办理备用金的核销手续。财务部门定期进行对账，确保账实相符。

第十四条 财务部门会计等财务人员应当根据国家有关法律、法规和财会制度、单位内部财务管理办法以及预算科目和资金使用计划，审核已支付备用金的原始凭证。对不真实、不符合法律、法规和规章制度的原始凭证以及超预算的支出不予受理；对弄虚作假、严重违法的原始凭证，在不予受理的同时，应予扣留， 并及时向本级单位负责人报告，请求查明原因，追究当事人责任。对不准确、不完整的原始凭证予以退回，并按国家统一的会计制度更正、补充。

第十五条 每年12月31日前，出纳人员必须与所属财务部门结清本年度的备用金，下年度重新办理相应的备用金领用手续。

第五章 备用金的管理

第十六条 各单位应建立、健全备用金的保管制度，完善保管措施，确保备用金安全。

第十七条 各单位出现备用金短款或长款，要及时查明原因，并如实向主管财务领导和公司计划财务部汇报，经批准后按照有关规定做出相应的处理，不得擅自处理。

第十八条 单位不得擅自从所取得的现金收入中提取补充备用金，坐收坐支。

第六章 备用金的监督与检查

第十九条 各级会计有权对所属各单位备用金的管理和使用情况进行检查，定期对单位备用金进行盘库。

第二十条 单位有下列行为之一的，由有关部门责令限期改正，追究直接负责的主管和其他直接负责人的责任，各级会计不予报账。

1. 超范围、限额使用备用金的。

2. 以白条抵顶备用金的。

3. 未按规定程序使用备用金的。

第二十一条 单位或个人有下列行为之一的，由有关部门责令限期改正，追回损失；对其直接负责的主管人员和其他直接责任人，由其所在单位或者有关单位依法给予处分；构成犯罪的，依法追究刑事责任：

1. 公款私存的；单位间互相调剂借用备用金的。

2. 坐支单位现金收入、私设小金库、保留账外账的。

3. 贪污或者挪用备用金的；因私事借用备用金的。

图 3-7

图 3-7 展示的是比较完整的备用金管理制度，一共分了 6 章进行叙述。内容包括总则、备用金的申领、备用金的使用、备用金的核销、备用金的管理、备用金的监督与检查。这样的结构能让编制者有足够的空间进行相关内容的说明。

总则对制定目的、适用范围、备用金定义、负责人和职能部门进行了简要说明。

备用金的申领，这部分的叙述以申领程序为重点，一般会涉及相关需要填制的《借款单》或《备用金申请单》，其模板如图 3-8 所示。

备用金申请单

年　月　日		编号：	
申请部门或分公司名称		申请人姓名	
申请金额	大写：	小写：	
付款方式	□现金　□支票　□汇款（汇款填写以下内容）户名：____________ 开户行：____________　账号：____________		
用款日期	年　月　日至　年　月　日		
申请事由			
分公司负责人			
所属经理意见		财务部意见	
总经理意见		实批金额	
说明： 1.用款日期：就单一办理某一业务借支的备用金须在该业务办理完3天内归还。长期用于经营使用的备用金在使用完后归还。 2.申请事由：必须写明所办业务及使用备用金的原因。 3.办理完备用金申请后该备用金申请表原件必须在3天内交由财务部相关人员。			

图 3-8

备用金的使用一般从申领条件、支付手续入手编写相关内容，支付手续可用流程图进行展示。

备用金的核销要围绕相关法律法规来规范，而备用金管理和监督主要是对一些具体的行为进行说明，尤其是负面行为要重点说明，分点列示，越具体越好。

|3.3|
服饰生产企业员工手册

服饰生产企业主要从事服装设计、生产及销售等业务，为了保证这一系列业务达到应有的水平，需要对销售或采购人员进行一定的规范。这类企业的员工手册可以多加入一些询价、采购行为的规范，或是对相关人员的要求。

3.3.1　新员工入职程序

大多数企业为了引导新员工有序入职，会在员工手册中展示员工入职程序的内容，方便员工办理入职手续。请看下例。

第六条 入职

1. 新员工入职程序

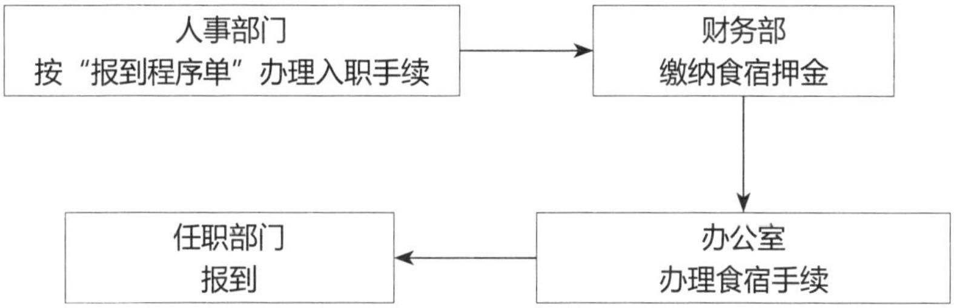

2. 新员工入职手续

新员工入职应向人事部门提供及填写下列资料：

（1）简历、学历、职称证书、中止或解除劳动合同证明书、身份证等的复印件、标准照片 3 张。

（2）保证书。

（3）医院体检合格表。

（4）员工入职登记表。

（5）劳动合同书。

（6）以上应缴资料视情况可增减。

3. 新员工入职须知

（1）公司保留查证所有资料的权利，如有虚假隐瞒，公司可解聘该员工。

（2）新员工有责任向人事部门报告有关个人资料变更情况，否则引致日后个人权益损失，公司概不负责。

该例内容分为3个部分，首先是新员工入职程序，通过流程图的方式展示该部分内容，一目了然，并且将每个环节的办事部门予以说明。

其次，列出了员工入职需要向人事部提供的各项资料，员工可以按图索骥，提前准备好各项资料，轻松办理好入职手续。

最后，通过入职须知帮助员工了解需要注意的问题，提醒员工不要弄虚作假。

本例的内容多寡、书写顺序都恰到好处，而且图文结合，非常值得借鉴。

3.3.2 不合格品控制办法

服饰制造在设计、裁剪、上色等方面都容易出现问题，对于出现的不合格产品应该怎么办呢？可以通过编制不合格品控制办法来对相关内容进行规范，如下例所示。

八、不合格品控制办法

1. 不合格品的来源（略）

2. 不合格品的分类（略）

3. 不合格品的处置

（1）一般不合格品

①对于在原辅材料监视和测量过程中发现的一般不合格品，由厂部品管员负责填写《不合格品处理单》，描述不合格品的事实，并提出处理意见，交由责任部门处理。

②对于生产过程中厂部生产车间发现的一般不合格品，由厂部生产车间自行返工处理。

③对于生产过程中厂部生产车间发现的一般不合格原材料，由发现人依据《标识和可追溯性控制程序》规定标识“不合格”，通知生产车间主管确认，填写《不合格品处理单》的“不合格品事实”一栏，经厂部品管员确认属实并提出处理意见后，转由责任部门处理。

④对于厂部物资贮存过程中发现的一般不合格品，由仓库管理员依据《标识和可追溯性控制程序》规定标识“不合格”，并填写《不合格品处理单》，通知厂部品管员确认，属实后由厂部品管提出处理意见，确定责任部门后由责任部门处理。

⑤对于成衣监视和测量过程中发现的一般不合格品，由技术部填写《不合格品处理单》并提出处理意见，返还厂部进行处理。

（2）严重的不合格品

①对于厂部发现的严重不合格品由发现部门通知厂部品管员确认，属实后由厂部品管员负责填写《不合格品处理单》确定责任部门，提出处理意见交由责任部门处理。相应责任部门进行原因分析，采取纠正措施并实施改进，厂部品管员负责跟踪和处理结果。

②对于技术部发现的严重不合格品，技术部填写《修改通知单》及《修改内容单》提出处理意见转交厂部处理，同时填写《纠正 / 预防措施处理单》描述不合格品事实，交由厂部分析原因并采取改进措施，技术部负责跟踪处理结果。

4. 对于不合格成品采取让步接受或放行时，必须经技术部确认后方可执行，必要时还要经过客户认可。

5. 对于不合格原辅材料采取让步接受时，需由厂部品管员批准后方可执行。

6. 上述所有不合格品返工后必须经各自管辖归口的厂部品管员或技术部依据《产品的监视和测量程序》进行再次检验，合格后方可放行。

上例的控制办法对出现不合格品时的处理方式进行了规定，前 3 点规定了不合格品的来源、分类和处置。按照不合格品的分类，分别说明了一般不合格品和严重不合格品的处置方式。

在处理不合格品时需要用到一个很重要的表单，即《不合格品处理单》，其模板如图 3-9 所示。

不合格品处理单

<table>
<tr><td colspan="7">编号：</td></tr>
<tr><td>产品名称</td><td colspan="2"></td><td>工序</td><td></td><td>操作人员</td><td></td></tr>
<tr><td>不合格事项</td><td colspan="2">□进货产品　□过程产品
□最终产品</td><td>检查活动</td><td></td><td>检查人员</td><td></td></tr>
<tr><td rowspan="3">不合格事实描述</td><td>性质</td><td colspan="3"></td><td>数量</td><td></td></tr>
<tr><td rowspan="2">数据</td><td>标准值</td><td colspan="2">实测值</td><td colspan="2">不合格偏离情况</td></tr>
<tr><td></td><td colspan="2"></td><td colspan="2"></td></tr>
<tr><td>严重程度</td><td colspan="6">□严重　□一般　□轻微　□观察项</td></tr>
<tr><td>不符合</td><td colspan="6">□技术标准　□技术文件　□合同
□图纸　□工艺文件　□技术协议</td></tr>
<tr><td>操作人员确认</td><td colspan="6">签字：　年　月　日</td></tr>
<tr><td>不合格品处置建议</td><td colspan="6">□返工　□返修　□降级使用　□降等接收库　□报废
□建议采取纠正预防措施　□其他____
签字：　年　月　日</td></tr>
<tr><td>不合格品处置实施记录</td><td colspan="6">签字：　年　月　日</td></tr>
<tr><td rowspan="3">返工返修后的再检验</td><td>分类</td><td colspan="5">□合格　□符合降等标准　□仍不合格</td></tr>
<tr><td>数据</td><td colspan="5">检查员（签字）：　日期：　年　月　日</td></tr>
<tr><td>处置</td><td colspan="5"></td></tr>
</table>

图 3-9

3.3.3　专卖店日常工作流程

很多大型的服饰生产企业都有自己的直营店，从设计到生产再到销售，形成了自己的生产销售模式。为了维护企业的品牌形象，需要对专卖店的日常工作进行规范。请看下例。

三、专卖店日常工作流程

1. 营业前

（1）人员出勤，清洁店内卫生。

（2）放置特卖标志。

（3）陈列新进服饰。

（4）清洁入口处。

（5）保证地面、玻璃、收银台清洁。

（6）调整适当的卖场灯光。

2. 营业中

（1）店长。

①查看货品是否充足，及时补货。

②管理营业员，保证员工精神状态饱满。

③查看卖场中是否有污染品或破损品。

④查看价格卡与商品陈列是否一致。

⑤交接班人员是否正常运作。

（2）收银员。

①为顾客做结账及商品入袋服务。

②收银员在工作时间内有事需离开收银台时，在离开收银台前，应将收银柜锁好，钥匙应随身佩戴，向店长说明去向及时间，如在离

开前有人结账，收银员不得离开。

（3）导购员。

①巡视负责区域内的货架，了解销售情况。

②根据销售动态及时补货上架，做好整理与清洁工作。

③协助顾客做好服务，回答顾客的咨询，接受顾客的建议。

④注意卖场内顾客的行为，有礼貌地制止顾客的不良行为。

（4）待机。

商店已经营业但顾客还没有上门或暂时没有顾客光临之前，导购员边做销售准备，边等待接待顾客的机会。

①正确的待机姿势：将双手自然下垂，轻松交叉于身前，两脚微分，平踩在地面上，身体挺直、朝前，站立的姿势不但要使自己不容易感觉疲劳，而且还必须使顾客看起来顺眼。

②正确的待机位置：站在能够照顾到自己负责的商品区域，并容易与顾客做初步接触的位置为宜。

③待机工作：在待机时间内可以检查展区和商品，整理与补充商品等其他准备工作。

④时时以顾客为重，一旦有顾客有所求，应立即放下手中工作，迎接顾客。

⑤不正确的待机行为如下所示。

略。

3. 营业后

（1）店长

（2）收银员

（3）导购员

……

该例分为三大结构——营业前、营业中、营业后，按照营业顺序对相关人员（店长、收银员、导购员）的工作进行规范。

营业前的工作要求是统一列示的，主要内容包括店内卫生打扫、各设施的摆放以及需要准备的工具。这部分内容可以一条条列示，也可以通过表格的形式展示，如表3-10所示。

表3-10　营业前工作流程

准备项目	具体要求
店内卫生	1. 人员出勤，清洁店内卫生。 2. 保证地面、玻璃、收银台清洁。 ……
设施摆放	1. 放置特卖标志。 2. 陈列新进服饰。 ……
准备工具	1. 收银台零用钱是否准备。 2. 准备好营业所需的各种票据。 ……

营业中和营业后这两部分主要说明店长、收银员、导购员的工作内容，实际编写时可根据需要对职位进行替换，展示重要的岗位职责。

另外，该例还提到在没有顾客上门时，相关人员应处于待机状态，并按照正确的姿势、站在合适的位置工作。

3.3.4　服装设计开发控制办法

服装生产之前必要的步骤就是新品设计，可能会经历调研、构思、设计、样品鉴定等一系列的程序。不同的环节对各部门及人员的要求也不一样，如何编制服饰设计开发控制办法呢？请看下例，如图3-10所示。

五、服装设计开发控制办法

（一）设计开发策划

设计部根据业务部下发的《服装效果图申请表》，编制《设计开发计划书》，经设计部负责人审核、总经理或其授权人批准后实施。

（二）设计开发输入

根据《设计开发计划书》的分工，由各阶段负责人开始收集或整理有关资料，如收集相关的产品技术标准、相关的法律法规等，设计师负责整理汇总形成《设计开发输入一览表》，经设计部负责人确认输入的内容是否清晰、完整，严禁存在模糊的内容。

（三）设计开发输出

1. 根据《设计开发计划书》划分的阶段以及《设计开发输入一览表》，将各阶段的输出结果由各阶段负责人进行汇总整理，形成《设计开发输出一览表》，经设计部负责人确认后归档保存。

2. 设计师根据《服装效果图申请表》的要求制作图纸，编制物料清单，提供采购的输入信息。

（四）设计开发评审

1. 根据《设计开发计划书》的阶段划分，对设计开发的输出结果（效果图），经阶段负责人审核后，由设计部负责人批准，必要时由设计部负责人组织相关职能部门或外聘专家进行会议讨论，评审是否满足该阶段设计输入的要求，评审的参与者必须包括该阶段的设计开发负责人或其成员。

2. 评审的方式可以采取开会讨论形式，也可以采取相关人员审核传阅等方式，确保设计开发输出满足开发设计输入的要求。

3. 对于评审所发现的问题或意见，由该阶段的设计参与人员负责记录整理，形成《设计开发评审记录》，经设计部负责人确认后执行评审意见。

（五）设计开发验证

1. 根据《设计开发计划书》的阶段划分，针对设计开发评审结果由设计部负责人组织相关职能部门（如业务部、技术部）一起验证，验证结果由设计部负责人负责整理，形成设计开发验证记录。

2. 对于制作的图纸在必要时也可以委托客户验证，业务部负责跟踪验证结果并及时反馈给设计部，客户验证结果后直接在图纸上签名或加盖公章表示认可。

（六）设计开发确认

1. 对于通过设计开发验证确认的图纸，由设计部负责将“工艺单”送至厂部制作纸板和样衣（必要时），若需要采购相应的材料可执行《采购控制程序》和“物料清单”的有关规定。

2. 厂部板房根据设计部的要求进行打板，制作产前板，经板房负责人批准后作为制作样衣的技术依据。

3. 厂部生产车间根据产前板及设计部的技术要求制作样衣，经厂部品管检验合格后，转交业务部交给客户确认，客户应在样衣上签名或加盖公章表示认可通过，检验不合格的样衣应依据相关规定进行处理。

4. 样衣确认通过后，厂部要根据“工艺单”进行生产。

（七）设计开发更改

1. 对于设计开发评审、验证、确认所引起的设计开发的更改，由当时评审记录人进行整理，形成修改记录，经设计部负责人审核、设计部负责人批准，下发给相应的阶段负责人进行更改。

2. 对于更改后的结果重新依据上述规定进行评审、验证和确认。

图 3-10

图 3-10 是根据服饰设计的流程顺序对相关内容进行规定，一共经历了 7 个环节：设计开发策划—设计开发输入—设计开发输出—设计开发评审—设计开发验证—设计开发确认—设计开发更改。

其中涉及的相关记录、表格有：《服装效果图申请表》《设计开发输入一览表》《设计开发输出一览表》《设计开发计划书》《设计开发评审记录》《设计开发验证记录》《设计开发确认记录》《修改记录》和《物料清单》。编制时可选择较为重要的表格展示在附件中。

内容方面还可以加入“记录的归档与保存”，由设计部对开发设计全过程的内容进行记录、归档，并编制相应表格。如《产品资料一览表》，清楚记录，并妥善保存。

第 4 章

研发行业类员工手册

研发即研究开发，研发企业通过改进技术来获得更好的产品和服务，所以这类企业在管理方面会对员工生产安全、产品研发方面比较看重，这些内容可以展示在员工手册中。

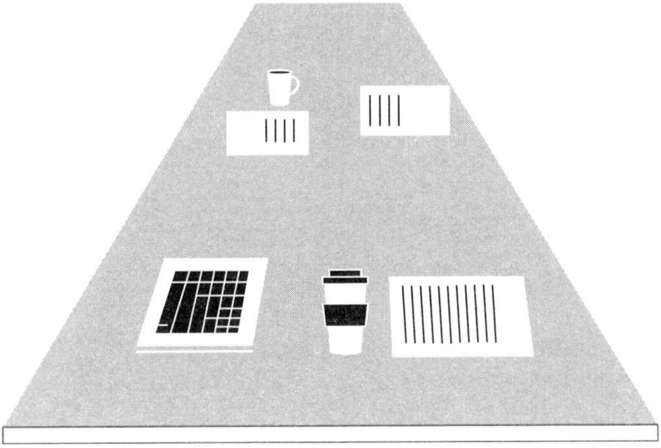

4.1 软件开发公司员工手册

软件开发公司的主要业务是自主研发、销售、服务，其员工手册的内容多与信息安全、网络安全及研发规范有关。编制好这些内容，员工手册也就基本成形了。

4.1.1 信息安全管理制度

为了保证公司的信息安全，可在员工手册中加入相关管理规范，如图 4-1 所示。

信息安全管理制度

一、目的

为了加强公司内所有信息安全的管理，让大家充分运用计算机来提高工作效率，特制定本制度。

二、计算机管理要求

1. IT管理员负责公司内所有计算机的管理，各部门应将计算机负责人名单报给IT管理员，IT管理员（填写《个人开通外网申请表》）进行备案管理。如有变更，计算机负责人应在变更一周内向IT管理员申请备案。

2. 公司内所有的计算机应由各部门指定专人使用，每台计算机的使用人员均定为计算机的负责人，如果其他人要求上机（不包括IT管理员），应取得计算机负责人的同意，严禁让外来人员使用公司计算机，出现问题所带来的一切责任应由计算机负责人承担。

3. 计算机设备未经IT管理员批准同意，任何人不得随意拆卸更换；如果计算机出现故障，计算机负责人应及时向IT管理员反映，由IT管理员查明故障原因，并提出整改措施，如属个人原因，应对计算机负责人做出处罚。

4. 日常保养内容：

A、计算机表面保持清洁；B、应经常对计算机硬盘进行整理，保持硬盘整洁性、完整性；C、下班不用时，应关闭主机电源。

5. 计算机IP地址和密码由IT管理员指定发给各部门，不能擅自更换。计算机系统专用资料（软件盘、系统盘、驱动盘）应由专人进行保管，不得随意带出公司或个人存放。

6. 禁止将公司配发的计算机，因非工作原因私自带走或转借给他人，如造成丢失或损坏的，由计算机使用人做出相应赔偿，禁止计算机使用人员对硬盘格式化操作。

7. 计算机的内部调用：

A、IT管理员根据需要负责计算机在公司内的调用，并按要求组织计算机的迁移或调换。

B、计算机在公司内调用，由部门设备管理员填写《固定资产调拨单》，经部门负责人、行政人事科、财务科、副总办签字认可后交IT管理员存档。

8. 计算机报废：

A、计算机报废，由使用部门提出，IT管理员根据计算机的使用、升级情况，进行鉴定，同意报废处理的，报部门负责人批准后填写《固定资产报废单》到财务科办理报废手续。

B、报废的计算机残件由IT管理员回收、处理。

C、计算机报废的条件：①主要部件严重损坏，无升级和维修价值；②修理或改装费用超过或接近同等效能价值的设备。

三、环境管理

1. 计算机的使用环境应做到防尘、防潮、防干扰及安全接地。

2. 应尽量保持计算机周围环境的整洁，不要将影响使用或清洁的用品放在计算机周围。

3. 服务器机房内应做到干净、整洁、物品摆放整齐；非主管维护人员不得擅自进入。

四、软件管理和防护

1. 职责

A、IT管理员负责软件的开发、购买、保管、安装、维护、删除及管理。

B、计算机负责人负责软件的使用及日常维护。

2. 使用管理（略）

3. 升级、防护

A、如操作系统、软件需要更新及版本升级，则由IT管理员负责升级安装、购买等。

B、U盘、软盘在使用前，必须先采用杀毒软件进行扫描杀毒，无病毒后再使用。

C、由IT管理员协助计算机负责人对计算机进行病毒、木马程序检测和清理工作，要求定期更新杀毒软件。

五、硬件维护

1. 要求（略）

2. 维护

A、计算机的使用、清洁和保养工作，由计算机负责人负责。

B、IT管理员必须经常检查计算机及外设的状况，及时发现和解决问题。

六、网络管理

1. 禁止浏览或登入反动、色情、邪教等不明非法网站、浏览非法信息以及利用电子信箱收发有关上述内容的邮件；不得通过互联网或光盘下载安装传播病毒以及黑客程序。

2. 禁止私自将公司的受控文件及数据上传网络与拷贝传播。

七、维修流程

当计算机出现故障时，应立即停止操作，上报公司IT管理员，填写《电脑耗材维修、购买审批单》；由IT管理员负责维修。

八、奖惩办法

由于计算机设备是我们工作中的重要工具，因此，IT管理员将计算机的管理纳入对各计算机负责人的绩效考核范围，并将严格实行。

1. 凡是发现以下行为，IT管理员有权根据实际情况处罚并追究当事人及其直接领导的责任，严重的则交由上级部门领导对其进行处理。（略）

2. 凡发现由于违章作业，保管不当，擅自安装、使用硬件和电气装置，而造成硬件的损坏或丢失的，其损失由责任人赔偿硬件价值的全部费用。

图 4-1

该例涉及的信息安全管理内容十分全面，所以在展示过程中我们省略了部分内容，其主体结构包括 7 个部分：①计算机管理要求；②环境管理；③软件管理和防护；④硬件维护；⑤网络管理；⑥维修流程；⑦奖惩办法。

计算机的基本管理要求可从日常保养、内部调用、报废处理等方面进行说明。而围绕软硬件的管理，一般从使用、升级、维护等方面入手编制。不过奖惩办法的内容中多以处罚为主，分条列示，如下所示。

1. 私自安装和使用未经许可的软件（含游戏、电影），每个软件罚 50 元。

2. 计算机具有密码功能却未使用，每次罚 10 元。

3. 下班后，计算机未退出系统或关闭显示器的，每次罚 10 元。

4. 擅自使用他人计算机或外设造成不良影响的，每次罚 50 元。

5. 浏览反动、色情、邪教等不明非法网站，传播非法邮件的，每次罚 100 元。

除了该例所示的编写方式，还有其他结构可供参考，如图 4-2 所示。

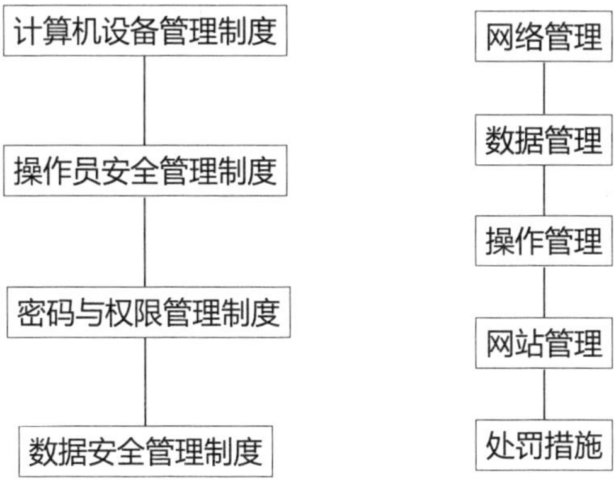

图 4-2

4.1.2 员工电子邮件管理规范

有一定规模的软件公司其入职员工都会有一个工作邮箱，用于收发工作中的文件、资料。为了避免公司机密泄露，让员工重视电子邮件的管理，可在员工手册中加入相关内容。如下例所示。

第四章 电子邮件管理

第七条 说明

电子邮件只用于与公司业务有关的方面。禁止传播任何不合适的笑话、幸运链信件或攻击性言论，否则公司将给予纪律处分。发送与公司业务无关的内容也是一种错误使用公司资源的行为。

第八条 规定

（一）每个电子邮件信箱不得超过100M。

（二）单封电子邮件不得超过4MB。

（三）不在上海的员工要及时收电子邮件，网络管理员会在每周五下午五点半按照以下规则清理他们的信箱，以保证公司电子邮件系统不会过载。

①删除超过一天的邮件。

②删除大于4KB的邮件。

（四）所有分公司员工都必须对各分公司的公共信箱的安全负责，此信箱只在公司内部有效，不得向外散播。

（五）上海员工统一使用MS-Outlook作为电子邮件软件，不得擅自使用其他电子邮件软件以保证公司的资源不被浪费。

（六）存档（仅对于上海员工）

电子邮件、附件和其他文件夹项目应该服从存档的要求和规定，即它们只能保留到与内容有关的公司业务结束的时候。为了帮助满足这些要求以及增强 MIS 对于公司计算机消息系统的支持，员工必须定时将信箱各部分按以下规则存档：

① Deleted Items——1 天

② Sent Items——30 天

③ Inbox——30 天

④ Drafts——30 天

⑤ Notes——4 个月

⑥ Tasks——4 个月

⑦ Calendar——12 个月

⑧ Contacts——无限制

⑨ Journal——无限制

严格遵循这些存档规则可以改善公司电子邮件系统的稳定性，并且减少对于系统维护的开销。

个人文件夹是存放在个人计算机本地硬盘上的，所以不需存档。

本例中对员工电子邮件的管理主要从邮件大小、储存时间及储存规则 3 各方面进行了说明，结构上详略得当，不追求全面，但要将重点内容展示出来。

但有的企业在编制电子邮件管理规定时，除了强调邮件的收发安全以外，还会对邮件的内容格式、禁止事项、管理流程等进行规定。如表 4-1 所示。

表 4-1　可供选择的员工邮件管理内容

编制内容	具体规范
内容格式	1. 称谓：使用敬称，如先生、女士、经理。 2. 问候语：如“您好！”“早上好”“工作辛苦了”等。 3. 需告知事件的内容描述，应具体、明确、简洁。 4. 告知邮件中的附件个数以及内容描述。 5. 结束语：如“商祺”“非常感谢”等，如需回复，应写明“候复”“请立即回复”等内容
禁止事项	1. 不得利用电子邮箱服务危害国家安全，泄露国家秘密。 2. 不得利用电子邮箱服务危害公司的安全，泄露公司的秘密。 3. 未经公司同意，不得将公司的电子邮件及其附件对外公布
管理流程	1. 新申请流程：向部门申请→经分管领导审核→总经理批准→申报开通→登记备案。 2. 使用人异动管理流程。 3. 公司邮箱账号限本人使用，禁止借给他人使用

4.1.3　研发部职责

软件开发企业内一个非常重要的部门就是研发部，负责软件的研发，如果想要提高公司的经营效益，首先要让员工了解自己的工作职责，各司其职。那么应该如何编写研发部的工作职责呢？不妨看看以下示例。

一、部门设置目的：公司自有产品的形成与公司基础技术水平的提升，形成产品竞争优势与技术竞争优势。

二、职责综述：负责公司自有新产品（包括产品升级）构思设计与基础技术研究。

三、具体职责

1. 自有新产品（包括产品升级）构思设计。

A. 行业需求研究；B. 产品规划与构思；C. 产品项目的跟踪与监督；

D. 产品开发验收及测试；E. 对产品部进行新产品使用、功能介绍培训。

2. 基础技术研究。

A. 技术发展研究；B. 应用技术研究构思；C. 基础研究项目的跟踪与监督；D. 组织验收。

3. 对产品项目与技术开发项目进行跨部门的项目管理。

4. 部门技术资料管理。

5. 协助项目部进行售前工程师技术培训。

6. 完成总经理办公室指派的其他任务。

四、主要业务流程

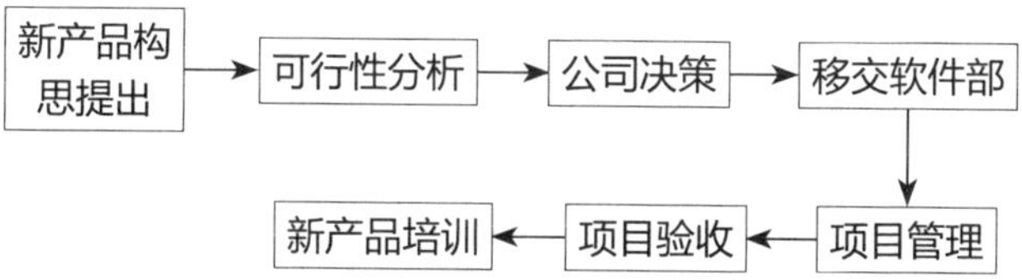

五、与其他部门交叉的职责说明

1. 总经办

A. 根据公司战略确定市场信息的收集范围，并将该指令发给研发部，研发部据此收集与反馈相关信息。

B. 对研发部的立项意见进行审批，研发部据此进行产品项目工作。

C. 对研发部的具体工作进行指导。

2. 项目部：无。

3. 市场部：协助研发部进行市场可行性分析。

4. 系统集成部：无。

5. 软件开发部：见具体职责说明。

6. 行政人力部

A. 对研发部日常工作进行后勤支持。

B. 指导研发部人力资源管理工作。

7. 财务部：协助项目费用、部门费用核算。

本例分为5个部分来编制研发部的工作职责，从第3个部分开始围绕具体职责、业务流程和其他部门的交叉职责展开来讲。

与其他部门的交叉职责，不仅可以提醒相关部门协助研发部的工作，而且也能让研发部的员工知道自己可以从何处得到帮助，更有助于研发工作的开展。

如果想要对研发部各岗位的工作职责进行说明，还可以加入部门结构图，并根据部门结构图分别列示重点岗位的工作职责。如下例所示。

一、部门组织关系

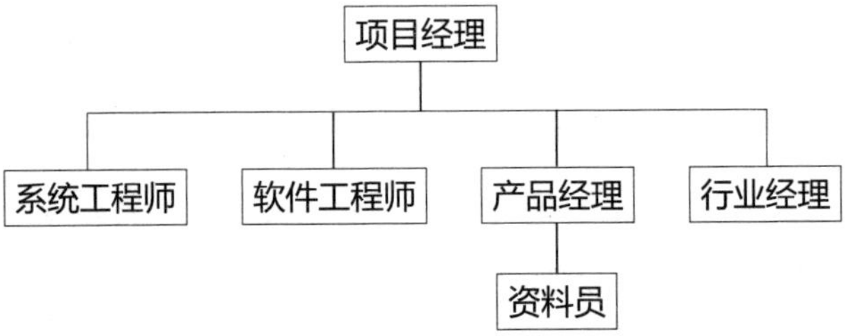

二、岗位职责

1. 项目经理

①分析现有应用系统的薄弱环节，提出解决办法。

……

2. 系统工程师

3. 软件工程师

……

4.2 科技公司员工手册

科技公司主要通过研发科技产品来提高市场竞争力，所以对员工的职业素质要求较高，在其员工手册中应该着重体现对员工培训的要求，至于如何编写相关内容，还是先来看看一些范例。

4.2.1 职前教育培训

对技术要求较高的企业一般会向新员工提供职前培训的机会，以便让员工顺利工作，如图 4-3 所示为某科技公司编制的职前培训办法。

六、职前教育管理办法

第一条 目的

每位新进入公司的员工必须参加公司的职前教育培训，以便了解公司的文化和价值观及公司的整体运作，了解本部门职责、工作程序及方法从而使新员工尽快适应工作环境。

第二条 职前教育培训内容

1. 职前教育培训的内容分为新员工熟悉公司整体的培训、部门内工作引导和部门间交叉引导。

2. 公司整体培训内容包括：公司的发展历程、公司文化和理念、公司发展战略、公司产品简介、公司的组织结构、公司的基本政策与规章制度以及本企业员工的行为规范等。

3. 部门内工作引导的内容包括：部门的组织结构、部门职责、公司管理规范及福利待遇等。

4. 部门间交叉引导的内容包括：与本部门工作相关的部门的人员介绍、该部门的主要职能、本部门与该部门在工作上的合作事项及未来部门间的工作配合要求等。

第三条 职前教育培训政策

1. 职前教育培训由人力资源部统一组织、培训与评估，培训过程由人力资源部和每一位新员工所在部门相应直接负责人共负责任，共同完成，最迟不应超过新员工报到后二十天。

2. 凡在公司正式报到的新员工，在试用期内未完成职前教育培训，不得予以转正。

3. 参加职前教育培训的员工，在培训期间如遇临时情况需请假者，必须在试用期内完成补修请假期间的职前教育培训内容，否则不予转正。

4. 人力资源部为每位参加职前教育培训的新员工开具证明，否则不予转正。

第四条 职前教育培训的程序

1. 人力资源部在新员工正式报到后，需给其发放员工手册和新员工职前教育培训记录表，由员工自己填写培训内容部分。

2、人力资源部首先集中新员工对其进行不少于12个课时的整体培训来熟悉公司的整体运行情况。

3、完成整体培训后要对新员工进行测验，不合格者于二十天内施以补充强化训练，直到合格为止。

4、新员工整体培训合格后，由部门的相关负责人对其完成部门内工作引导。

首先，部门经理代表整个部门对新员工表示欢迎及介绍新员工认识本部门其他人员，本过程不得少于2课时。
接下来由部门内直接负责人负责介绍部门内部结构及职责等内容，本过程不得少于2课时。
然后，部门内应安排专门人员依工作岗位对员工的要求，对新员工进行基本的专业技术知识培训，本过程不得少于8个课时。
再接下来，依部门的复杂程序对新员工进行工作程序与方法的讲授，本过程不得少于5个课时。
最后，要给新员工介绍关键的工作指标，本过程不得少于5个课时。以上过程完成后，新员工应准备书写一份新员工部门内工作引导报告。

5、新员工部门内工作引导培训完成后，部门负责人应对新员工进行测验，不合格者在二十天内须进行有针对性重修，如二十天内依然不能合格，则对该员工不予转正。

6、新员工部门内工作引导合格后，新员工所在部门主管以上职位，依所担任的工作性质及职责，带领新员工到工作相关部门进行部门间交叉引导。按部门间交叉引导内容的规定对新员工进行讲授，每一内容不得少于三十分钟。

7、部门间交叉引导完成后，新员工应准备一份交叉培训报告并与部门内工作引导报告以及部门负责人签字后的新员工职前教育培训记录表三天内提交人力资源部。

8、人力资源部对上述两份交叉报告完成评估后，如合格，则为新员工开具培训证明，如不合格则需重新书写报告并在三天内重新提交人力资源部进行评估，如还不合格，则不予转正。

9、完成上述过程后，人力资源部将新员工培训记录归档。

图 4-3

该例的重点内容有 3 个，分别是职前教育培训内容、培训政策及培训的程序。

首先概括说明了职前培训的一系列内容，包括公司整体培训、部门内工作引导和部门间交叉引导。接着让员工了解基本培训政策，规定培训期限、转正依据和意外情况处理，在编写这部分内容时，可以根据企业自身的情况加入员工必须要知道的规定，如下所示。

1. 职前培训后会有考核，每位新员工都必须参加。

2. 未通过职前培训考核的员工，将予以辞退，工资按试用期结算。

培训的重要程序应与培训内容相呼应，按顺序介绍整体培训、部门内工作引导和部门间交叉引导的具体课程，重点部分以表格来展示，突出每项课程的具体课时。需要填写的表格和报告如图 4-4 所示。

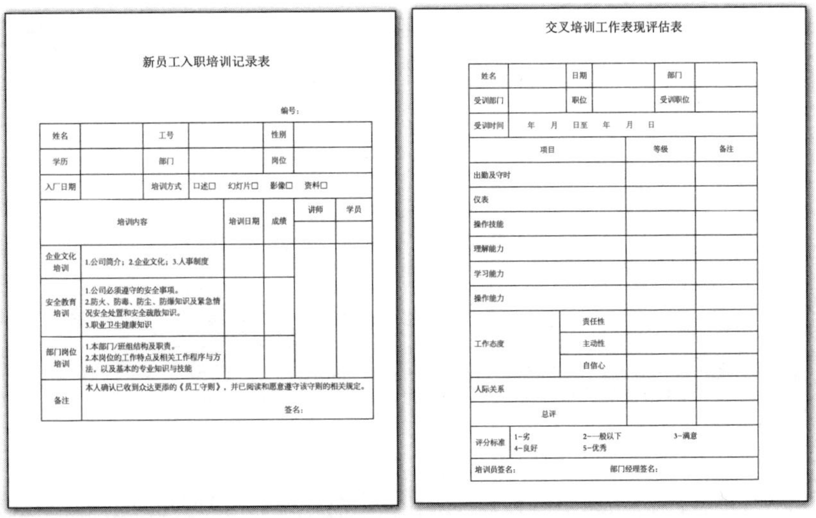

新员工入职培训记录表

编号：

姓名		工号		性别		
学历		部门		岗位		
入厂日期		培训方式	口述□　幻灯片□　影像□　资料□			
培训内容		培训日期	成绩	讲师	学员	
企业文化培训	1.公司简介；2.企业文化；3.人事制度					
安全教育培训	1.公司必须遵守的安全事项。 2.防火、防毒、防尘、防爆知识及紧急情况安全处置和安全疏散知识。 3.职业卫生健康知识					
部门岗位培训	1.本部门/班组结构及职责。 2.本岗位的工作特点及相关工作程序与方法，以及基本的专业知识与技能					
备注	本人确认已收到众达更新的《员工守则》，并已阅读和愿意遵守该守则的相关规定。 签名：					

交叉培训工作表现评估表

姓名		日期		部门	
受训部门		职位		受训职位	
受训时间	年　月　日至　年　月　日				
项目		等级	备注		
出勤及守时					
仪表					
操作技能					
理解能力					
学习能力					
操作能力					
工作态度	责任性				
	主动性				
	自信心				
人际关系					
总评					
评分标准	1-劣　2-一般以下　3-满意 4-良好　5-优秀				
培训员签名：		部门经理签名：			

图 4-4

上图所示的是员工职前培训中会用到的两份表格：《新员工入职培训记录表》和《交叉培训工作表现评估表》，在完成培训后还要进行归档，所以不要忘了编制归档的内容。

4.2.2　员工培训出勤管理

在新员工进行培训时，企业同样需要对员工培训期间的出勤情况进行管理，最好将管理要求在员工手册中展示出来。让员工在培训期间约束自己的行为，不要随意请假或缺席。如下例所示。

九、员工培训出勤管理办法

第一条 目的

严格规定参加培训员工的请假流程及更改培训项目或时间的办法，严格管理参加培训员工的出勤及培训记录。

第二条 培训出勤及记录的执行

员工培训出勤管理由人力资源部负责，各部门协助人力资源部做好培训记录并由人力资源部存档保存。

第三条 请假规定

1. 任何员工自接到培训通知之日起，如公务或私人事务与培训时间发生冲突，必须办理培训请假手续。如违反此规定，未参加培训的时数按相等的旷工时间处理。

2. 应参加培训的员工因故不能参加者，须填写培训员工请假单，并经部门批准后，于培训开始 3 天前交至人力资源部备案。因特殊情况不能提前 3 天请假者，必须以书面的形式向人力资源部陈述理由，并按上述流程补办请假手续。

3. 对于同一培训项目，任何参加培训的员工在培训期间因故需离开一小时以上、需迟到或早退者应办理请假手续，如不办理请假手续，按没有参加此培训项目处理。办理了请假手续，但缺勤时数达到总培训时间的1/3者，须重新补修全部培训内容。

4. 人力资源部（培训主办单位）向旷课的员工发放旷课通知单，后由人力资源部监督该员工所在部门做考核上的处理，人力资源部对该员工是否重修培训内容等方面处理。

5. 员工培训请假的批准权限：人力资源部培训主管可批准4课时，人力资源部经理可批准8课时，总经理可批准8课时以上。

第四条 更改培训时间的规定

1. 人力资源部或培训主办单位如更改某一培训项目的培训时间，应提前3天通知参加此项培训员工的所在部门。

2. 同一培训项目，如开办的班次超过两班次，如员工不能参加原定时间的培训，可办理培训员工更改培训班次的手续。

3. 应参加培训的员工如需更改第2条中所述的培训班次，需于培训开始5天前提出申请并填写员工培训更改时间的申请。

第五条 培训记录的统计

1. 参加培训的员工，必须亲笔在员工培训签到表签字，严禁其他员工代签，一旦发现代签，代签员工和应参加培训的员工均按旷工或旷课论处。

2. 培训主办单位以签到表为依据之一，填写员工的培训记录，并由人力资源部归档保存。

该例首先说明了培训记录的负责部门，以便让员工知晓培训课程实时记录的特性，接着编写培训期间的请假制度。在编写请假制度时需要涉及两个内容：请假单、申请部门或责任人。

本例中对批准权限，即请假的具体课时进行了规定，至于请假单，常用模板如图4-5所示。

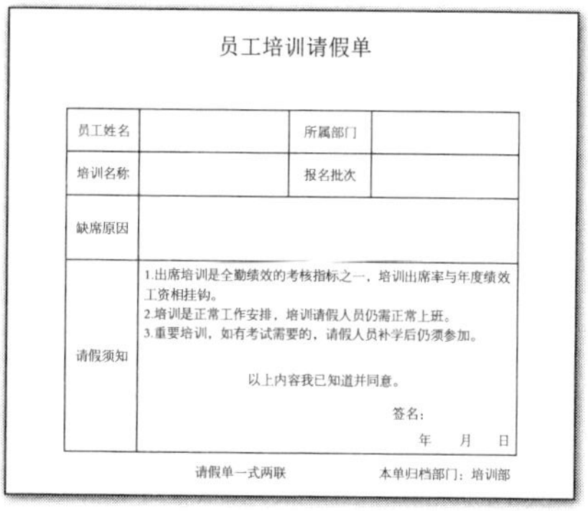

员工培训请假单

员工姓名		所属部门	
培训名称		报名批次	
缺席原因			
请假须知	1.出席培训是全勤绩效的考核指标之一，培训出席率与年度绩效工资相挂钩。 2.培训是正常工作安排，培训请假人员仍需正常上班。 3.重要培训，如有考试需要的，请假人员补学后仍须参加。 以上内容我已知道并同意。 签名： 年　月　日		

请假单一式两联　　本单归档部门：培训部

图 4-5

另外对于课程更改的情况和统计培训的记录也进行了编写，这两部分的内容比较灵活，可以省略或是加入其他内容，如员工迟到早退的处理规范等。统计培训记录需要统一使用员工培训签到表，如表 4-2 所示。

表 4-2　员工培训签到表

培训课题							
培训时间				培训地点			
培训主持人				记录人			
序号	姓名	部门	签到	序号	姓名	部门	签到

4.2.3　研发经费开支规划

科技公司研发新产品常常需要大量的经费，为了保证公司正常运转，首先应对研发经费的开支进行规划，得到审批后才开始研发工作。

对于研发经费的管理规范可以写入员工手册中，展示其重要性，如图 4-6 所示。

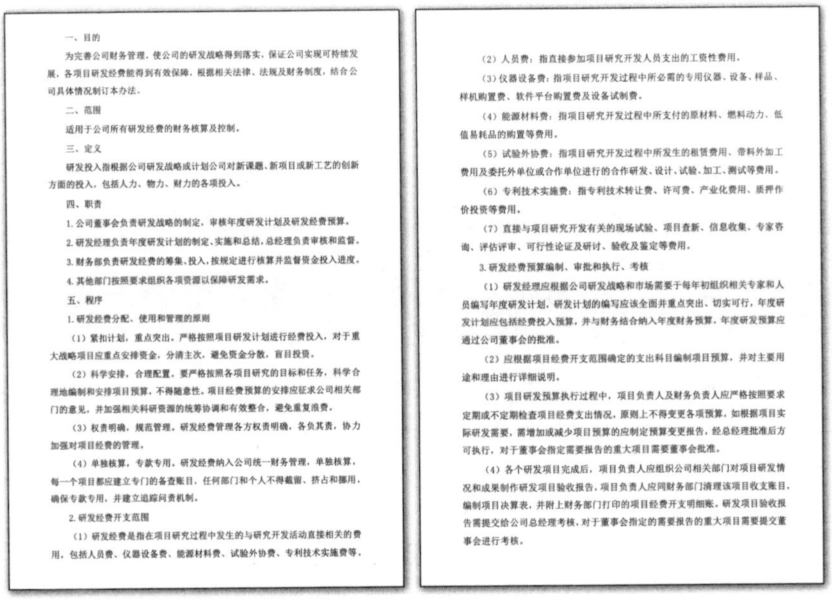

一、目的

为完善公司财务管理，使公司的研发战略得到落实，保证公司实现可持续发展，各项目研发经费能得到有效保障，根据相关法律、法规及财务制度，结合公司具体情况制订本办法。

二、范围

适用于公司所有研发经费的财务核算及控制。

三、定义

研发投入指根据公司研发战略或计划公司对新课题、新项目或新工艺的创新方面的投入，包括人力、物力、财力的各项投入。

四、职责

1. 公司董事会负责研发战略的制定，审核年度研发计划及研发经费预算。

2. 研发经理负责年度研发计划的制定、实施和总结，总经理负责审核和监督。

3. 财务部负责研发经费的筹集、投入，按规定进行核算并监督资金投入进度。

4. 其他部门按照要求组织各项资源以保障研发需求。

五、程序

1. 研发经费分配、使用和管理的原则

（1）紧扣计划，重点突出。严格按照项目研发计划进行经费投入，对于重大战略项目应重点安排资金，分清主次，避免资金分散，盲目投资。

（2）科学安排，合理配置。要严格按照各项目研究的目标和任务，科学合理地编制和安排项目预算，不得随意性。项目经费预算的安排应征求公司相关部门的意见，并加强相关科研资源的统筹协调和有效整合，避免重复浪费。

（3）权责明确，规范管理。研发经费管理各方权责明确，各负其责，协力加强对项目经费的管理。

（4）单独核算，专款专用。研发经费纳入公司统一财务管理，单独核算，每一个项目都应建立专门的备查账目，任何部门和个人不得截留、挤占和挪用，确保专款专用，并建立追踪问责机制。

2. 研发经费开支范围

（1）研发经费是指在项目研究过程中发生的与研究开发活动直接相关的费用，包括人员费、仪器设备费、能源材料费、试验外协费、专利技术实施费等。

（2）人员费：指直接参加项目研究开发人员支出的工资性费用。

（3）仪器设备费：指项目研究开发过程中所必需的专用仪器、设备、样品、样机购置费、软件平台购置费及设备试制费。

（4）能源材料费：指项目研究开发过程中所支付的原材料、燃料动力、低值易耗品的购置等费用。

（5）试验外协费：指项目研究开发过程中所发生的租赁费用、带料外加工费用及委托外单位或合作单位进行的合作研发、设计、试验、加工、测试等费用。

（6）专利技术实施费：指专利技术转让费、许可费、产业化费用、质押作价投资等费用。

（7）直接与项目研究开发有关的现场试验、项目查新、信息收集、专家咨询、评估评审、可行性论证及研讨、验收及鉴定等费用。

3. 研发经费预算编制、审批和执行、考核

（1）研发经理应根据公司研发战略和市场需要于每年初组织相关专家和人员编写年度研发计划，研发计划的编写应该全面并重点突出、切实可行，年度研发计划应包括经费投入预算，并与财务结合纳入年度财务预算，年度研发预算应通过公司董事会的批准。

（2）应根据项目经费开支范围确定的支出科目编制项目预算，并对主要用途和理由进行详细说明。

（3）项目研发预算执行过程中，项目负责人及财务负责人应严格按照要求定期或不定期检查项目经费支出情况，原则上不得变更各项预算，如根据项目实际研发需要，需增加或减少项目预算的应制定预算变更报告，经总经理批准后方可执行，对于董事会指定需要报告的重大项目需要董事会批准。

（4）各个研发项目完成后，项目负责人应组织公司相关部门对项目研发情况和成果制作研发项目验收报告，项目负责人应同财务部门清理该项目收支账目，编制项目决算表，并附上财务部门打印的项目经费开支明细账。研发项目验收报告需提交给公司总经理考核，对于董事会指定的需要报告的重大项目需要提交董事会进行考核。

图 4-6

上例共分为 5 个内容，分别是目的、范围、定义、职责和程序，重点内容是研发程序，其结构如图 4-7 所示。

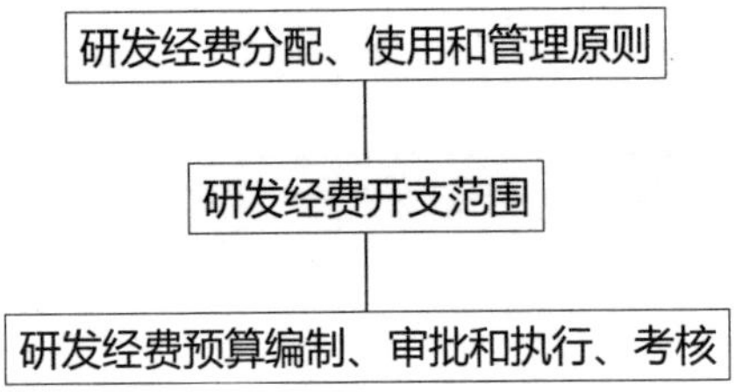

图 4-7

经费的开支范围主要包括人工费、仪器设备费、能源材料费、试验外协费、专利技术实施费等，在编写时除了像该例一样对这些费用进行定义，还可以再深入地编写每项费用的预算金额，这当然要根据

公司的实际情况来编写。

4.3 化工企业员工手册

化工企业主要通过化学生产技术制造更加新型材料的企业。对于化工企业的管理方面，应注重安全管理和员工行为的规范，当然员工手册的内容也应根据管理的重点有所侧重。

4.3.1　员工奖惩制度

进入化工企业的员工每天都要从事具有一定难度和危险性的工作，员工的行为将直接影响企业的日常生产安全。所以需要在员工手册中设置奖惩制度，让员工明白哪些行为是不可取的，进而保障企业秩序。一起来看看下例所示的员工奖惩制度。

员工奖惩制度

一、总则（略）

二、奖励

第六条 本公司设立以下奖励方法：

1. 大会 / 通报表扬。

2. 奖金奖励。

3. 晋升提级。

第七条 对下列表现之一的员工，应当给予奖励：

1. 事迹突出，全年无出现事故。

2. 完成计划指标，经济效益良好。

3. 积极向公司提出合理化建议，为公司采纳。

4. 全年无缺勤，积极做好本职工作。

第八条 奖励程序如下：

1. 员工推荐、本人自荐或单位提名。

2. 行政部审核。

3. 总经理批准。

三、处罚

第九条 员工有下列行为之一，经批评教育不改的，视情节轻重，分别给予警告、记过、记大过、辞退/开除等处分。

（一）员工违反考勤制度将给予相应的处罚，有以下行为者，给予记警告处分，并给予罚款50元。

1. 在工作时间闲聊、嬉戏、聊私人QQ，或从事与工作无关的事情。

2. 因过失以致发生工作错误情节轻微者。

3. 妨碍现场工作秩序或违反安全卫生工作守则。

（二）员工有以下行为者，给予记过处分，并罚款100元～500元。

1. 因疏忽导致机器设备或物品材料遭受伤害或伤及他人。

2. 未经许可擅带外人入厂参观。

3. 携带危险物品入厂，在禁烟区吸烟、打架者。

（三）员工有以下行为者，视情节轻重，给予记大过处分或辞退/开除。

1. 擅离职守，不服从工作安排和调动、指挥，或影响生产秩序、工作秩序，导致事故，使公司蒙受重大损失。

2. 泄露公司秘密，把公司客户介绍给他人或向客户索取回扣、介绍费的。

3. 撕毁、遗失经管之重要文件、机件、物件或工具。

员工有上述行为，情节特别严重，触犯法律的，提交司法部门依法处理。

第十条 员工有上述行为造成公司经济损失的，责任人除按上条规定承担应负的责任外，按以下规定赔偿公司损失：

1. 造成经济损失 5 万元以下（含 5 万元），第一责任人赔偿 50% ～ 70%；第二责任人赔偿 30% ～ 40%；第三责任人赔偿 10% ～ 20%。

2. 造成经济损失 5 万元以上的，由总经办决定责任人应赔偿的金额。

四、程序

第十一条 行政部接到报告、检举、揭发有损害公司利益的违法、违规的事情，应立即报经总经理批准后进行调查处理，并对报告、检举、揭发人予以保密。对无中生有，捏造事实，夸大事态，诽谤他人的，要予以惩罚。调查完毕，部门主管和行政部提出《处理意见书》呈报总经理批准，交有关部门执行并通知受处分人。

第十二条 给予员工行政处分和经济处罚，应当慎重决定。必须弄清事实，取得证据，经过一定会议讨论，征求有关部门意见，并允许受处分人进行申辩。

第十三条 调查、审批员工处分的时间，从证实员工犯错误之日起。

第十四条 对员工进行处分，应书面通知本人，并记入档案。

第十五条 处分决定不服的，允许提请复议；对复议决定不服的，允许向上级主管部门申诉。

第十六条 受处分的员工，在处罚事项未了结之前，不得调离公司（公司宣布辞退、开除的除外）。

第十七条 受处分的员工，能改正错误，积极工作，在1年内弥补经济损失或完成利润指标的，经所在单位提议或本人要求，行政部审核后呈报总经理或董事长批准，可酌情减轻或免除处分。

该例是典型的总分结构，首先通过总则讲明目的和适用范围，这里不再赘述，其次分别编写奖励和处罚的相关规定。

在编写奖励和处罚规定时，该例十分注重详略，从内容篇幅和结构上明显可以看出，该企业对员工的违规行为的规定更为重视。如图4–8所示为奖罚规定的结构对比。

一、奖励方法

二、鼓励行为

1.
2.
3.
……

三、奖励程序

1.
2.
……

一、处罚方式

二、违规行为

（一）记警告处分
1.
2.
……

（二）记过处分
……

（三）记大过处分或辞退/开除
……

三、处罚程序

1.
2.
……

图4–8

一般来说，奖励是需要员工本人申请或部门领导进行申请，而申请流程可以分条列出，也可以用流程图表示。

对于工作生产中不允许出现的行为，除了通过处罚方式来区别描述外，还可以用其他结构来展示，如图4–9所示。

一、劳动管理

（一）在企业各项活动中有下列行为的，给予一次性罚款：

1.

2.

……

（二）有下列行为的，给予警告处分：

（三）有下列行为的，给予记过处分：

二、形象管理

三、质量管理

四、安保管理

五、节约管理

图 4-9

图 4-9 以企业不同工种为基准进行违规行为的确定，再分别列出每项工种中一般违规和严重违规的行为，工种的划分不是固定的，如财政纪律管理、车辆管理、安全生产管理等内容也可以加进去。

4.3.2　权利和义务

员工手册中的权利与义务内容是对员工在公司内享受的权利和应履行的义务进行说明。这部分内容不是必需的，要从公司的具体情况出发，对于有必要说明的可以在总则、附则或另辟一章进行编写。请看下例。

第九章 权利和义务

第一节 员工享有的权利

员工正式录用后，公司与之签订劳动合同，并享有规定的各项权利。

1. 不因国籍、民族、种族、性别、年龄、婚姻、社会地位或宗教信仰而受歧视。

2. 女性员工享有与男性员工平等的工作权利。

3. 员工有获得劳动安全、卫生和保护的权利。公司应为员工提供符合国家规定的劳动安全卫生条件。

4. 公司员工有权按劳取酬，公司应以货币形式按月支付给员工本人，不得随意克扣或者无故拖欠。

5. 公司员工有享受社会保险和福利的权利，公司应结合自身和本地区实际情况以员工享有的基本薪酬为基础，为其办理有关社会保险等福利。

6. 公司员工有权参与企业民主管理；有权提出合理化建议；有权参加公司组织的各项企业活动。

7. 公司员工享有国家法律规定的其他劳动权利。

第二节 员工应履行的义务

1. 遵循国家法律、法规及本公司有关规章制度的规定，遵守各项管理细则。

2. 遵循公司利益第一的原则，自觉维护公司的利益和形象，严格保守公司的商业秘密。

3. 尽忠职守，努力工作，能胜任各工作岗位的要求。

4. 积极学习，刻苦钻研，努力提高业务水平，提高职业技能水平，积极参加培训和考核。

5. 创造和谐的工作环境，互相学习，互相帮助，共同提高，发扬团队精神，增强公司的凝聚力。

6. 员工不得超越本职业务和职权范围，进行经营活动。

7. 员工除本职业务外，未经公司法定代表人授权或批准，不得从事下列活动：以公司名义提供担保、证明；以公司名义对新闻媒介发表意见、消息；代表公司出席公众活动。

8. 员工未经公司书面批准，不得在外兼任获取薪金的工作。

9. 员工必须遵守与公司有关的保密政策的规定，员工不得与外人讨论公司有关业务之机密信息，公司内的讨论亦只限于工作需要。员工还必须遵守有关薪金政策的保密制度。

10. 其他公司规定员工必须履行的各项义务。

编写权利与义务的相关内容非常简单，划分两个部分，一部分为权利相关内容，一部分为义务相关内容，如本例所示。通常无须在此部分着墨太多，简单向员工介绍其应了解的一些内容即可。

为了保证内容的完整性，在罗列完具体内容后，可再单独加一句“公司员工享有国家法律规定的其他劳动权利”和“其他公司规定员工必须履行的各项义务”。

4.3.3 防火与防爆安全管理

由于化工厂内通常存放大量易燃易爆的材料、气体或物质，所以对于防火与防爆管理企业也应该重视。可在员工手册中编制相关安全管理的内容，让员工引起注意。先来看看下例中的具体内容吧。

防火与防爆安全管理制度

1. 目的：建立防火防爆一般要求、主要措施、等级划分、消防设施等程序，防止火灾、爆炸事故发生。

2. 范围：适用于公司防火防爆管理。

3. 一般要求

（1）禁止产生明火的机动车辆进入罐区、厂区内、易燃物质储罐等有火灾爆炸危险的场所，必须进入时必须加阻火器。

（2）易燃、易爆物品应存放在指定的安全地点。现场禁止堆放油布、油棉丝纱或其他易燃物品。

（3）搬运危险物品，或在易燃、易爆危险场所搬运铁质物品时，不准抛掷，拖拉或滚动。

（4）厂内所有职工必须分批轮流进行消防知识教育，掌握灭火知识，并懂得正确使用各种消防器材。

4. 防火、防爆的主要措施

A. 防爆泄压（略）

B. 控温、控压（略）

C. 防止氧含量超标（略）

D. 防火措施（略）

E. 防静电放电

下列设备及管道应设有导除静电的接地装置。（略）

F. 贮运设施（略）

G. 物料排放（略）

5. 防火防爆等级划分

A. 厂房的防火防爆等级，应严格按石油化工企业防火防爆标准进行设计。

B. 新建项目对电气设备的选型，应严格按危险场所防火防爆的等级规定执行。老厂在防火防爆厂房中使用的非防火防爆电气设备，应有计划地在短时间内逐步进行更换。

C. 易燃易爆场所电气设备的布置和安装（包括临时使用的电气设

备）应按“爆炸危险场所电气安全规程”和“爆炸性环境用电气设备通用要求”执行。

6. 消防设施（略）

该例从对员工的行为要求、防火防爆措施、等级划分、消防设施规范这 4 个方面编写安全管理规范。

首先，一般要求可通过笼统的方法罗列员工应该注意的防火安全问题，如易燃易爆物品的处理、员工的消防安全知识培训等，适当添加一些重点注意事项即可。

而对于防火防爆措施的编写，本例通过防爆泄压、控温控压、防止氧含量超标、防火措施、防静电放电、贮运设施和物料排放 7 个基本措施分出大体的结构，再在每类措施下面编写具体的内容。

至于防火防爆等级划分的内容多以公司或国家规定的相关章程为基准，企业内的设备都要以此为依据进行布置。在编写消防设施的规范时，首先可围绕消防栓、小型灭火机和简易灭火器材等的设置来编写相关内容，接着可对消防器材的管理进行相关说明，如人员维护、定点存放、定期检查等。

在实际编写时，还可在附件内加入《爆炸危险场所电气安全规程》的内容，起到补充说明的作用。

4.4 制药公司员工手册

药品研发制造从某一方面来说也是科学技术的一类，制药公司通过不断研发新的药品为消费者带来健康，虽然制药公司与其他行业一样也是通过销售药品获得利润，维持公司运转。但是该行业也具备一定的特殊性，而在企业管理上的特殊性应该让新进员工了解，所以公司人事部相关人员可以制定管理规范，并添加到员工手册中。

4.4.1 药品储存管理办法

药品储存与其他商品不太一样，它对温度、湿度和储存箱的要求较为复杂，所以有必要通过药品储存管理办法让员工了解相关内容，如图 4-10 所示。

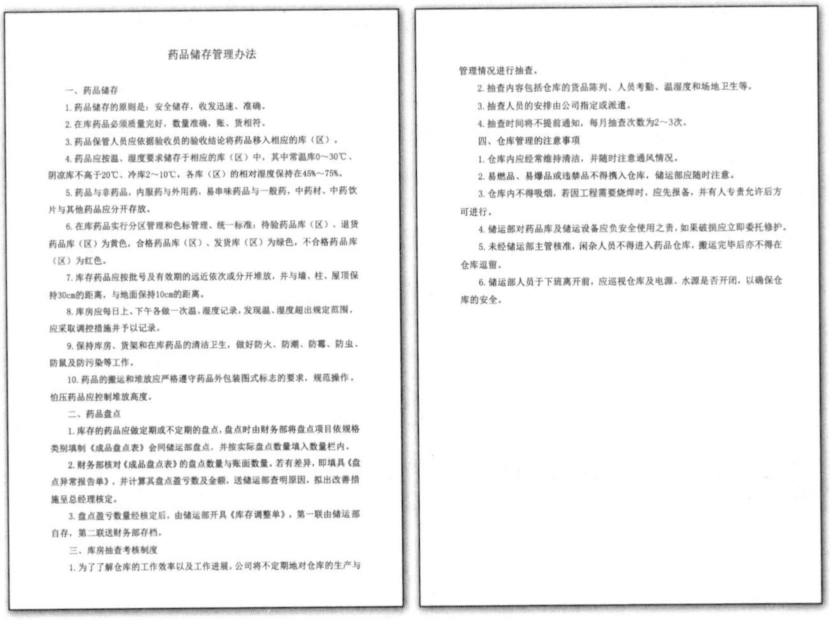

药品储存管理办法

一、药品储存

1. 药品储存的原则是：安全储存，收发迅速、准确。

2. 在库药品必须质量完好，数量准确，账、货相符。

3. 药品保管人员应依据验收员的验收结论将药品移入相应的库（区）。

4. 药品应按温、湿度要求储存于相应的库（区）中，其中常温库0～30℃、阴凉库不高于20℃、冷库2～10℃，各库（区）的相对湿度保持在45%～75%。

5. 药品与非药品，内服药与外用药，易串味药品与一般药，中药材、中药饮片与其他药品应分开存放。

6. 在库药品实行分区管理和色标管理、统一标准：待验药品库（区）、退货药品库（区）为黄色，合格药品库（区）、发货库（区）为绿色，不合格药品库（区）为红色。

7. 库存药品应按批号及有效期的远近依次或分开堆放，并与墙、柱、屋顶保持30cm的距离，与地面保持10cm的距离。

8. 库房应每日上、下午各做一次温、湿度记录，发现温、湿度超出规定范围，应采取调控措施并予以记录。

9. 保持库房、货架和在库药品的清洁卫生，做好防火、防潮、防霉、防虫、防鼠及防污染等工作。

10. 药品的搬运和堆放应严格遵守药品外包装图式标志的要求，规范操作。怕压药品应控制堆放高度。

二、药品盘点

1. 库存的药品应做定期或不定期的盘点，盘点时由财务部将盘点项目依规格类别填制《成品盘点表》会同储运部盘点，并按实际盘点数量填入数量栏内。

2. 财务部核对《成品盘点表》的盘点数量与账面数量。若有差异，即填具《盘点异常报告单》，并计算其盘点盈亏数及金额，送储运部查明原因，拟出改善措施呈总经理核定。

3. 盘点盈亏数量经核定后，由储运部开具《库存调整单》，第一联由储运部自存，第二联送财务部存档。

三、库房抽查考核制度

1. 为了了解仓库的工作效率以及工作进展，公司将不定期地对仓库的生产与管理情况进行抽查。

2. 抽查内容包括仓库的货品陈列、人员考勤、温湿度和场地卫生等。

3. 抽查人员的安排由公司指定或派遣。

4. 抽查时间将不提前通知，每月抽查次数为2～3次。

四、仓库管理的注意事项

1. 仓库内应经常维持清洁，并随时注意通风情况。

2. 易燃品、易爆品或违禁品不得携入仓库，储运部应随时注意。

3. 仓库内不得吸烟，若因工程需要烧焊时，应先报备，并有人专责允许后方可进行。

4. 储运部对药品库及储运设备应负安全使用之责，如果破损应立即委托修护。

5. 未经储运部主管核准，闲杂人员不得进入药品仓库，搬运完毕后亦不得在仓库逗留。

6. 储运部人员于下班离开前，应巡视仓库及电源、水源是否开闭，以确保仓库的安全。

图 4-10

该办法从药品储存、药品盘点、库房抽查考核和仓库管理 4 个方面展示有关药品储存方面的要点。如果想要使内容简洁一些，可以省略掉后面 3 个部分的内容，直接罗列药品储存的注意点。

在编写药品储存管理的内容时，还可从验收、储存温度、湿度、药品区分、库房环境来进行规范。当然还可以加入对不合格药品的处理办法，如下所示。

1. 对不合格药品实行控制性管理，不合格药品应单独存放，专账记录，并有明显标志。

2. 实行药品的效期储存管理，对效期不足 × 个月的药品应按月进行催销。

3. 储存中发现有质量问题的药品，应立即将药房陈列和库存的药品集中控制并停售，然后报质量管理部处理。

药品盘点是在药品储存后的一项工作，由相关部门进行，该例是由财务部进行盘点的。在实际编写时可对盘点的期限和数量进行规定，盘点过程会涉及一些表单，如《成品盘点表》《不合格药品报告确认表》，其模板如图 4-11 所示。

成品盘点表

药品名称	规格	制剂单位	入库总数	出库总数	库存数量	盘点

不合格药品报告确认表

报告部门：							
药品名称	规格	数量	单位	批号	有效期至	生产企业	不合格原因
报告人	报告人已经于　年　月　日移置存放到不合格区。 签名：　年　月　日						
质管员意见	□已核查，规格、数量不合格原因情况属实。 签名：　年　月　日						
科主任意见	□已核查，情况属实。待盘点后报批集中销毁。 签名：　年　月　日						

图 4-11

抽查管理和考察管理的工作性质差不多，即对仓库药品的陈列、人员考勤、温湿度和场地卫生等进行检查。在编写时应该说明抽查的具体内容、派遣人员和抽查频率。至于仓库的管理，主要从清洁、安全、人员（库管员、储运部人员）规范上安排内容。

除了从实际的管理规范上着手编写以外，还可以在《药品储存管理办法》中加入相关人员的岗位职责来充实内容，如表 4-3 所示。

表 4-3　药品储存相关人员的岗位职责

岗位	职责
仓储部主任	1. 库品的安置控制、管理和分析，及时提出补货信息。 2. 维护操作系统，每天必须确保及时、完整、正确的提供库存动态信息，确保账、物相符。 3. 了解所存货物的现状，时刻注意防火、防水、防盗等重大安全隐患，避免由于管理不当产生毁坏、霉变、丢失等现象，确保库存货物的安全
发货员	1. 保证拣出药品的及时性，提高库存药品的周转率。 2. 根据拣货标签或单据上指示的作业类别、出库品规、货位编号、批号、数量、生产厂家信息进行拣货。 3. 做好责任区域的清洁卫生工作
复核员	1. 按照出库凭证逐批逐项核对实物，并进行检查；保证出库物品货单相符，数量准确，质量合格。 2. 对复核时发现的差异应进行再复核并确认。 3. 做好复核记录，做到账面工整、字迹清楚

4.4.2　发货管理规范

企业进行药品销售后就要开始准备发货等工作了，发货管理是销售管理的一部分，对销售最终结果有极大的影响。那么该如何编制发货管理规定呢？先看看下例。

二、发货管理

1. 各办事处根据各市场的年度销售计划，并结合本区域具体情况，分解每个月的需货申请，并应于每月25日前以书面形式，报公司销售部。

2. 销售合同签订后，由办事处将合同传真到销售部，经销售部经理核准，报财务部经总经理审批后发货，并由销售内勤负责发货。

3. 各办事处申请给新的客户首次发货时，除了提供合同外，还须提供企业的相关证件以及客户档案，以确定首次发货数量。

4. 发货程序

办事处向公司申请发货时，还须填写《申请发货清单》，并由办事处经理签字后传真至销售部。销售内勤收到申请后，转销售经理审核，并填写《要货申请单》，由销售内勤填写六联内部结算单，并凭内部结算单和要货申请单至仓库提货，仓库保管员凭以上两份清单，方可发货。

发货流程如下：

签订销售合同→办事处经理认可，填写发货申请单→销售部内勤填写要货申请单→销售部经理、财务经理审批→总经理审核→销售内勤填写内勤结算单→仓库提货→装车发货→客户签收→办事处内勤存回执。

5. 货物发出，客户收到货物后，各发货申请人应收回客户签字的货物验收单或回执联，并由各办事处销售内勤保存。

6. 公司只负责仓库到对方车站、港口、码头的运输费用，到站到港后，收货方的提货费用由收货方自理。

7. 各办事处销售内勤必须在内部结算单上签字确认。

该例对药品发出的各个环节进行了说明，首先是需货申请，然后是确定首次发货数量，接着收回货物验收单，最后是签署结算单。为了员工在阅读时不觉得凌乱，编写时一定要注意按发货的顺序罗列相关的规定，正如本例所示。

不过在编写发货流程时可将该部分内容提到最前面，一来让员工了解发货顺序，二来员工可根据流程对应下面的规范，加强理解和记忆。当然，最好能够通过流程图的方式来展示该内容。

对于发货流程中涉及的表单，如《申请发货清单》，其模板如图 4-12 所示。

申请发货清单

申请日期：

收货单位全称：________　合同号：________
收货地址：________　到站：________
收货人：________　收货人电话：________
联系人：________　联系人电话：________

收货单位到款、应收、逾期账款情况

现款发货	汇款方式	汇款日期	汇款账号	汇款金额	备注
非现款发货	是否资信	资信额度	应收金额	逾期金额	

申请发货明细

品名	规格	数量	单价	金额	开票价	运输方式	发货单号	批号
合计（大写金额）							小写：	

发货注意事项：

业务助理：________　业务经理：________　省经理：________
客服部：________　大区经理：________　销售总监：

图 4-12

4.4.3 费用管理规范

对于公司重要费用的支出，需要通过相应的制度确定负责人员和支用额度，具体的内容如下例所示。

十、费用管理

1. 各办事处由办事处经理全面负责人员管理、财务管理、货物管理，以及相应区域内产品网络的建立，办事处经理为办事处第一责任人。

2. 各办事处所有人员原则上每月回公司报到一次，具体时间由办事处经理安排。差旅费用按照销售费用管理办法执行。

3. 公司根据办事处的日常费用和月度销售费用计划向办事处借支一定额度的备用金。每月 25 ~ 28 日办事处内勤人员到公司财务部报账一次，公司财务部根据办事处的需要补足备用金。办事处应设立销售台账和资金账。

4. 每月 25 ~ 28 日，办事处内勤人员应向销售部内勤组报送相应报表，具体如下：

《下月回款计划表》《下月需货计划表》《下月费用申请表》《费用明细表》《回款明细表》《应收账款表》《客户档案表》。

5. 办事处所有的费用开支需经办事处经理审批。办事处费用报销必须有正规的税务发票，确实不能提供正规税务发票的，需由收款人提供便条的有效凭证，写好姓名、经办人、证明人。

6. 办事处的备用金必须用于市场业务，不得挪作他用。否则，将按挪用公款严肃处理。

7. 各办事处的交际费用单次超过 800 元，需请示销售部经理，确因特殊情况，来不及请示的，事后应向上级说明情况。

8. 公司制定的各产品价格体系及销售政策，任何人均不得擅自更改，如有特殊情况，需请示营销副总经理批准。

9. 销售人员除国家法定节假日规定外，不另计其他的加班。

该例对费用支出管理的负责人、报账时间、各类报表、备用金用途、交际费用额度等进行了详细规定。在实际编写时，一定不能缺少的内容为费用计划报告、各项报表、费用额度，其余内容可根据实际情况进行删减。

一些常见的报表，编写人员需要有所了解，如图 4-13 所示。

月度主要客户回款计划表

客户经理：			填表日期： 年 月 日				金额单位： 万元	
客户名称	区域	药品名称	合作/直销	本月回款计划	实际回款	欠款（余款）金额	欠款原因	需要解决的关键问题及应对措施
主管签字：								
填写说明：此表每月需提交，认真填写。								

下月需货计划表

药品通用名称	商品名	剂型	规格	单位	数量	备注
制表人： 财务部门：		业务负责人： 经理（负责人）：			质量管理部门：	

图 4-13

第 5 章

建筑行业类员工手册

建筑是一个围绕建筑设计、施工、装修、管理而展开的行业，建筑企业应注重对工程部的管理，和对各施工人员的安全管理，所以在员工手册中需要提及相关内容。

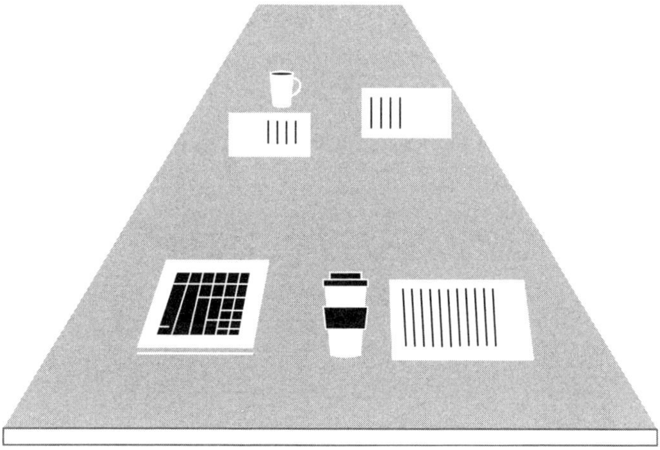

|5.1| 建筑公司员工手册

编写建筑公司的员工手册时除了要将基本的内容展示出来，还应考虑建筑公司的行业特殊性，在施工方面予以重点规定，并添加到员工手册中。

5.1.1 工程部日常管理规范

项目施工阶段对建筑公司来说是很重要的环节，施工的安全、成本控制、质量、工期等各项管理十分繁杂，所以制定工程部日常管理规范非常有必要。如何编制然后展示在员工手册中让员工了解呢？我们可以先看看范例。

七、工程部日常管理规范

（一）工程部员工日常行为规范

1. 遵守公司各项制度，服从工作指导与协调，与其他部门保持良好沟通。

2. 注意在工作过程中不断提高个人的技术水平及综合素质。

3. 对公司或是部门有意见及建议者，应通过正当的渠道反映到公司或是工程部，严禁私下议论。

4. 在工程项目施工期间，要保证通讯畅通。

5. 严格遵守公司作息时间，不得无故迟到或早退。因故需请假或调休时，应填写请假单或调休单，经部门领导和总经理审批后交人力资源部存档。

（二）工程施工管理条例

1. 工程项目开工前，项目工程师和施工队开会明确工程施工细则及注意事项。

2. 施工队进场后，工程师根据现场实际情况，和甲方及时沟通，了解客户深层次的要求，提出我方的合理化建议，确定施工计划和进度，并及时反馈给公司。

3. 没有经过公司及工程部的许可，不得在工地私自包工及变卖公司财物、工程剩余物料等。

4. 工程材料到场后，注意材料的摆放及安全。

5. 工程施工过程中，注意与其他协作方建立良好的关系。经常检查施工质量，如有需要变更材料等情况，应采用文字形式，经甲方及相关负责人签字认可。

（三）工程部人员违规处罚条例

1. 严格遵守作息时间，无故迟到及早退不超过 30 分钟者，每次罚款 50 元；超过 30 分钟且没有请假者，按当天旷工处理。

2. 接听电话要使用礼貌用语，并按照人力资源部的相关规定执行。如果在实际工作中受到客户投诉及被发现使用不文明语言，每次罚款 50 元。

3. 工作期间无故上网、玩游戏及看报纸等每次罚款 50 元。

4. 外地项目，工程师要现场办公，要求安排好时间并遵守工地的作息时间。无故不在工地的工程师，发现一次予以罚款 200 元。

5. 加强项目质量管理。当天的工作一定要做到当天完成，对质量不合格的分项工程应责令限期整改。对检查、监督及事故处理记录不及时的项目，将根据实际情况对工程师给予100元~500元的处罚。

6. 加强对施工队的管理，按照《施工队员工守则》管理施工队。客户投诉施工队施工质量及其他相关问题时，工程部将根据具体情况，对工程师给予50元~100元的处罚。

该例分为3个部分来说明工程部的日常管理规范，分别是员工日常行为规范、施工管理条例和人员违规处罚条例。

首先对员工的行为进行规范，从建议、作息、环境等方面对员工行为进行了统一说明。

在编写施工管理时则按施工顺序对相应条例进行了罗列，可用比较明显的字眼来呈现施工顺序，更方便员工阅读，如“工程项目开工前”“施工队进场后”“工程施工过程中”。

然后，为了重点强调施工过程中不能出现的违规行为，该例加入了违规处罚条例，通过“行为+处罚金额”的形式来编写每项条例，具体内容可根据实际情况编写。

当然，在实际编写的时候还可以按照管理内容来划分结构，可供编写的内容有上下班规定、请销假规定、图纸审核及工程量计算规定、材料计划提报规定、办公用品计划提报规定、施工日志规定、日报规定、影像资料留存规定、资料编制规定、台账记录规定、机械零工签认规定、验工及节超分析规定、例会规定、加班管理规定、学习考核规定、卫生管理规定等。这些内容仅供选择，不需要全部进行规范说明。

5.1.2　安全施工保护规范

建筑项目施工的时候有很多安全隐患，为了保证员工的生命安全，所以要对施工安全进行规定，如下例所示。

九、施工安全保护规范

（一）施工安全管理总体要求（略）

（二）员工在安全施工方面的职责

1. 爱护和正确使用机器设备、工具，正确佩戴防护用品。

2. 发现事故隐患和不安全因素要及时向组长或有关部门汇报。

3. 发生工伤事故，要及时抢救伤员、保护现场，报告领导，并协助调查工作。

（三）员工在安全施工方面的权利与义务

员工在安全施工方面享有的权利及应尽的义务如下表所示。

权利	义务
1. 享受工伤保险和伤亡求偿权	1. 遵章守规、服从管理
2. 危险因素和应急措施的知情权	2. 佩戴和正确使用劳动防护用品
3. 安全管理的批评指控权	3. 爱护安全防护装置，正确使用劳保用品的义务
4. 拒绝违章指挥、强令冒险施工权，拒绝施工期间享受正常施工的一切待遇	4. 接受培训，掌握安全生产技能，严格按施工设备的操作规范正确操作
5. 紧急情况下的停止施工和紧急撤离权，停止施工期间享受正常施工的一切待遇	5. 发现事故隐患及时报告
6. 如发现劳保用品、劳保设备欠缺，或质量太差，施工人员可以拒绝工作；拒绝施工期间享受正常施工的一切待遇	

（四）施工人员的安全服饰规范

1. 工牌必须始终佩戴在显眼的位置，以便同事及他人能及时地辨认工种。

2. 在电（气）焊接或任何有可能伤害眼睛的场所，要佩戴专用眼镜或面罩。

3. 在特定的施工场所必须携带专用的工具包及专用的工具。

（五）施工设备安全操作规范

1. 施工设备必须由受过专业训练的人来操作。

2. 设备操作人员必须熟悉设备的安全规则及设备的基本性能特点，严格按照操作说明使用设备。

3. 设备操作人员对周围配合施工的工作人员负有告知义务，对设备所产生的安全事故负有一定的责任。

4. 严禁带有故障的设备或机器进入施工状态。

（六）施工人员的安全用电规范

1. 临时用电及一切施工用电的线路和设备安装，都必须由专业电工实施作业，其他人员不得擅自作业。

2. 在维修、更改线路和设备时必须切断电源，并在电源的开关处挂上“已断电，前方正在作业”的警告牌，必要时在开关处派专人看守。

3. 搬移用电设备时，必须经电工切断电源并做妥善处理后再进行。

4. 不得在高、低压线路下方施工；不得在高、低压线路下方搭建作业棚、生活设施，或堆放构件、架具、材料及其他杂物等。

5. 绝缘胶底鞋、电工用帽、胶柄完好的工具，是电工安全作业的保证。任何人不得在以上物品不全的情况下施工，否则后果自负。

（七）脚手架及高空作业规范

1. 脚手架必须由专门人员搭建，搭建完毕后须经严格检查后方可使用。

2. 因搬运大件物品需临时拆除护栏的，搬运结束后须立即恢复。

3. 在高空或房顶作业时，施工人员必须系好安全绳或安全带，否则属于严重违章行为。

4. 高空作业正在进行时，通道口、楼梯口要设有明显的警示牌。

（八）粉尘吸入保护规范

员工在有粉尘的场所施工时均应戴上劳保口罩和劳保眼镜。

本例分了 8 个方面的内容来书写相关规范。首先对施工安全管理的总体内容进行了说明，内容已略，不过编写时也可围绕公司施工方针、本人承担责任这些内容进行简要说明。

接下来对员工应注意的事项进行书写，包括员工的职责、权利、义务和服饰规范。这里有一个可以借鉴的小技巧，凡是像权利与义务这种二元的内容都可以用如本例所示的表格来展示，既直观又能节约篇幅。编写服饰规范时，主要从工牌、安全帽、护目镜、手套以及携带用具拓展内容。

最后对设备安全，员工作业，如用电、高空作业等进行展示，将其中的重点内容分点列示。

5.1.3　施工队项目质量自检规范

在施工期间，各项设施、设备的使用、安置等对施工小组来说都是非常重要的工作。为了保证施工质量，需要设计质量自检规范，先来看看下例，如图 5-1 所示。

十一、施工队项目质量自检规范

（一）环境检查及相关准备工作

1. 是否完成材料计划、人员安排、施工进度计划、施工预算计划等相关表格。

2. 项目的辅材及标签等是否齐全。

3. 是否和客户一起确定现场的点位及设备的安装位置、型号及规格等。

4. 地面、墙面、天花板内、电源插座、信息点插座、接地装置等是否符合设计要求。

5. 设备间、管理间的设计是否符合要求。

6. 竖井、线槽、打洞的位置是否合适。

7. 施工队自身设备及工具是否齐全。

8. 计划施工工序和实际是否相同，是否做了实际改动。

（二）施工材料检查

1. 公司提供的施工方案是否符合现场及客户的实际要求。

2. 从公司带的辅材及各种标签是否齐全。

3. 施工队自己购买的材料是否符合要求。

4. 公司的各种设备及元件是否符合合同、设计要求。

5. 在外订购的各种设备及元件是否符合现场实际要求，是否得到公司的认可。

（三）安全、防火及材料摆放要求

1. 安装设备、元件及线缆等的摆放是否靠近火源。

2. 安装设备、元件及线缆等的摆放是否防盗。

3. 安装设备、元件及线缆等的摆放是否清点确认。

4. 发生火情是否有防护措施。

5. 现场及库房是否每天检查、清扫及整理。

（四）设备、元件安装检查及期间事宜

1. 设备元件安装是否符合客户现场的实际进度要求，是否做到和其他施工单位的及时协调、配合。

2. 现场的实际安装是否考虑到下道工序的设备、元件如何安装及调试方便。

3. 线缆的制作及敷设是否符合现场要求及整体美观。

4. 设备及元件的型号等是否符合设计要求。

5. 各种插座的安装是否符合设计要求，是否平整、美观及牢固。（注意和装修的配合）

6. 现场的变更是否及时和客户签字，材料是否及时签收。

7. 过程检查是否按照公司要求，是否记录齐全，是否通报公司。

8. 施工日记是否及时填写。（施工队及工程师都要填写，施工日记作为结算的依据）

9. 进度计划及实际完成计划是否按要求及时向公司及客户汇报。

10. 是否对施工队的使用材料进行检查及指导。

11. 现场购买的材料是否首先经过公司的批准。

12. 费用的使用是否经过公司的批准。

13. 线缆标记是否符合公司《安装实施细则》的要求。

14. 文档及资料等是否做到和项目进度同步，项目中间交接是否手续及资料齐全。

（五）线缆敷设检查

1. 线缆桥架、线槽等安装是否符合设计及现场要求。

2. 线缆桥架、线槽等安装是否符合工艺要求—— 平直、接头及转弯工艺美观并符合规范要求。

3. 线缆桥架、线槽等安装是否接地、支架是否刷漆，间距是否符合要求，线槽厚度是否符合要求。

4. 线缆、桥架等安装是否按照规范要求留有余量。

5. 线缆敷设是否进行了保护措施，是否进行了标记。

6. 线缆敷设是否有裸线，管口是否进行了保护。

7. 线缆的走向是否符合设计要求，出线位置是否准确及符合规范。

（六）线缆终端、设备安装检查

1. 施工人员数量及素质是否满足工程进度的要求。

2. 线缆终端的位置是否正确并做出标记、记录。

3. 打线及安装设备及元件是否符合设计要求及工艺要求，是否符合环境实际的要求。

4. 线缆绑扎及设备安装等是否符合规范要求，是否整齐美观。

5. 项目记录及相关图纸等是否和实际进度同步。

6. 调试、送电及营业前是否有相关人员配合客户。

（七）各个系统测试检查、项目收尾检查

1. 是否对各个系统的各个元件、插座进行了测试，是否符合要求。

2. 是否进行了隐蔽工程检查及各个分系统的验收。

3. 各种记录、图纸是否齐全、准确，是否对客户进行了相关系统的培训。

4. 是否完全满足客户的要求，是否及时完成了公司及自身对客户的承诺。

5. 是否每件事都有个结果并进行汇报。

6. 是否完成了材料签收。

7. 是否完成了工程验收、项目结算单及客户满意度调查表。

8. 是否完成了工程的总结报告及施工日记。

9. 是否把剩余物料及时运回公司。

10. 撤离工地之前是否得到客户、市场部、工程部及相关人员的许可。

11. 是否及时完成项目的施工费结算及个人费用结算。

12. 是否及时完成项目各种资料的交接。

13. 是否在项目完成后及时和客户进行定期的沟通。

图 5-1

从内容来看，该例是按时间顺序来划分结构的，主要包括准备阶段、期间事宜、收尾阶段。

在准备阶段主要做一些检查工作，如环境检查、材料检查、材料摆放等。期间事宜主要展示的是工作进行时的设备、元件检查，线缆敷设等注意事项。

收尾检查是对所有环节的总括，可供编写的内容有元件测试、图纸检查、材料签收、施工费用结算、总结报告等。总结报告即施工日志，施工人员既可以通过文字描写来对施工作业进行总结，还可以通过填写记录表来完成必要的工作。施工日志表的模板在编写时可以加入进员工手册中，如图 5-2 所示。

施工日志表

年 月 日 星期						
气候	（晴、阴雨、风力、冬施开盘气温、夏季最高气温）					
	上午		下午		夜间	
生产情况记录	（部位项目、机械作业、班组工作、生产存在问题等）					
技术质量安全工作记录	（技术质量安全活动、技术质量安全问题、检查评定验收等）					
工程负责人		记录人				

图 5-2

5.2 房地产公司员工手册

房地产业是指从事土地和房产开发、经营、管理和服务的行业。房地产经营，包括土地使用权的转让、出租、抵押和房屋的买卖租赁、抵押等活动。房产公司的员工手册内容都应该围绕房产经营的内容来编制。

5.2.1 客户接待营销制度

房产公司最重要的一项业务当然就是卖房，如何给客户留下一个好的印象，顺利卖房又不出现损害公司利益的行为，就需要设置客户接待营销制度，对员工的一些行为进行规范。

第三条 客户接待营销制度

1. 客户接待

（1）置业顾问在接待客户时必须积极主动、面带笑容上前迎接，用礼貌用语与客户交流，语速柔缓、声音不要过大。

（2）置业顾问对非客户的来访人员，在问明来意后进行礼貌性接待或报知上级安排人员接待。

（3）置业顾问不得冷淡客户，对客户不理不睬，对客户提出的问题要耐心、细致回答，如果是暂时无法回答的问题，应做好记录，获得准确答案后及时回复客户。

（4）当客户结束离开时，负责接待的置业顾问须将客户热情送至门口并道别。

2. 进入工地现场

（1）置业顾问与客户进入工地必须戴好安全帽，未戴安全帽者一概不得进入工地，有小孩的，尽量把小孩留在售房部交由同事照顾。

（2）不得以下雨、无房、无意向、身体不适（除公司规定外）拒绝客户或不主动带客户看房。

（3）进入工地，置业顾问有义务保证客户人身安全，必须走在最前方引路，提醒客户注意安全，以免不必要的事情发生。

（4）陪同参观工地时必须遵守工地管理规定，不得向工地管理员或施工人员提出与规定不符的要求，更不允许与工地人员争吵。

3. 下定

（1）在下定时有义务与经理进行房源确认，以防一房二卖。

（2）在下定时，未经经理同意，严禁在订单上增加或减少任何条款。

（3）收取订／定金时，置业顾问应陪同客户至财务处。

（4）若客户认购条件超出公司授权范围，置业顾问不得私自答应，必须征得部门经理或总经理（书面）认可，方可执行。

（5）所有认购书及合同的签订，均须由营销主管或经理审核、确认。

（6）完成下定后，应及时做好销售登记。

4. 签约

（1）置业顾问有义务事先告知客户签约时间、地点及应带的资料与签约有关事宜。

（2）在全程陪同客户签约时，须认真、仔细解答客户在签约中的一些疑问，未经部门主管认可不得私自承诺。

（3）在签约过程中，客户对合同条款或附加条款提出与样板合同不一致意见时，必须事先请示经理，征得经理同意后方可签约。

（4）签约后每位置业顾问均有义务配合实施各项售后服务。

（5）签约后已成交客户提出的有关房产、物业管理、按揭等方面的问题应妥善、积极回答，不得应付、拖延、推诿。

5. 退房及成交变迁

（1）退房及成交变迁须经营销经理或公司总经理同意，方可办理退订或换房手续。（签订商品房买卖合同后不得以任何形式退、换房）

（2）若由于甲方原因而导致客户退订或退房，工作人员协助处理好有关善后事宜，避免纠纷。

按照卖房的顺序，本例从接待、工地查看、下定、签约来对置业顾问的行为进行规范，还加入了退房或退订的解决方式。

客户接待方面主要围绕礼貌礼节这一点来列示相关内容，而带客户勘察工地现场时，除了提到安全问题，还可加入工地管理的重要内容，让员工引起重视。

规范下定的内容，要注意提醒员工与相关人员进行确认、对接，如总经理或财务部。可重点书写若工作人员有违规行为和损害公司利益的行为，将做出的惩罚措施，提醒其注意。

签约的步骤较为复杂，置业顾问要做的工作就相应较多，可按签约的步骤列示工作人员的职责，如签约前的告知义务、签约时的疑难解惑、签约后的售后服务。

5.2.2 会议制度

对于大型的企业来说，会议的安排需要协调多方面的问题。为了保障公司顺利开展各项会议，可以设置会议制度对开展会议需要了解的内容进行说明，如下例所示。

第四节 会议制度

1. 会议类型

（1）办公会议

①办公会议时间一般安排在每月 15 日至 30 日。由副总经理主持，部门经理（月度例会扩大到部门员工）参加。

②会议主要内容包括：研究、处理公司各部门在工作管理中存在的问题；通报上月（周、阶段性等）各项工作进展情况；布置下月（周、阶段性等）各部门各项工作计划和任务，及时协调各部门之间的关系等。

③参加月度例会会议人员必须在每月底提出需要在会议上讨论、决定的议题，交行政人事部汇总，提交会议讨论决定。

④会议由行政人事部派员进行会议记录并整理成纪要，经总经理签发后发送给相关人员。

（2）项目管理会议

项目管理会议一般由项目管理负责人主持，总工程师、项目部主管工程的全体人员（含监理）参加。主要是会诊工程设计、施工管理方面的问题。应将会议内容整理汇编和存档。

（3）部门会议

部门会议由部门经理主持，主要是传达贯彻公司会议精神，部署本部门工作或月、季、年度工作总结及工作计划等。

（4）全体员工大会

全体员工大会是指半年或年初、年终大会等全体员工大会，会议由总经理主持，行政人事部组织，全体员工参加。

2. 会议纪律

（1）与会者要准时出席，不迟到，不早退，会议期间原则上不接听电话（确因工作需要不能关机者，必须将手机调至静音状态或交由会场外专人负责接听处理），不处理与会议无关的事情。与会者不得随意缺席，确有特殊情况需请假的，须主持人批准。

（2）迟到者每次缴款 200 元，接听电话 50 元 / 次；总经理办公会议迟到者每次缴款 100 元；其他会议迟到者每次缴款 50 元；所缴费用作为公司福利，由行政人事部集中管理和使用。

3. 会议记录及存档

会议记录是公司文档的一项非常重要的内容，必须保存完好，不得遗失。

该例分了 3 个结构来设计会议制度，分别是会议类型、会议纪律和会议记录及存档。

一般来说企业内常见的会议类型与本例一样有 4 类，包括办公会议、项目管理会议、部门会议和全体员工大会。本例主要对办公会议进行了详细的说明，规定内容有时间、内容、提案。在实际编制过程中，我们可以学习这种写法，选择公司常开的会议规定好会议要件（时间、地点、主持人等），这样可以节省篇幅。

会议纪律的内容不多，主要列明了两点，一是注意事项，二是处罚规定。为了有据可查，确保不遗漏重点内容，一般需规定会议记录和存档的人员、程序等，本例只一笔带过，自己编写时可以另行加入。另外，还可以向员工展示会议记录表，模板如图 5-3 所示。

会议记录

NO.:

会议主题				
会议主持人			会议记录人	
会议日期			会议地点	
出席人数			缺席人数	
参会人员会签				
会议纪要				
会议决定				
序号	会议执行事项	执行部门	执行人	要求完成期限

图 5-3

本例所示的会议制度展示了一种编写结构，当然还有另外的编写结构，如可按会议要求、会议准备、会议组织、会议记录、会议跟进、会议保密、管理权责来安排具体的制度内容，这样的结果适合员工手册篇幅预计充足的情况。

5.2.3 印鉴使用制度

印章是公司的标志，印于文件上表示鉴定或签署文件的认定，公司一般会指定专人负责管理和使用。除此之外，还应设置印鉴使用制度，以便更好地管理印鉴，来看看下例。

第九节 印鉴使用制度

1. 印鉴类型

（1）行政公章及合同专用章由行政人事部专人负责保管和用印；财务专用章由财务部专人负责保管和用印。

（2）项目工程章由工程部专人负责保管和用印。

2. 用（借）印程序

①保管、用印人员凭相关责任人的签名同意方能用（借）印，用（借）印人和经办人也应签字。

②严格执行用（借）印审签和登记制度。当相关责任人外出时，应电话请示同意后方可用（借）印，并及时后补签批手续。

③未经批准而用（借）印，由印鉴保管人承担由此引起的一切后果，并依情况进行处罚。

3. 各部门印鉴的使用和保管由部门经理负责。

本例对印鉴类型和用印程序的内容进行了说明，印鉴管理的内容一般有印鉴刻制、印鉴启用、使用范围、印鉴停用，这里选择了两个最重要的部分来定义和规范。

对于用印程序这一部分，可以在其中加入印章使用流程图，向员工展示用印的具体流程。对于用印过程中会用到的相关表格，如《用印情况登记表》《印章保管登记表》等，其模板如图 5-4 所示。

用印情况登记表

序号	申请人	部门	用印事由	份数	审批人	盖章日期	备注
1							
2							
3							
4							
5							
6							
7							
8							
9							

印章保管登记表

1	章样：	印章名称	
		印章类别	
		保管部门	
		保管人签字	
		接收日期	年　月　日
2	章样：	印章名称	
		印章类别	
		保管部门	
		保管人签字	
		接收日期	年　月　日
3	章样：	印章名称	
		印章类别	
		保管部门	
		保管人签字	
		接收日期	年　月　日

图 5-4

5.2.4　售房部现场管理

企业营销部门的置业顾问负责房产的销售业务，为保证按公司的要求完成销售任务，需要对售房现场进行管理，使员工能遵守企业规定进行销售工作。

一、售房部现场管理

1. 行为规范

（1）工作期间，置业顾问应注意自己的仪容仪表。女士头发要求梳理整齐，男士不准留长发。

（2）置业顾问在售房部上班时间内应统一穿着、衣着整齐干净，随时注意个人形象，谦虚宽容，时刻保持微笑。

（3）上班时间未经批准，不准私自脱岗外出；如因工作需要离开岗位，要向部门经理或办公室主任报告，未经批准离开岗位30分钟以上，按旷工处理。

（4）在售楼部接待区不准睡觉、吃东西、抽烟，有客户咨询时不准玩电脑、玩手机、高声喧哗等做与工作无关的事情，发现一次罚款 50 元。

（5）不准搬弄是非，挑拨同事之间的关系。

（6）接待客户热情主动、礼貌得体，忌精神萎靡。

（7）听从部门经理指挥，一切以公司利益为主。所有分歧在会议中沟通、解决，严禁在客户面前争吵。

2. 作息时间制度

（1）营销部人员每月休假时间按公司规定天数，不能累计跨月休假，只能轮换休假。

（2）休息时间由营销经理在周末前作出安排。若有营销人员之间相互调换休息时间，应提前告知营销经理并征得同意，以不影响工作为前提。

（3）公司举办营销活动期间，如庆典、开盘、联谊活动等，任何营销人员不得休息，必须全部到场。

3. 售房部环境要求

（1）接待台上、谈判桌椅上不准放与工作无关的物品，并要摆放整齐。

（2）私人物品一定要放到柜子里或其他隐蔽位置。

（3）售房部卫生清扫由部门经理负责安排监督。

上例分 3 个部分来设计售房现场管理规定，第一部分是员工的行为规范，第二部分是作息时间制度，第三部分是售房部环境要求。

对员工的行为规范一般从几个点来设计，包括仪表、衣着、考勤和工作态度等。

本例中作息时间的安排是根据房产销售的特殊性来考虑的，一来并不像一般朝九晚五的上班族一样实行“双休制”，二来休假时间是每周随机安排的，三来公司举办营销活动时是不允许缺席的。为了使制度内容更形象，可以加入休息排班表，辅助员工理解制度内容，其模板如图 5-5 所示。

营销部休息排班表

姓名	日	一	二	三	四	五	六	签字确认
休息表制作人				领导确认签字				
备注： 1.用●黑色小圆圈表示休息时间，不能休半天。 2.排班休息表是每周末确定下一周的作息时间，确定后不再修改，如有急事需要更改请填写调休申请单，并得到批准后方能调整休息时间。 3.连休两天以上需要填写调休申请单，部门领导核实批准后方能生效。								

图 5-5

5.2.5 借支制度

为了控制公司内员工因公发生的各类借支费用，企业一般会制定相应的制度对员工借支行为进行管理，并将借支制度的内容写入员工手册中，成为新员工入职必须要了解的内容。如下例所示。

第一条 借支制度

1. 为规范公司财务借支行为，完善审批程序，加强资金监管，特制定本制度。

2. 财务借支是指公司员工因公事需要预先向公司借支支付相关款项，后向对方单位索取有关票据进行报账冲账还款，多退少补。

3. 借支必须注明原因，按借支用途使用，不得挪作他用。

4. 借支人须为部门负责人。

5. 借支管理

（1）借支人必须确认需向对方付款时，金额超过 1 000 元人民币，才能向公司申请借支。

（2）原则上借支不得超过 1 万元。

（3）因公需要事前预借款的，必须填写借款单，写清借款原因、预计的金额（大小写须完全一致，不得涂改）和还款（或销账）日期，由财务部审核，董事长审批签字后，财务部方能放款。

（4）各项借款金额超过 5 000 元应提前一个工作日通知财务部备款。

6. 销账管理

（1）借款销账时应以借款申请单为依据，据实报销，超出申请单范围使用的，须经董事长批准，否则财务人员有权拒绝销账。

（2）借支人原则上应在 5 个工作日内办理销账手续，除食堂周转金外，其他借款原则上不允许跨月借支。

（3）借支人对所借公务借款应及时清结。对超期未结者，公司财务部将先行在当事人的工资中予以扣回。

（4）借款未还者不得再次借款。

该例可以分为 3 个部分，首先是总则条款，对借支的定义、用途和负责人进行统一规范，然后对借支管理和销账管理进行分点列示。

编制借支管理的规定时，要考虑借支的起步金额和封顶金额，当然这是根据公司的实际情况来定的。借支的流程也要向员工展示，这样员工才能照章办事，可以用流程图进行展示，借支流程大致如图 5-6 所示。

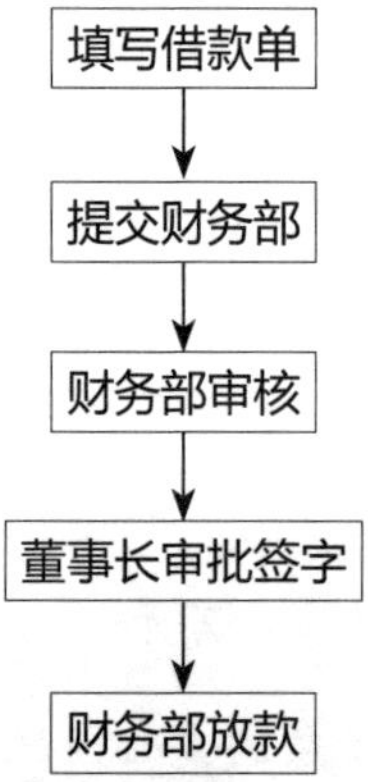

图 5-6

销账管理规定了借支期限、超期未结的处理等内容，主要出发点是不能损害公司的利益。借款单可在附则中进行展示，如图 5-7 所示。

借支申请单

姓名		职别		日期	
借支金额					
借支事由					
拟办事项：					
部门经理		财务审核		总经理批示	

图 5-7

第 6 章

其他行业的员工手册

除了前面介绍的各类行业的员工手册外，对于一些特殊行业——超市商场、广告公司、教育培训机构等，编写其员工手册的要点又有哪些呢？本章将具体讲解。

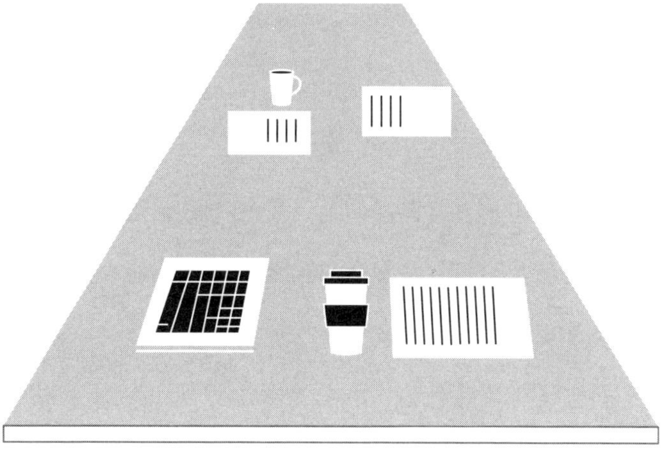

6.1 商场员工手册

商场就是由各种商店组成的市场，一般来说大型商场就像一个企业，有部门、有各岗位人员，负责维持商场的正常运行。当然每个商场都会设计一份员工手册，对商场内的各项工作做出管理规范，并形成员工间的共识。

商场内的员工手册与企业员工手册一样，以主要的经营活动为重点来设计不同的版块，如商品管理、礼貌用语等。

6.1.1 商品管理要求

商场的各个区域销售的产品各不一样，为了有序管理商品，防止商品失窃，需要对商品的管理进行必须的要求。如何设计具体内容呢？请看下例。

一、商品管理要求

1. 商场全体员工应具有强烈的商品安全防盗意识。

2. 不允许商场员工不经主管部门同意私自试戴柜台中的商品。

二、商品管理人员工作职责

1. 熟悉和掌握商品的种类、类别、档次、货号、品名、规格、价格等。

2. 须认真做好商场盘点的准备、组织工作及后续的账务整理工作。

3. 定期定时对商品的换货、退货、库存和损坏等进行核实及统计。

4. 每个区域须设商品负责人对商品进行管理。

三、商品盘点作业管理

1. 盘点作业流程

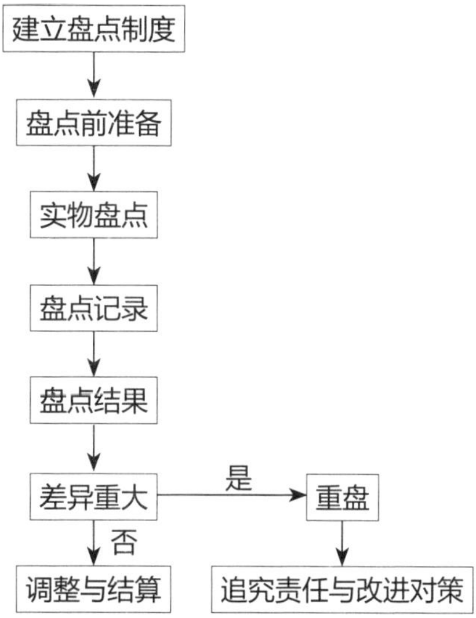

2. 作业流程管理

（1）盘点作业方法：实盘。

（2）盘点周期分为：每天、每周、每月，均按表格化管理。

（3）商品管理人员协助盘点、区域抽样检查。

（4）盘点时须认真填写盘点单，并做好记录。

四、商品日常防盗管理

区域经理应掌握自己所分管商品（尤其是贵重商品）存放的柜位位置、陈列方式或陈列规律、习惯，贵重商品查看一天不少于 4 次，如发现异样应及时核对，确认被盗时要马上报告楼层经理和商管客服部。如有商品被盗，区域经理须做好被盗现场的保护及警戒工作。

五、商品退、换货管理

1. 发生客诉退货时，商管客服部须及时通知该柜台区域经理或楼层经理，对商品进行详细的检查分析（商品真实性、残损位置、人为还是质量问题等），依商场的有关规定进行退、换货处理。

2. 退、换货的商品应由商管客服部跟踪处理，由理配人员按照相关规定进行退、换货的入库，并提醒理配人员将退、换货品统一放在一处。

3. 由商管客服人员填写商品质量跟踪表，要求字迹清晰、内容完整准确。

4. 每月汇总商品客诉信息及退、换货商品信息，并撰写分析报告。

六、商品调拨管理

1. 调入（略）

2. 调出

如需调出商品，商品调出部门，须填写商品调拨申请单，分管领导签字确认后，发调拨通知信息给调入部门，由调出部门填写商品调拨单，并明确商品的去向。

七、活动赠品管理

1. 促销活动前，商管客服部须按照赠品调拨单，将赠品领入，并由经手人签字确认，一式一份，待活动结束后做好相应的归还工作。

2. 商管客服部应按照赠品调拨单，验收赠品，并做好相应记录。

3. 商管客服人员须如实填写赠品发放表，发放赠品的同时，须顾客签字确认。

4. 促销活动结束后，商管客服部负责人协助发放赠品人员进行赠品的盘存工作，并进行汇总统计。

本例所展示的内容较为全面，分为7个部分，从总体要求、工作人员职责、商品盘点、防盗管理、退换货管理、商品调拨以及赠品管理来展示商品管理的各个方面的内容。

对于商品盘点管理，该例先展示了盘点流程（以流程图的形式），接着对流程中应注意的点进行阐述，如盘点方法、盘点周期、盘点人员和盘点记录。盘点单模板如图 6-1 所示。

盘点单

区域：________				填单人：________			
商品品名	商品信息	规格	数量	初点	复点	差异	备注
小计							
1.盘点作业的初点和复点：初次盘点由责任人进行，对初点的结果要进行复点，复点须换另一责任人，复点后将结果用红笔记录在盘点单上。 2.商品管理人员对盘点结果应认真加以检查。							

图 6-1

6.1.2 接待顾客的工作用语

商场内负责接待客户的工作人员代表的是商场整体的形象，其行为、用语都要十分规范。所以商场应该规范员工的工作用语，最好在员工手册中展示出来，让员工能够随时阅读、记忆。

驻店工作人员工作用语

1. 称呼

（1）通常称“先生”“小姐”“阿姨”“阿婆”等。

（2）禁用藐视或侮辱性称呼。

2. 招呼用语

“早上好”“您好”“欢迎光临”“您需要点什么”“请稍等片刻，我就来”等。

3. 介绍用语

（1）这件商品正在促销，价格很实惠。

（2）这件商品的特点是……，适合……

（3）您要的商品暂时无货，但 ×× 商品与其功能差不多，要不要试一下。

4. 咨询用语

（1）您需要的商品在 ××。

（2）洗手间在 ××。

（3）这些商品暂时缺货，请留下联系电话，一到货马上通知您。

（4）既然您需要 ××，我建议您不妨买 ×× 商品，因为……

5. 解释用语

（1）很抱歉，有包装的商品不能拆下，您需要的话可以……

（2）我们的肉品价格的确不便宜，这是因为……

6. 道歉用语

（1）抱歉，这类水果是不能试吃的。

（2）对不起，让您久等了。

7. 道别用语

（1）欢迎再次光临。

（2）慢走，期待您的再次光临。

8. 禁语

（1）顾客挑选时禁说语言。

①别乱摸，弄脏了！

②快点儿挑！

（2）顾客退货时禁说语言。

①你刚挑的，怎么又不要?

②买东西时干吗去了？

③不是我卖的，我不知道。

④这肯定不是我们的货，我们的商品质量没问题。

上例根据商场的日常工作，划分了员工工作用语的类型，包括称呼、招呼用语、介绍用语、咨询用语、解释用语、道歉用语，另外还加入了禁语提醒员工。

在实际编写时可以借鉴本例的划分方式，然后在其中添加更具体的规范用语。除了本例展示的这些用语类型外，还可以自行划分其他的类型，如表 6-1 所示。

表 6-1　商场常见工作用语类型

类型	用语
劝阻顾客吸烟	1. 对不起，我们这里是无烟商场，请您把烟熄灭。 2. 如果顾客不配合，我们可告诉顾客，“×× 为吸烟区” ……
接电话	1. 您好！ ×× 商城 ×× 组或 ×× 部。 2. 请稍等。 3. 对不起，×× 不在，有事我可以转告他。 ……

关于禁止用语的编写，除了要明确列出常见的禁止使用的语句，还可以采用“禁忌行为 + 禁忌用语”的结构编书写语句。如下例所示。

1. 禁用极端性的语言，如“绝对没有问题”“绝对不可能”“从来没出现过”“这东西最便宜了”等。

2. 在拿、递、展示、介绍商品时，禁止使用“不要摸”“别弄脏”等否定语句，更不准以貌取人。

3. 回避顾客的生理缺陷，不能说“您太胖了，不适合 ××”“您太矮了”“您太瘦了”等。

4. 禁止说模棱两可、不负责任的话，如“我也不知道”“不是有说明书吗？自己看吧！”。

5. 当顾客批评导购员态度不好时，禁说“是我态度不好还是你态度不好？”。

6. 当顾客询问价格时禁用“上面有标签，自己看吧。”

7. 禁止催促顾客，如“下班了，快点！”“还有很多人等着呢，快点！”。

6.1.3 顾客投诉管理

商场内主要的活动就是买卖，有买卖就会产生纠纷。如果遇到客户投诉，员工处理方式会体现出商场的整体水平，所以需要对顾客投诉进行管理。

商场对顾客投诉的处理规定

一、顾客抱怨的分析

1. 对商品的抱怨

主要有：价格、品质、残缺、过期、标识不符、进口商品未附有中文标识、缺货等。

2. 对服务的抱怨

主要有：

（1）工作人员态度不佳。

（2）收银作业不当。

（3）取消原来提供的服务项目。

3. 对安全的抱怨

主要有：意外事件的发生、环境的影响。

二、顾客投诉处理的原则（略）

三、规定

1. 任何一级管理人员及员工须积极、认真地对待顾客投诉

2. 接到投诉要快速反映、及时解决、及时答复

3. 严禁置投诉的问题于不顾

若有违反：

第一次，扣除当月津贴，并予以警告处分。

第二次，在扣除当月津贴的同时，予以记大过处分。

第三次，予以辞退。

4. 其他

每月被顾客投诉达两次的员工，其事实一经确认，则予以行政警告并扣除当月津贴。

5. 处理投诉的权限

（1）店长。

①处理商品价值超过2 000元（包括2 000元）的投诉。

②对因购买食品而中毒事件的处理。

③对变质或过期食品的投诉。

④对建筑设施方面的投诉。

⑤对叉车擦伤顾客事件的处理。

⑥对主管级以上人员投诉的处理。

⑦对顾客坚持须由店长处理的投诉事件的处理。

（2）客服经理。

①商品价值在500元～2 000元内（包括500元）的投诉处理。

②对退/换商品时发生争执的投诉处理。

③对员工投诉的处理。

④对下属无法圆满解决的投诉的处理。

（3）客服主管。

①对500元以下商品投诉的处理。

②对日常事务投诉的处理。

③对员工投诉的处理。

6. 处理投诉的结果

对任何投诉的处理，必须于当天解决，若需推迟，须经上级主管批准，但最迟不得超过第二天中午12时，并即时将处理结果告诉相关顾客。

7. 客服经理职责

客服经理每天必须检查《投诉记录表》，并予以跟踪检查。

8. 店长职责

店长每星期必须抽查两宗以上投诉案的处理结果。

9. 各级管理人员职责

各级管理人员必须教育全体员工树立“顾客第一”的服务观念。

该例从情况分析、处理原则和具体规定3个方面来对顾客投诉处理进行规范。首先对顾客投诉的各种情况进行分类，有对商品的投诉，也有对服务的投诉，还有对安全的投诉。

这里省略了处理原则的内容，在书写时可按常规写法，笼统提出即可，宜多用四字词语，如顾客至上、及时处理、态度友好等。

对于具体规定的编写，这里主要介绍了处理不当的惩罚措施以及各管理人员的处理权限。由于顾客的投诉是由管理层负责解决，所以相关规定要围绕管理层进行编写，主要列明各管理层能够处理的事项。

除了要考虑到投诉处理的内容，也不能忽略投诉反馈的重要性，如本例通过《投诉记录表》对处理情况进行检查，表格模板如图 6-2 所示。

投诉记录表

序号	时间	投诉人姓名	联系电话	投诉内容	处理人	处理情况	完成时间	备注

图 6-2

6.2 广告公司员工手册

广告公司是指专门经营广告业务活动的企业，主要负责为广告客户策划、制作、发布广告，或是评估广告效果、提供咨询服务。对于广告公司来说比较重要的几个部门，如设计部、制作部等的工作流程及管理方式需明确规定，并在员工手册中尽量展现。

6.2.1　公司业务流程

广告公司的业务流程有其特殊之处，为了保证公司业务正常运转，并对刚进入公司的新人进行培训，可以在员工手册中展示公司的业务流程，这样员工就能按照规定开展工作。

三、公司业务流程

1. 设计师接单

（1）业务人员（专职业务或公司的其他人员）填写新增客户的业务联络单（按联络单要求填写完整，便于设计师的下一步工作），第一联经公司领导签字备案之后，转交设计部，分给设计师进入设计沟通环节，联络单第一联交公司领导签字备案，复写联由业务人员保管。

（2）各设计师自己承包的公司长期客户的业务，在接到客户指令时，自行根据客户要求进行设计，但须事前填写业务联络单，第一联交公司领导签字备案，联络单复写联由设计师保管，如当时时间紧急，无法填写，当天下班前补齐。

（3）第一次来公司办公室的陌生客户，设计师要主动接待，咨询了解客户的意图，谈判成交后，进入设计环节，由设计师在当时或当天内补签业务联络单，第一联交公司领导签字备案，复写联由设计师自己保管。

2. 设计师设计沟通环节

（1）相关设计师对自己的业务联络单进行沟通，做设计方案。

（2）设计师做完设计稿，打印出来找主管领导（部门主管和主管副总）审核签字确定。

（3）设计师对签字的设计稿方案进行预算报价，完毕后找主管领导（部门主管和主管副总）审核签字确定。

（4）设计稿和预算方案经相关领导签字确认后，设计师与客户做最终确认。客户确认完毕后：

a. 给制作部下制作单（一式三联），填写清楚项目、规格、所需时间、具体要求等；一份交行政财务、客户留存，一份转交车间制作，一份自己备底。

b. 对需要外协加工的项目，由设计师联系制作，货物送到后，填写入库单，并标明所需付款金额、付款方式、交货日期及销货单位等信息，交行政财务。

c. 同时设计师根据客户要求、备料时间和工程部人员情况填写工程联络单，准备好相关安装效果图、验收资料等，和工程联络单一起转交设计主管和副总签字确认，签字时相关领导给出接单安装人员意见；签字备案后工程联络单由设计师转交工程部指定人员。

3. 测量、安装等的前期准备以及各部门间的沟通对接

（1）设计师接单后，发现需大批量或不常用物料的，提前通知制作部备料。

（2）设计师对制作部的出图制作过程，需要对数量、颜色、制作工艺、特殊要求等监督，避免出差错，如有必要，须按公司要求进行小样出图确认。

（3）外协加工的物料，设计师要不定时进行督促。如有必要，须按公司要求进行小样出图确认，确保按时交货，并进行数量、颜色、材质工艺等方面的验收，保证后续安装顺利进行。

（4）设计师对制作部、工程部等的送货、测量、安装等事项，需对相关人员做好交底工作。如测量或安装的项目、物品数量、现场实际情况、客户特殊要求等，在交接时哪一环节缺位，中间出现差错，公司将按相关制度处罚，缺位环节承担连带责任。

4. 测量、送货、安装环节

（1）测量工程单由相关需要测量数据的设计或业务人员填写，交主管领导签字备案，由填单人员转交工程部进行测量，测量时工程部

要严格按照公司要求和标准进行，如中间出现问题要及时与相关填单人沟通解决。测量完毕要将原始数据、照片和特殊事项等及时转交、告知开单人员，并填写完成情况和签字。测量人留存原始数据备查，如出现差错，便于追究和免责。开单人对测量人的完成情况签批后做资料存档。

（2）送货工程单由相关需要送货的业务或设计师开出送货工程单，并详细标明送货的时间、地点、接货人、是否收款、客户签收单、收据或发票等，第一联找主管领导签字确认安排送货人员。送货人可以是公司任一具备送货能力和时间的员工，送货人对送货结果负责。

（3）安装：参照公司的安装标准及流程进行，并接受开单人的过程监督，如中间出现问题要第一时间与开单人员沟通解决，安装完毕后将验收照片、货款等及时交给开单人，并填写完成情况和签字确认。如有剩余未能安装的物料要及时返还给设计师或制作部保管，不得在仓库存放，以免破损；同时对工程前领用的工具和未用完的材料及时入库，不得在车上长期放置。

5. 验收资料收集汇总，各类业务单、工程单的归档

一项业务完成之后，由设计师签收相关验收照片、客户签字资料、结案材料等做结账报备；同时把各环节签字的业务联络单，工程联络单一起交给财务备案，另一联设计师留存，月底和财务对账，便于核算各项费用和提成。

本例通过 5 个环节对公司主要的工作流程进行编写，大致流程是接单→设计沟通→前期准备→送货→资料汇总。本例的写法是通过流程拓展具体的工作内容，用文字将各环节工作的许多细节展示了出来。在实际操作中，如果想要节省一些篇幅，有两种方式可以让员工清楚地知道大致的工作流程。

一是通过流程图将重要的工作展示出来，不用具体的文字介绍，如图 6-3 所示。

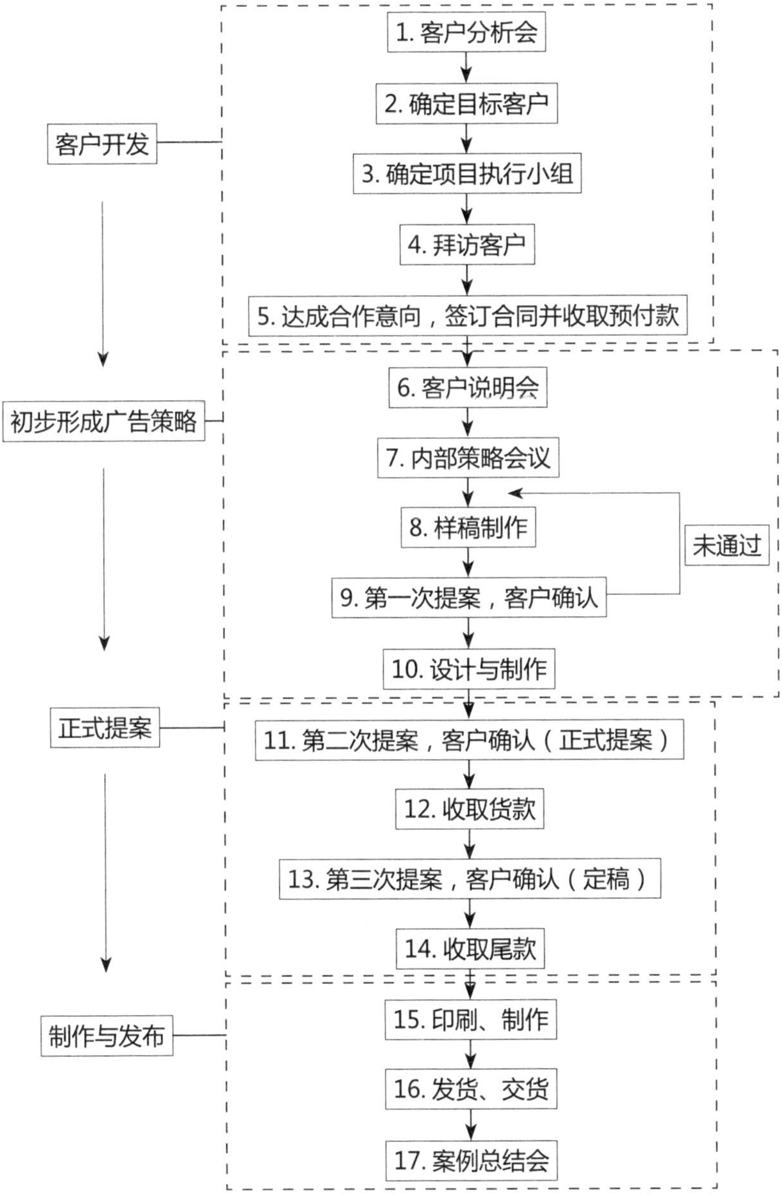

图 6-3

二是通过表格的方式来展现，如图 6-4 所示。

公司业务流程单

业务项目		部门流程		开始时间	
业务部		内容			
	策划意图说明				
	客户确定意向	□一般意向 □确定合作 □招标			
	确认广告策略	□活动 □广告 □宣传推广 □会议 □报纸 □平面 □电台 □电视台 □网络 □户外 □其他			
	确认部门协作	□策划部 □设计部 □其他部门________			
部门审核	业务部经理		业务主管		
策划部		时间			签字
	业务接收				
	业务分配				
	内部定稿				
部门审核	策划部经理		业务部经理		
设计部		时间			签字
	业务接收				
	业务分配				
	内部定稿				
部门审核	设计部经理		业务部经理		
业务部		时间			签字
	文案接收				
	客户审核通过				
部门审核	业务部经理				
是否发布	媒介	□是（填写发布单） □否			
	物料制作	□是（填写发布单） □否			

图 6-4

图 6-4 所示的表格看似分部门来介绍业务流程，但仔细从内容上看，还是以寻找客户、接单→策划方案→修改方案→发布广告为基本流程，这也是广告公司的基本业务流程，编写时一定要注意参考，不要过多地加入或删减环节。

6.2.2 设计部相关规章制度

广告公司的基本业务就是根据客户的要求设计相关内容，设计类型可以分为手绘、3D 动画、平面设计等，而不管设计方式是哪一种，都属于设计部和设计人员的基本职责，应该有一个统一的标准，如下例所示。

设计部管理制度

一、文件的规范使用说明

1. 所有的办公文件及设计文件都必须严格按照公司的标准模版使用。包括：电子邮件、Word 打印文件、设计提案或投标方案、效果图、标志提案、摄影作品、电子画册、报纸广告、户外广告、视频广告等。

2. 所有设计及文字资料都由塑料文件袋夹装（或公司统一信封封装）。

3. 效果图资料需先裱在黑色特种纸上。

4. 公司的文件资料在存放或移动过程中均需用文件夹夹带，最小尺寸为 A4。

5. 小于 A4 的资料（如照片）需用公司的文件袋或信封进行包装。

二、校稿制度

1. 客户最终定稿后，打印稿应严格遵循三级校对制度（第一校：设计师；第二校：文案；第三校：设计主管）。

2. 每级校对人员对校稿负相应责任，校稿的内容包括校验稿件的尺寸、颜色、图形、文字（主要是文字）。

3. 每级校稿人在校稿以后应该在稿件或者彩色打印或者数码输出的背后空白处以及工作单上的校对签名处签署校稿人姓名、日期。三校完毕，最后由客户在稿件或工作单上签字方能安排制作或发布。

4. 凡丢失公司或客户资料者（包括图片、文稿、光盘、U 盘等），由设计部进行经济处罚，即照价赔偿。

三、设计部制度

1. 创作人员不得利用公司设备从事私人工作，不得在外兼职，以免影响本公司的工作。

2. 公司提供专用存储设备（U 盘、移动硬盘），其他个人不得将存储设备带入公司，否则将直接没收。

3. 创作人员对于图书资料、光碟、客户稿件等参考资料根据管理制度使用。

4. 因为设计、制版、校稿出现失误、造成损失，视造成公司损失程度对当事人进行现金处罚。

5. 工作单由业务部填写下派设计师实施，作为工作业绩及奖励的依据，每月上交经理保管。

6. 保守业务上的秘密，对于泄密或做出对公司不利举措的人员建议辞职。

7. 客户资料如由设计师接收，应整理好后妥善保管。创作设计期间，客户稿件由设计者保管，设计正式完成后，经审稿无误，上交业务部校稿，客户签字确认，方可刻盘输出印刷。

8. 不得随意删除同事的文件，电子文件的管理应当井井有条。

9. 外单位磁盘、光盘访问之前应做杀毒处理，若造成公司损失的，酌情处罚。

10. 创作人员的薪资实行底薪加绩效工资制度（转正后执行，具体参照奖惩制度条例执行）。

11. 创作人员薪资直接与绩效挂钩。实行基本工资保密，绩效工资公开制度，发薪时由经理发放。

12. 设计师应严格执行设计主管及上级领导下派的任务，若不按时完成下派的工作计划，将处 50 ～ 200 元的罚款。

本例分为 3 个部分，对设计部的工作进行规范，首先是文件的使用说明，包括文件的模板选择、文件的封装。该部分不算设计部的主体工作，可以简要书写或直接省略。

第二部分是校稿制度，这部分工作可以归到设计部之下。在编写校稿制度的时候要注意程序性。一般进行校对时会经过一校、二校、三校的程序，并且每一项程序的规定和标准有所不同，需要具体说明。另外，对于校对的责任人及差错赔偿要规定准确，确保照章办事。

最后一部分是对设计部员工行为的规范，以简单列示的方式说明全部内容。这种写法一般要求员工了解相关规定即可，不必用复杂的格式来展现，方便阅读理解。条例数量以适中为宜，不要没有限制地罗列。至于内容上还是以设计部主要职位为基础，介绍有关人员需要遵循的守则，如创作人员、设计师。

6.2.3　制作部工作规范

广告类企业的制作部主要负责广告策划、筹备、执行发布等工作。具体的工作规范可参考以下范例。

十二、制作部工作标准、流程及注意事项

1. 写真部分

（1）写真机出图步骤

① PS 内检查图片格式，打开电源开关，打开吸风。注意机器自检是否正常。

②注意用料正反面，注意不要将放料滚轴挤压太紧，将背胶等平整穿过压杆并顺势向前拽出一部分，使 X 轴不易跑偏。

③压下压杆，根据用料调整吸风大小。用料厚可加大吸风，以使其平整伏在平台为准。

④检查喷头。若无问题，即可开始打印。

（2）出图注意事项（略）

（3）写真机材料加工注意事项（略）

（4）常见问题及解决办法

①清洗不下墨。一般为墨垫对不准喷头，此时应微调小车定位感应器，然后重启机器。如果清洗泵损坏，联系维修人员。

②画面洒墨。应进一步清洗喷头，并检查接地线是否接好。

③画面有条纹。一般由断墨或步进误差引起。a. 如果断墨，停止打印并清洗喷头，检查喷头。b. 步进误差则校准步进，调节正常。需要注意的是，如果放料滚轴挤压太紧，会导致 X 轴前行阻滞，进而影响步进。

④小车刮纸。上料不平或吸风没开，或压纸片没压好。

（5）写真机及冷裱机保养（略）

2. 喷绘部分

（1）喷绘机出图步骤

①打开锐彩，置入图片，按要求打印作业。

②拔起机器右厢保湿块螺栓，将小车向左推出，打开机器。注意机器自检是否正常。如果环境温度低或画面墨色较深，需打开加热，调节温度。

③打开吸风。根据开单要求上料，上料要求平整直行，按下压杆。压上两侧压片，将机身右后方放料开关调节为自动放料。

④设置原点。若要求留边，需留 5 cm 白边；要求打孔，需预留

10 cm 用以打孔。画面头尾也要注意预留。

⑤放出少许墨水，清洗喷头。检查喷头无误后，可准备打印。

⑥待画面穿过后加热板，向下穿过吹干风扇后，根据需要打开吹干风扇。

⑦打印完毕后，裁下画面，关闭机器，将小车推入机器右厢保湿块。

（2）出图注意事项（略）

（3）锐彩（Ultraprint）使用简略及大长图裁切注意事项（略）

（4）喷绘机出图及喷绘拼接注意事项

①车贴和单孔透因是纸面，加热后容易变形翘起，需尽快打印。

②防水写真布正反面打印出来效果不一样，注意不能弄反。

（5）常见问题及解决方法

①喷头断墨、不出墨。

a. 喷头有残存清洗液。放出少许墨水，继续清洗。

b. 温度低，墨水凝滞。打开喷头加热。

c. 喷头有脏东西。放出少许墨水，喷少许清洗液在喷头上，静置一会，继续清洗。

d. 也可能是喷头故障。

②光栅出错。光栅条未固定，因变形蹭到光栅解码器，此时应将其恢复原位，或更换光栅条。如果仍然无效，则是电机或电机控制器故障。

（6）喷绘机日常保养（略）

该例分为两个大的部分来对制作部的工作规范进行描写，一是写真部分，二是喷绘部分。其大体结构如图 6-5 所示。

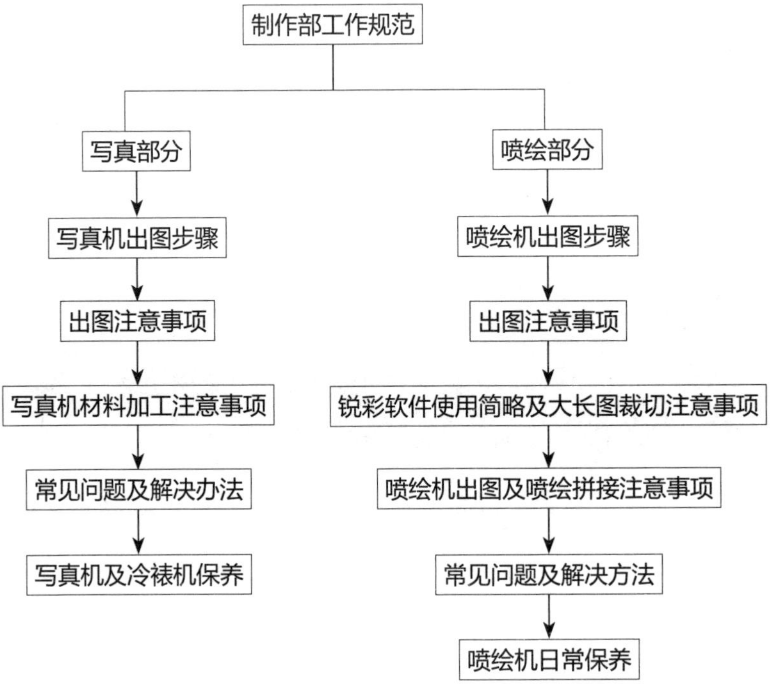

图 6-5

经过梳理我们可以清楚看到，制作部的重点工作就是对广告方案进行喷墨打印，需要用到写真机和喷绘机，所以对写真机和喷绘机的使用规范分别进行了展示，这也是内容划分的要点。而每个部分的具体内容则是根据操作步骤、注意事项、常见问题及解决办法、机器保养来制定的。

6.3 教育培训员工手册

教育培训机构是以学习、教育为目的的机构或网站。一般来说，这种机构包括从幼教到大学，以及出国留学等各个阶段的教育信息，也有针对职场人士的技能培训。

教育培训机构虽然具有学校的属性，但从本质上来讲是一个营利企业，所以与一般企业一样有组织结构，需要制作员工手册进行规范管理。其员工手册主要从学校安全、学生安全以及教学工作等方面来编制相关内容。

6.3.1　安全防火条例

教育培训机构会为学生提供学习或培训的场所，所以对于培训场所的安全，应该着重注意，并对此进行规范。具体参考下例所示。

依照《中华人民共和国消防法》等规定，为了预防火灾和减少火灾危害，保护员工生命财产安全，维护社会稳定，构建和谐社会，特制定企业消防安全责任制度。

一、企业负责人（法定代表人）是本企业消防安全第一责任人，对消防安全工作负总责。

二、贯彻落实“预防为主，防消结合”的方针，拟定年度消防工作计划，组织实施日常消防安全管理工作。

三、各部门负责人必须坚持普及群众性的防火知识，开展经常性的安全防火教育或班前班后进行安全防火检查，对水源、火源、电源及重点防火部位要严加管理。

四、部门由部门负责人负责安全防火工作，并签订防火责任书。

五、各部门负责人，对职工进行防火、灭火知识的培训，使他们熟悉消防法规，正确使用灭火工具，并妥善管理好灭火工具。

六、库房严禁吸烟，杜绝一切明火，库内物资必须按类别保管，要摆放整齐，一切废物不许储存在库房内。

七、在房间内禁止使用电炉、电暖气，必须使用时，提出用火报告，经有关部门批准后，方可使用，并设专人负责。

八、禁止在具有火灾、爆炸危险场所使用明火。

九、各办公室、会议室未经同意不准乱拉乱接电线或使用电炉、电热器等。

十、对楼内消防设施要加强管理，分工明确，定期检查，发现损坏或丢失要及时向有关部门反映。

十一、电器产品、燃气用具的安装、使用和线路管理的设计、铺设必须符合国家有关消防安全技术规定。企业必须规范安全用火、用电、用油、用气作业规程。

十二、不得损坏或者擅自挪用、拆除、停用消防设施、器材，不得埋压、圈占消防栓，不得占用防火间距，不得堵塞消防通道。

十三、企业员工人人都有维护消防安全保护消防设施，预防火灾，报告火警，参加组织的灭火工作义务。

十四、各部门负责人针对企业的特点对员工进行消防知识宣传教育，学习防火和救火的基本知识和技能，组织培训火灾扑救、安全疏散、逃生自救等方法，提高员工火灾防控能力。

本例列示了 14 条与防火安全有关的条例，规定了第一责任人、部门负责人的职责、基本要求、器材和用品的使用规则、消防安全教育。篇幅较少的情况下可以参照上例的写法来列示重要内容。

当然，还可以划分结构来编写防火安全内容，一般来说可按照图 6-6 所示的结构来填充具体条例。

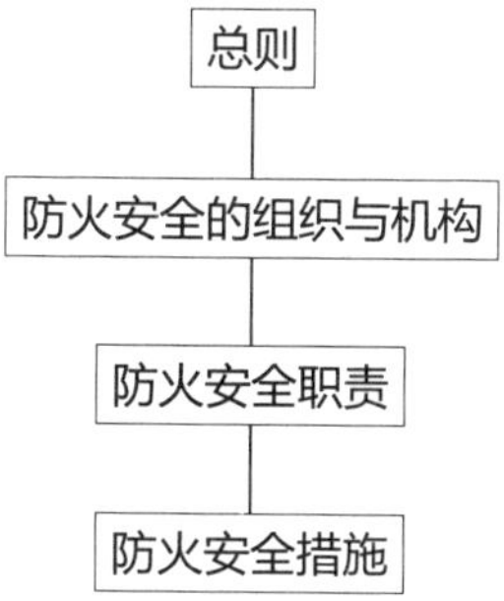

图 6-6

对于用文字叙述不够直观的，还可以采用表格展示，常见的表格有《安全状况检查表》和《用电安全检查表》，模板如图 6-7 所示。

安全状况检查表

检验项目	待改善事项	其他	备注	复检
1.消防	□无法使用　□道路阻塞			
2.灭火道	□失效走道　□阻塞　□缺少			
3.走道	□阻塞　□脏乱			
4.插座、开关	□损坏　□不安全			
5.厕所	□脏臭　□漏水　□损坏			
6.地板	□不洁　□损坏			
主管：	检验员：			

用电安全检查表

项次	检查项目	良好	不良	缺点事实	改善事项
1	电气设备配管配线是否破损				
2	避雷针是否有效				
3	电器开关的保险丝是否符合规定				
4	临时线路的配置是否完全				
5					
6					
部门主管：				检查人：	

图 6-7

6.3.2　教学规范

教育培训机构与其他企业不同的是，教育机构的日常工作多为教育教学，所以教学规范的相关内容应该展现在员工手册中，让教师遵守相关流程进行规范教学。请看下例。

××教育教学工作标准

一、负责学生安全、卫生意识教育和课堂、课间安全工作。

二、按时到岗，不迟到、早退，自行准备教学用品（白板笔、板擦、学生签到表等）。

三、提前五分钟进入课堂，核查学生到位情况，及时反馈给家长。

四、有效组织管理学生，及时调控课堂，有序组织教学，完成教学计划。

五、工作时间不做与教育教学无关的事。

六、严格遵守师德规范，不侮辱、体罚学生。

七、针对学生情况制定期计划、月计划、周计划，达到所学内容节节清、日日清、周周清、月月清。

八、每周四上交教学计划至各学科部检查，并反馈检查情况。

九、教学中做到因材施教，讲练结合。

十、课堂教学遵照学校流程，课程导入新颖、有创造性，课程概括性、指导性强，教学突出知识性、趣味性、互动性和科学性。

十一、开课后，逐步建立、完善学生的个人档案。

十二、按时参加教研、培训学习活动。

十三、具体科目要求

1. 语文

（1）课堂教学趣味性、互动性强。

（2）教学内容为拼音、字、词，课后布置读、记、写家庭作业。

（3）教学内容为句子、阅读或短文分析，课后布置背诵、书写家庭作业。

（4）教学内容为作文、课后布置阅读、写作家庭作业。

2. 英语

（1）课堂教学趣味性、互动性强。

（2）课堂重点单词、词组，要求学生能背诵默写，能英汉互译。

（3）要求学生课外每天坚持半小时阅读、记忆、背诵或书面作业。

3. 数学、物理、化学

（1）课堂教学讲练结合，注意知识拓展。

（2）教学紧凑性强，每个教学环节不能超过 8 分钟。

（3）要求学生在课堂上记背和运用学科基本概念。

（4）要求布置书面家庭作业并监督落实。

上例首先罗列了十几条关于教学规范的重要内容，然后根据教学内容分类，介绍教师的日常工作。在编写教学标准的时候，要注意提到以下几点重要内容，其他的可酌情删减。

①不能体罚学生。

②教学时间的规定，不能缩减教学时间。

③教学任务检查。

这里的教育机构主要针对在校学生的校外补习，所以教学内容会按照教学科目如语文、数学来进行划分。如果是针对成人培训如财务管理，则要按会计、审计等分类编写。即在编写教学内容时候，要按各科目的特性来安排教学要求。

如果想要对教学规范的内容进行补充，还可以加入机构教学流程的模板内容，如下所示。

××教育教学模板化操作流程

1. 巧设导入

2. 正课内容（新授或复习）

（1）知识点一对应训练一。

（2）知识点二对应训练二。

（3）知识点三对应训练三。

3. 巩固拓展或综合训练（对应训练四）

4. 课堂小结思维导图（或板书导图）

5. 教学反思（后记）

6.4 文化传播公司员工手册

文化传播企业是提供文化产品和传播服务的公司，大致分为这几类：广告类、影视制作类、文化发展类、影视剧引进发行等。编写这类企业的员工手册，要着重对一些特殊岗位进行岗位描述，如美术设计师、资源部等。

6.4.1 车辆管理规范

对于有一定规模的公司来说，为了方便接待客户及日常工作，会配备公司专用车辆。为了防止公车私用，公司需要对车辆进行管理，即对车辆及驾驶员进行监督和安全管理，如下例所示。

1. 机动车辆由经理办公室统一管理，原则上由专人驾驶，遇特殊情况必须更换或替代驾驶员的，应由经理办公室批准。

2. 车辆的年检、保养、清洁、停放以及办理保险等车务手续由驾驶员负责办理。

3. 驾驶员出车前必须认真做好车辆检查，车容整洁、车况良好、部件齐全、制动有效，不允许病车上路。如有部件损坏和安全隐患，应及时处理直至修复，确保安全运输。

4. 车辆每周至少清洗一次，驾驶人员在特殊天气情况下可根据车况适当调整。雨雪等恶劣天气后及长途返回时，车辆外表严重污染的应及时清洗。

5. 车辆在公司期间应停放在公司指定的停车位，外出期间驾驶员应寻找合理的停车场所停放并保证车辆的安全。

6. 遇交通事故或车辆被损坏、被盗窃的，应及时报警并立即通知保险公司到场解决。

7. 公车私用造成的交通事故，除保险公司理赔的费用外，由责任人负责赔偿给他人和给公司造成的一切损失。

8. 未经公司批准擅自用车，使用者按正常用车费用的5倍缴纳车费，另外对驾驶员每次罚款200元。

9. 车辆每年应彻底大修保养一次。车辆大修是一次全面的系统质量鉴定，应由资深车辆技术人员和驾驶员对车辆认真检查，对不符合质量要求部位，应请承修方及时整改合格后方可接受。新车和大修后的车辆有一段磨合期，驾驶员必须注意控制车速及其他养护工作。

10. 车辆使用规定

（1）公司车辆一般不外借。

（2）公司车辆原则上不用于单程30 km以内的短程外出（办理5 000元以上的大额存取款、携带公司机要文件物品等其他特殊情况除外）。

（3）员工远程外出（单程30 km以上）应合理安排出行时间，以保证效率、节省时间、减少费用为原则，首选地铁、轻轨等公共交通工具。在公交线路确实不畅通且时间紧急的情况下，经部门经理（含）以上领导批准，方可使用公司车辆，并在使用后由驾驶员立即填写《出车登记表》。

（4）因项目原因而使用公司车辆的，按1元/km计算项目成本，由驾驶员、项目主管、批准领导分别签字后报财务核算，从项目组包干车费中扣减。

（5）《出车登记表》由驾驶员负责统计、保管，财务部负责监督、核算，必须如实记录，否则将承担相应责任。

该例从内容上可以分为两大部分，一是对车辆清洁、安全、检修等各方面进行规定，二是对车辆使用进行规定。按照统一列示的方式来呈现主要内容。

在实际编写时，我们可以选择的编写内容还包括车辆档案管理、驾驶员档案管理、行车安全管理、车辆定位管理、用车记录管理、加油管理、维修管理和费用管理等几大方面。

另外对于车辆管理的目的也可以进行说明，如“为了增加车辆安全行驶，提高车辆使用效率，特制定本制度”。除了目的，还可以加入管理原则的相关内容，如下所示。

1. 安全性原则：保持车辆技术状况良好，保证行驶安全。

2. 经济性原则：保证“好刀用在刃上”，减少车辆损耗和使用率。

3. 适用性原则：坚持符合企业工作需要。

编写车辆管理制度必须结合企业实际情况，对于内容中涉及的表格《出车登记表》，该例没有展示，可在文末加入表格模板充实制度，如图 6-8 所示。

出车登记表

年　月　日

日期	车牌	出车时间	启程公里数	事由	司机	返回时间	返程公里数	本程公里数	值班保安

图 6-8

6.4.2　外联资源部岗位描述及上岗要求

文化传播公司外联部的工作主要是根据公司的需要找寻合作公司，共同完成客户的订单，在该岗位上工作的人要有很好的交际能力和工作能力。对于这样重要的部门，公司可在员工手册中展示其岗位特征和上岗要求，请看下例。

外联资源部岗位描述及上岗要求

一、收集、汇总各合作单位的信息资源（暂分六大类）

1. 演出类

灯光、音响等演出设备；背景板、舞台等舞美工程和特装制作；主持人、明星、演员等演艺人员档案、国家级演出团体资料；舞龙舞狮等民间演出团体资料；军乐队、威风锣鼓等军队演出团体资料；摄影摄像等外围资料。

2. 庆典仪式类

鲜花绿植、充气物施放、气球编织、标语条幅、彩旗锦旗、礼花炮、吉祥鸽、地毯、布艺、灯艺、礼仪用具、装饰用品等餐会酒会的原料供应商、设备供应商。

3. 人力资源类

礼仪小姐、服务生、翻译等兼职人员。

4. 会议工程类

饭店宴会厅的预订；投影仪、大屏幕、手提电脑、同声传译等会议设备的租赁及维护等。

5. 印刷制作类

书刊、海报、请柬、简介、招贴、台历、信封、名片、礼品等。

6. 交通运输类

物资、人员的往返运输。

二、合作单位的筛选

各类外联资源均需多家征集、反复比较，必要时采取竞标的形式加以筛选。每种外联资源应确定 1 ～ 2 家长期合作的单位，同时应有备选合作单位随时应急。

三、合作单位的组织管理

每个项目由项目主管填制工作单，派发给外联资源部，由外联资源部负责统一联络接洽，并向各合作单位派发凭单。

项目执行中，外联资源部应全程负责各合作单位的人员调动、物资调配等工作，遇工作量较大的情况时，可向主管或经理申请由其他部门、其他岗位的员工作为临时协作者参与配合。临时协作者须同样遵守外联资源部的工作纪律，共同完成任务。

公司其他部门应配合外联资源部的工作，收集到合作单位的信息后及时告知资料管理员，由资料管理员汇总给外联资源部备案（提供的重要信息视具体情况可得到相应的奖励），现场执行中应配合外联资源部共同协调合作单位，圆满完成任务。

通常情况下，除外联资源部以外，其他部门、其他岗位不再承担与合作单位的联系接洽工作。合作单位与公司财务结算时，必须由外联资源部签字后方可结算。

四、外联资源部员工上岗资格

1. 具备“诚实、廉洁、公正、勤奋”等良好的品行操守。

2. 不论亲疏、不论关系，能做到严守公司机密。

3. 与公司签订 3 年以上的劳动合同及保密协议。

4. 不得兼任项目主管岗位。

5. 具备较为突出的外联组织能力。

该例主要根据外联部的具体工作内容设置相关规范，首先是收集各合作企业的信息资源，然后筛选合作单位，并对其进行管理，从结构来看具有一定的顺序性。

从篇幅来看，各项内容安排也是详略得当，对合作企业的资源进行分类并罗列在册，然后着重编写组织管理内容，清楚展示外联部的具体工作，以及与其他部门的合作。由于外联资源部主要根据项目主管的“工作单”制作相应凭单，并发给各合作单位，所以其中涉及的表单较多，如下所示。

①《鲜花、绿植业务单》。

②《气球、拱门等充气物业务单》。

③《条幅彩旗制作业务单》。

④《喷绘制作任务单》。

⑤《舞美特装任务单》。

⑥其他工作单。

以上表单可在实际编写中加入，补充内容的同时，能让内容更加完整。在员工手册的附录中还可以对相应的表格模板进行展示。

6.4.3 文案策划岗位的上岗要求

文案策划对文化传播公司来说非常重要，可以说文化传播公司贩卖的就是文化创意。为了保证文案策划的水平，需要对该岗位的员工进行规范并展示在员工手册中。如下所示。

策划文案岗位的上岗要求

一、策划与创意

（1）策划要求有新的创意，并直接针对市场和销售。

（2）要求从业人员有足够的专业水平，能解决问题。

（3）策划创意是团队组织行为、工业化流程行为相结合的工作。

二、策划文稿的撰写

（1）一忌空洞无物、闭门造车；二忌辞藻堆砌、华而不实；三忌文笔不畅、别字先生。

（2）策划人要面临各种新鲜的事物，要求其能在最短时间对项目进行尽可能深入的了解。

（3）策划人在撰写文稿前必须先对相关领域进行“速成学习”。

（4）策划人要善于利用文献资料、客户访谈等方式进行调查研究。

（5）策划人应时刻关注时事动态、新闻政策。

三、文案使用规范

（1）给客户的策划稿件一般应套用公司规定形式的页眉、页角、页码，并使用规范的 Word、Excel 文档格式排版、编号。若打印协议书一类的正规文件，一般应遵循“标题用黑体，正文用宋体”的规定。

（2）电脑录入时要编写一个恰当、易分辨的文件名保存；发送 E-mail 时同样要编写一个恰当、易分辨的邮件主题名称，以便客户阅读。禁止发送无主题或随意主题的 E-mail。

（3）完成的文稿要及时删除或保存在个人文件夹中，并定期清理电脑资料。

岗位规范的内容，一般包括对岗位工作质量和数量的要求，专业知识和劳动技能的要求，以及文化程度和应承担的责任等。本例根据文案策划的特点，分 3 部分编写文案策划的上岗要求，即策划创意、文稿撰写、使用规范。

对于策划创意的编写，在内容上以基本要求为主，围绕创新、专业来编写相关要求，注意篇幅，列明要点即可，多写只会显得累赘。

文稿撰写方面，主要从要点和禁忌入手编写相关内容。本例就是这样的结构，先讲了文稿撰写的 3 个禁忌，然后对文稿撰写人员要学习和了解的内容进行规定。

除了创意和撰写的注意点外，文案使用规范也是必不可少的内容，该部分是比较实际的部分，所以编写以具体、准确为原则，包括 Office 软件编写、Email 的发送格式。本例中这些内容都是分段编写的，在实际编写中，如果内容较多，可采用分条或表格的方式展示更加直观，如下所示。

（1）Office 软件编写格式

①给客户的策划稿件一般应套用公司规定格式的页眉、页角、页码排版。

②正文字体采用公司规定的统一格式并使用 Word 编写。

③若打印协议书一类的正规文件，一般应遵循“标题用黑体，正文用宋体”的规定。

（2）Email 的发送格式

①电脑录入时要编写一个恰当、易分辨的文件名保存。

②发送 E-mail 时同样要编写一个恰当、易分辨的邮件主题名称，以便客户阅读。

第 7 章

员工手册与模板精选——Word 编辑版

虽然有的公司会将员工手册的编辑工作交由专业的公司，不过大多数企业仍会直接交给人事部或行政部员工来完成。所以，相关工作人员还需要掌握使用 Word 编辑员工手册的方法和步骤。

7.1 员工手册的文字内容设置

要把员工手册的文字内容变成可编辑、可阅读的电子文件，可通过 Word 编辑软件来实现。首先要创建文档，然后编辑内容、调整格式，最后打印出来。如何进行内容设置的操作？下面我们将分步骤来讲述。

7.1.1 创建员工手册空白文档

要通过 Word 制作一份员工手册，首先要创建一个空白文档并命名，然后保存在方便查找的位置，下面来看具体操作。

单击“开始”按钮，选择“Word 2016”命令，在欢迎界面中选择“空白文档”选项新建一个空白文档，如图 7–1 所示。

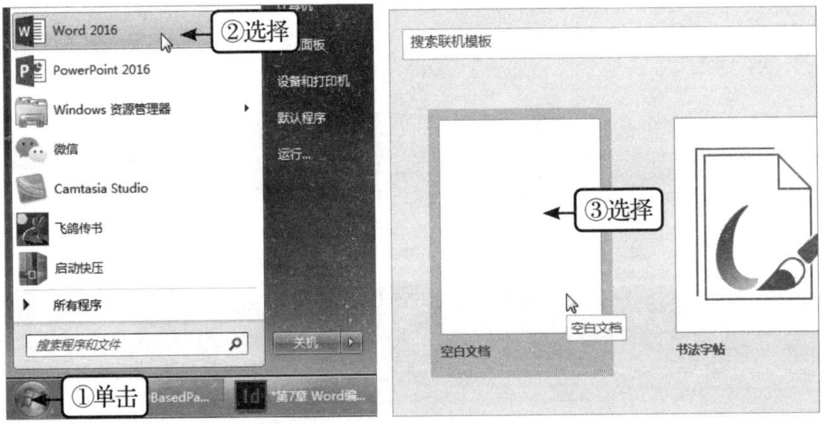

图 7–1

在新建的空白文档中单击“文件”选项卡，单击“另存为”选项卡，在右侧选择“浏览”选项。在打开的对话框中选择文件保存路径，在“文件名”文本框中输入文件名称，这里输入“× × 有限公司员工手册”，最后单击“保存”按钮，如图 7-2 所示。

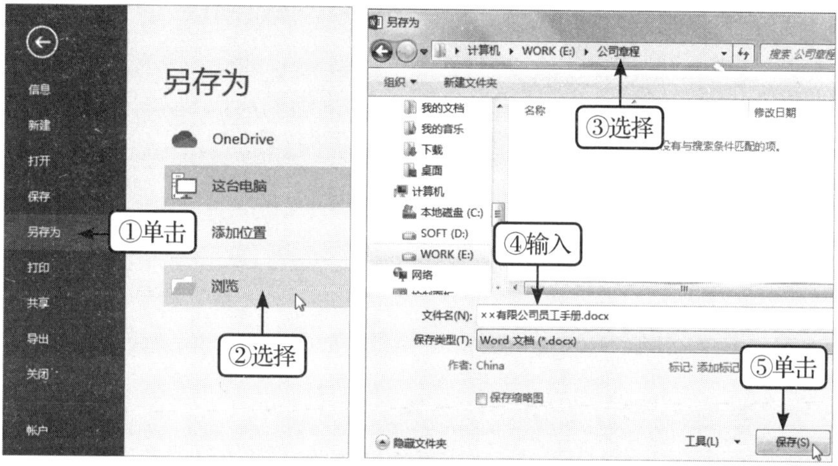

图 7-2

7.1.2　在员工手册中录入内容

创建好员工手册空白文档后，就可以在其中录入相关的规范内容了，下面还是以 Word 2016 为操作软件来讲解录入文字的具体操作。

用 Word 2016 打开“× × 有限公司员工手册”文档，切换到熟悉的输入法，在文本插入点位置输入内容。首先输入标题“第一章 总则”，然后按【Enter】键将文本插入点定位到下一行的起始位置。用同样的操作输入员工手册的正文内容，如图 7-3 所示。

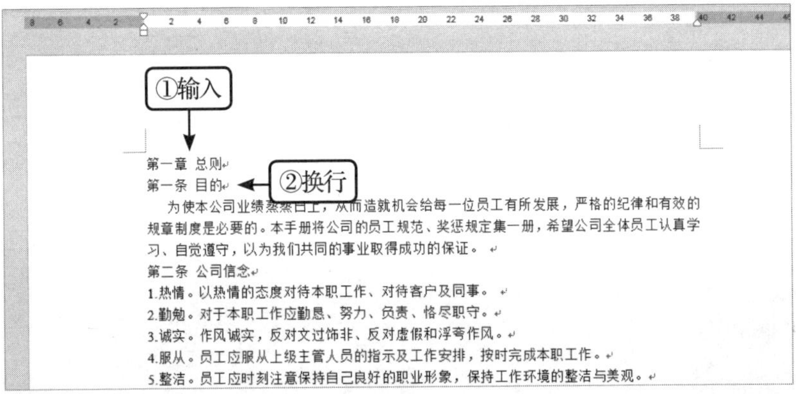

图 7-3

7.1.3 设置标题及正文格式

字体格式指文档中文字的字体、字号、颜色、格式等，默认情况下，我们输入的文字内容，其字体格式为“宋体、五号”。如果想将标题、正文进行区分，或是按特殊格式展示手册内容，就要设置文本的字体格式。主要通过“开始”选项卡中的“字体”工具组来完成操作。

选择标题文本“第一章 总则”，单击“字体”组中的“字体”右侧的下拉按钮，选择“黑体”选项，如图 7-4 所示。

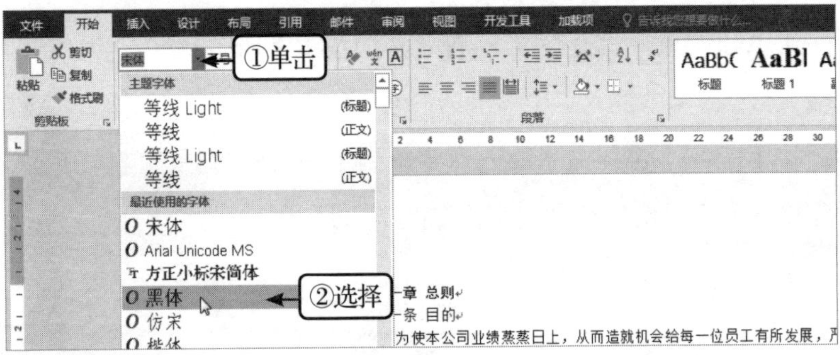

图 7-4

保持文本的选择状态，单击“字号”右侧的下拉按钮，选择“小三”选项修改标题文本字号，如图 7-5 所示。

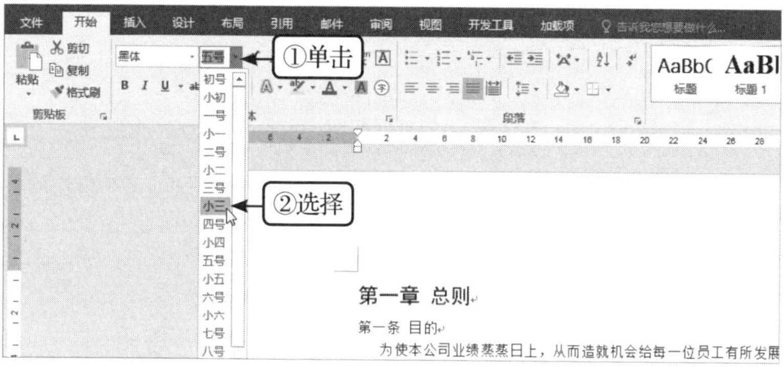

图 7-5

在“字体”工具组中单击“加粗”按钮使标题加粗显示。再用相同的方法为正文的文本内容设置对应的字体格式。如图 7-6 所示。

图 7-6

7.1.4　设置员工手册段落格式和大纲级别

为了让 Word 中的文本显示更清楚、更易阅读，除了为标题和正文文本设置不同的字体格式外，还要为文档设置相应的段落格式和大纲级别。如为文本进行对齐方式、缩进、段落间距及行间距等设置，下面通过利用 Word 2016 对员工手册设置段落格式和大纲级别来讲解具体操作。

将文本插入点定位到标题的任意位置，在“开始”选项卡下的“段落”工具组中单击“居中”按钮将标题内容居中显示。然后单击“段落”工具组的“对话框启动器”按钮打开“段落”对话框，在“常规”栏中单击“大纲级别”下拉列表框，选择“1 级”选项。在“间距”栏中分别设置段前和段后为 0.5 行，单击“确定”按钮。如图 7–7 所示。

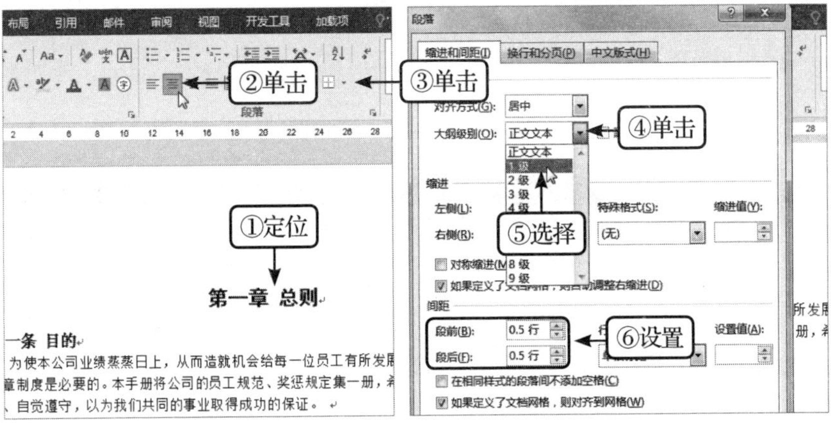

图 7–7

选择第一段文本内容，单击鼠标右键，选择“段落”命令。在打开的“段落”对话框的“常规”栏中设置“大纲级别”为“3 级”。在“特殊格式”下拉列表框中选择“首行缩进”选项，缩进值默认为“2 字符”。

然后将段前和段后分别设置为 0.2 行，在“行距”下拉列表框中选择“固定值”选项，自定义“设置值”为 20 磅，单击“确定”按钮。如图 7–8 所示。

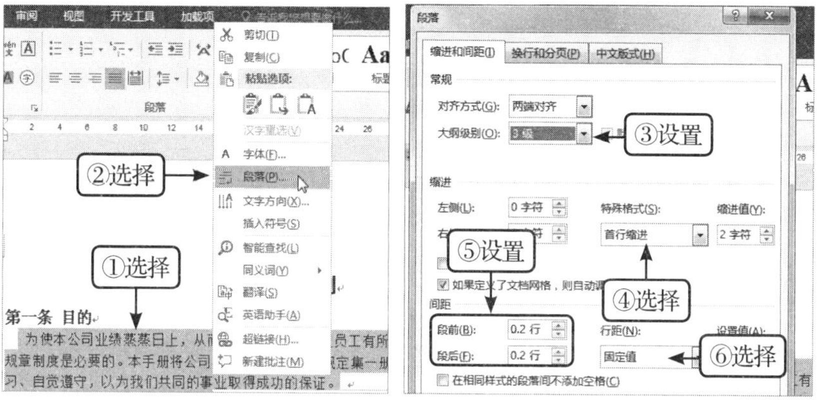

图 7-8

选择“第一条 目的”标题文本，打开“段落”对话框，设置“大纲级别”为“2 级”，然后分别设置段前和段后为 0.3 行，设置行距为“最小值”，单击“确定”按钮，如图 7-9 所示。

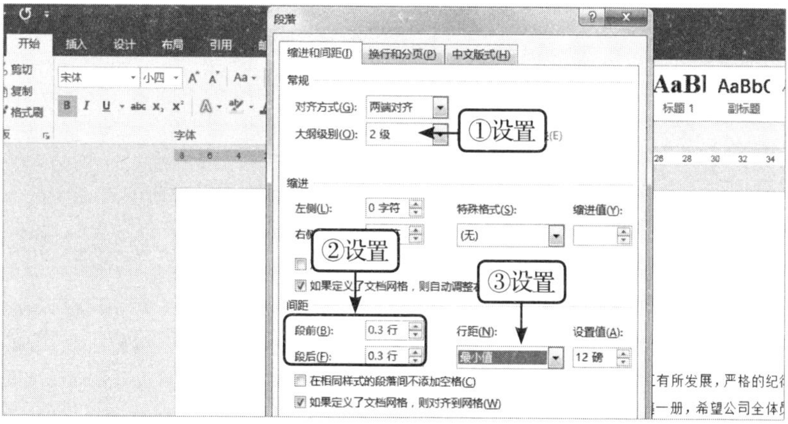

图 7-9

7.1.5　为并列关系的标题或内容添加编号

虽然我们可以手动输入编号文本对并列的正文内容进行编号，但是利用 Word 文档中的自动编号功能，可以大幅减少我们的工作量，避免出错。所以，我们可以为员工手册的相关内容添加自动编号，下面来看看具体的操作步骤。

选择“第二条 公司信念”下的所有编号文本，在“段落”工具组中单击“编号”下拉按钮，在编号库中选择一种编号样式。如图 7-10 所示。

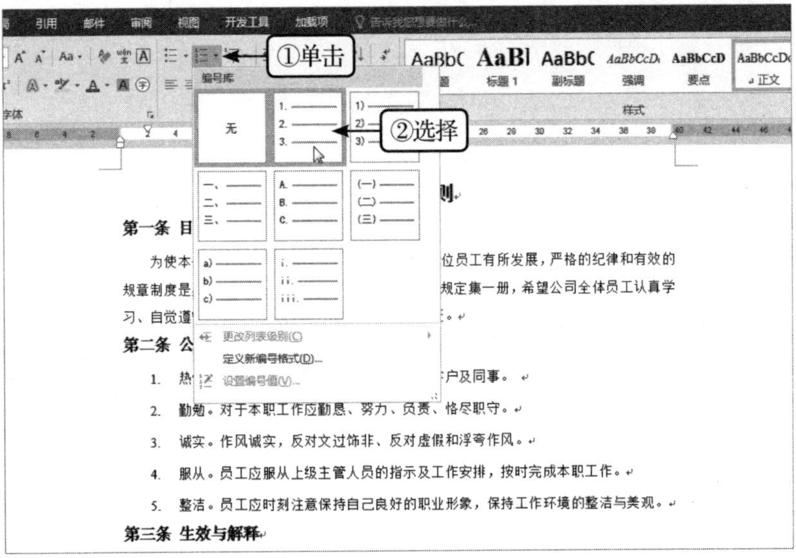

图 7-10

选择“第一条 目的”标题文本，单击“编号”下拉按钮，在弹出的下拉菜单中选择“定义新编号格式”命令。

在打开的对话框中选择编号样式，在“编号格式”文本框中的“一”左侧输入“第”文本，右侧输入“条”文本，将最右侧的“.”符号删除，单击“确定”按钮确认自定义的编号样式。如图 7-11 所示。

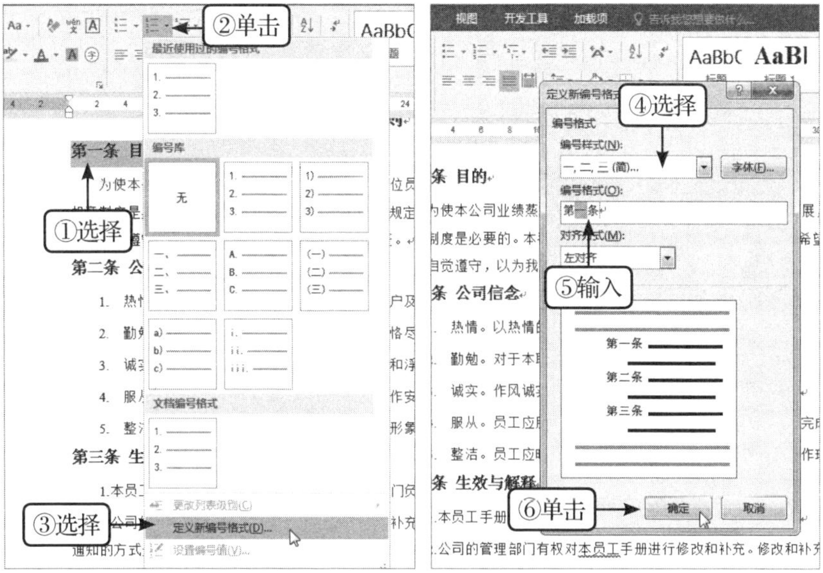

图 7-11

7.1.6　在员工手册中使用自定义项目符号

项目符号是 Word 文档中插入的一种特殊样式，可以在文本前添加特定的符号，区别其他文本内容。一般来说，主要运用在并列段落上，下面具体讲解添加自定义项目符号的相关操作。

选择需要添加项目符号的文本内容，单击“段落”工具组的“项目符号”按钮，添加默认的项目符号样式。如图 7-12 所示。

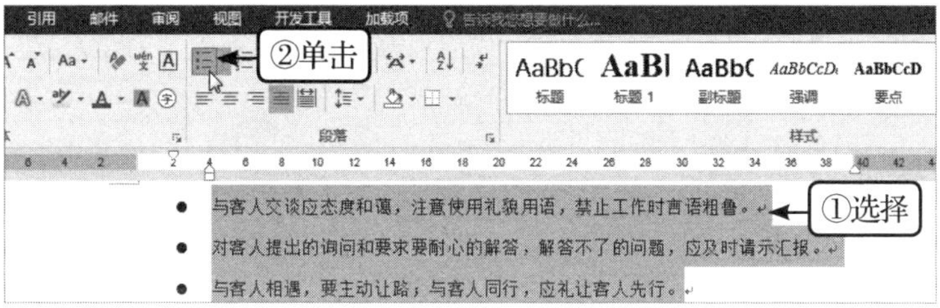

图 7-12

保持文本的选择状态，单击“项目符号”按钮右侧下拉按钮，选择“定义新项目符号”命令。在打开对话框中选择项目符号的来源，这里直接单击“符号”按钮。如图 7-13 所示。

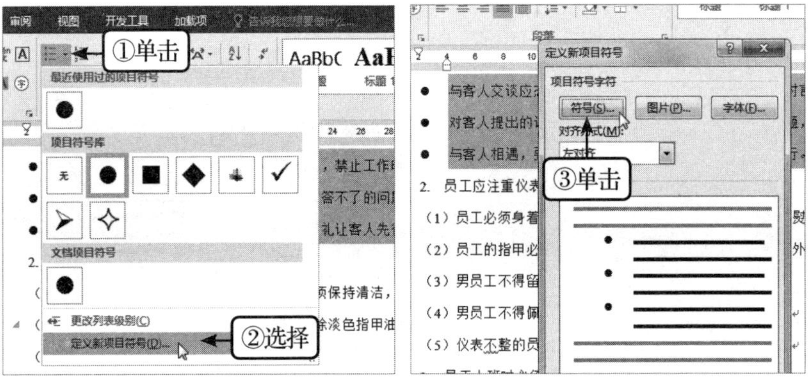

图 7-13

在打开的“符号”对话框中选择需要使用的符号，单击“确定”按钮确认选择的符号。在返回的“定义新项目符号”对话框的预览区域可以预览自定义项目符号的效果，确认后单击“确定”按钮。如图 7-14 所示。

图 7-14

返回文档可查看到添加项目符号后的文本效果，在快速访问工具栏单击“保存”按钮，保存所有的编辑操作。如图 7-15 所示。

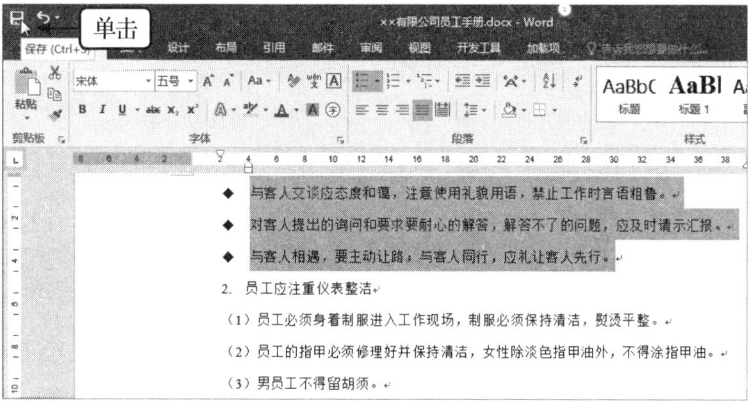

图 7-15

7.1.7　运用 SmartArt 图形创建公司组织结构图

SmartArt 图形是许多形状的随机结合，包括图形列表、流程图以及更为复杂的图形，例如组织结构图。可以在 Excel、PowerPoint、Word 或 Outlook 电子邮件中创建 SmartArt 图形。

下面以在员工手册文档中插入 SmartArt 图形，创建组织结构图为例进行具体讲解。

打开 ×× 有限公司“员工手册”素材文件，将文本插入点定位到指定位置，单击“插入”选项卡“插图”组中的“SmartArt”按钮。

在打开的“选择 SmartArt 图形”对话框中单击“层次结构”选项卡，选择“组织结构图”样式，单击“确定”按钮。程序会自动插入选择的 SmartArt 图形，如图 7-16 所示。

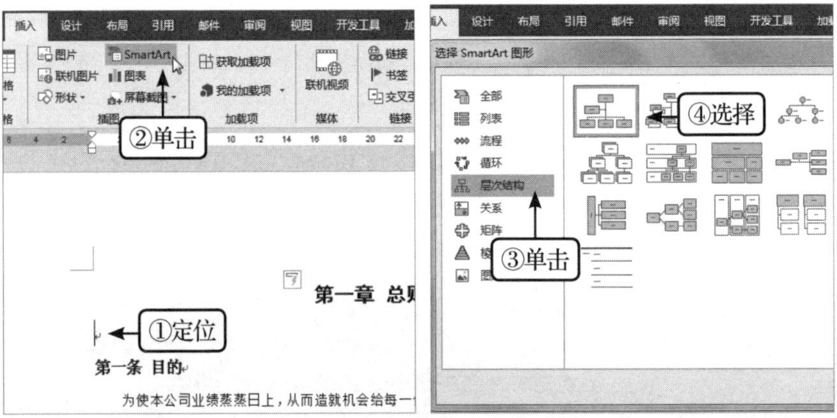

图 7-16

在第一个“[文本]”占位符中定位文本插入点，输入“总经理”。再用相同的方法在剩余的文本占位符中输入对应的职位信息。如图 7-17 所示。

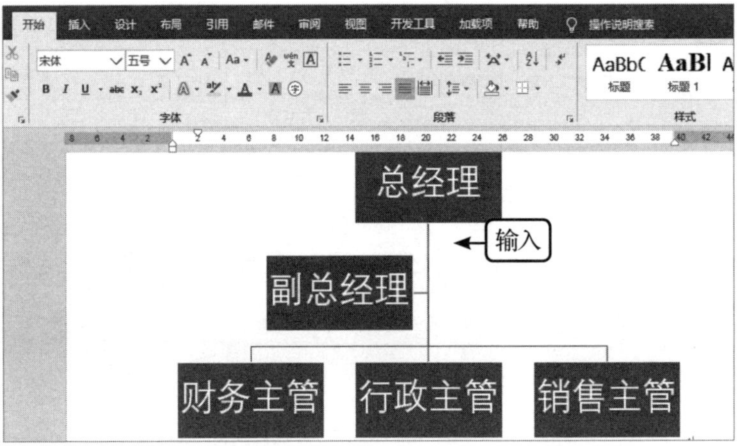

图 7-17

保持“财务主管”形状的选择状态，单击“SmartArt 工具 设计”选项卡中的“添加形状”下拉按钮，选择“在下方添加形状”选项。用同样的方法为主管级添加下级形状。如图 7-18 所示。

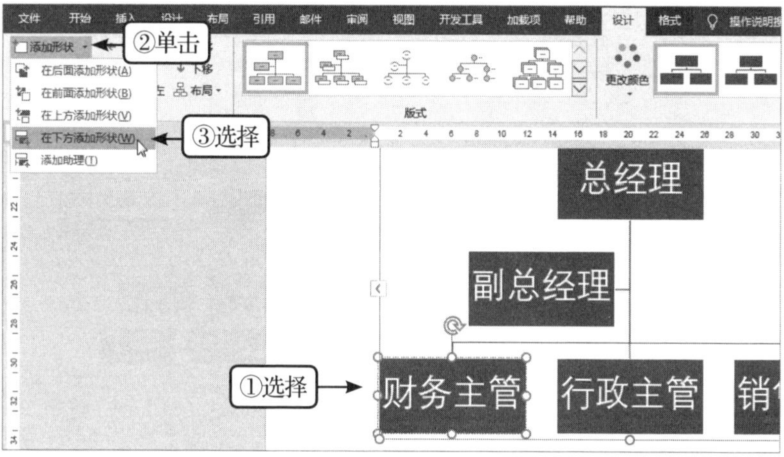

图 7-18

在“创建图形”组中单击“文本窗格”按钮打开对应的窗格。将文本插入点定位到窗格的空白文本框中，对应的形状处于选择状态，然后输入相应的职位信息。输入完毕后单击文本窗格右上角的“关闭”按钮关闭该窗格。如图 7-19 所示。

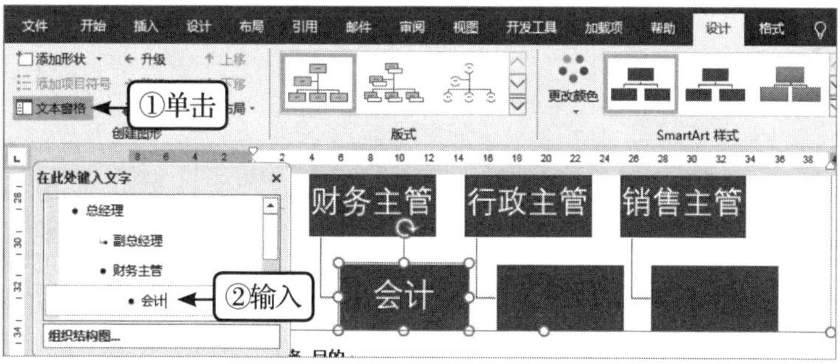

图 7-19

选择所有包含文本的形状，在“开始”选项卡中将字体格式设置为“黑体、小三、黑色、加粗”。拖动 SmartArt 图形右侧边框的控制点调整图形的宽度，再调整输入文本的形状大小，让文本显示更协调。如图 7-20 所示。

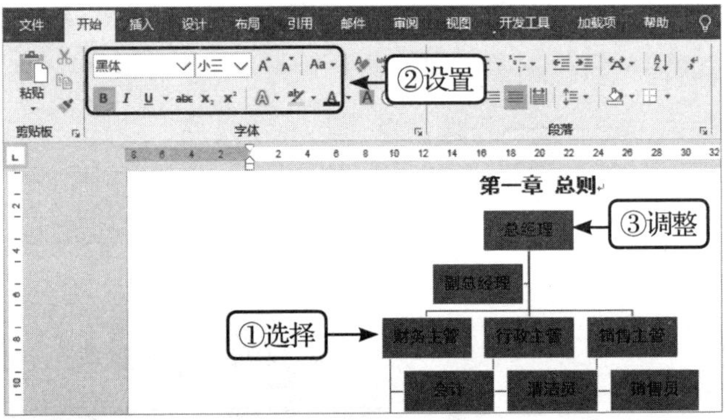

图 7-20

选择其中一个图形，在“SmartArt 工具 设计”选项卡中的“SmartArt 样式”组中单击“更改颜色”下拉按钮，选择适合的个性色，如图 7-21 所示。

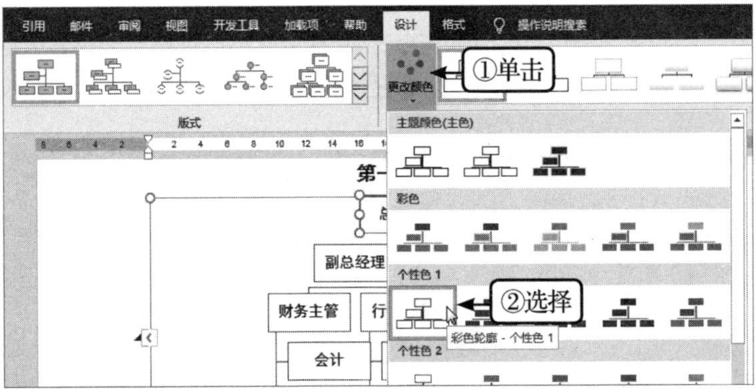

图 7-21

7.1.8 运用表格添加公司岗位职责内容

公司岗位职责内容一般用表格来展现会更直观，在 Word 2016 中插入表格，可以通过“插入表格”对话框来完成。

下面以在“×× 有限公司员工手册”文档中插入公司岗位职责表

格为例，讲解相关的操作步骤。

打开素材文档，将文本插入点定位到指定位置，输入表标题文本“岗位职责表”，选择表头文本，单击“居中”按钮，设置其字体格式为“黑体、加粗、小三”，如图 7-22 所示。

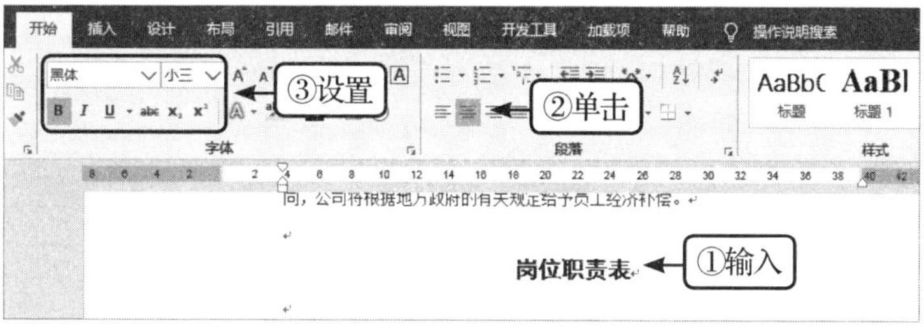

图 7-22

在下一行中定位文本插入点，在“插入”选项卡中单击“表格”下拉按钮，在其下拉菜单中选择“插入表格”命令。在打开的对话框中设置列数和行数，选中“根据窗口调整表格”单选按钮，单击“确定”按钮插入表格，如图 7-23 所示。

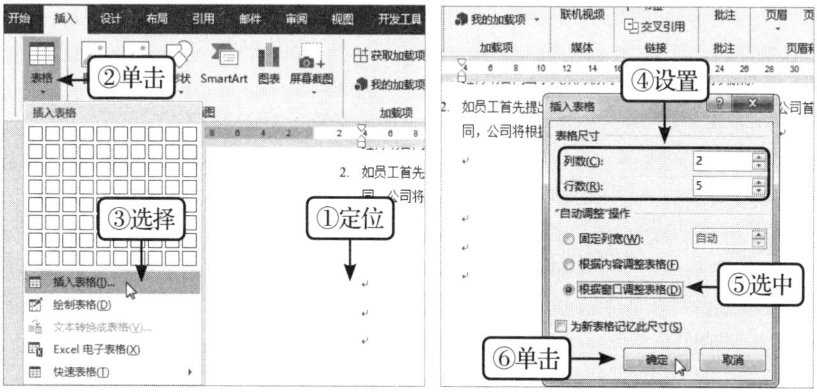

图 7-23

将文本插入点定位到第一个单元格中，切换到熟悉的输入法，直接输入“总经理”文本，然后按【↓】键依次输入同列的相关内容。

然后将文本插入点定位到第一列的任意单元格中，将鼠标光标移动到该列的右边框线上，此时鼠标光标变为⫲形状。按住鼠标左键向左拖动鼠标光标，手动调整表格的列宽，如图 7-24 所示。

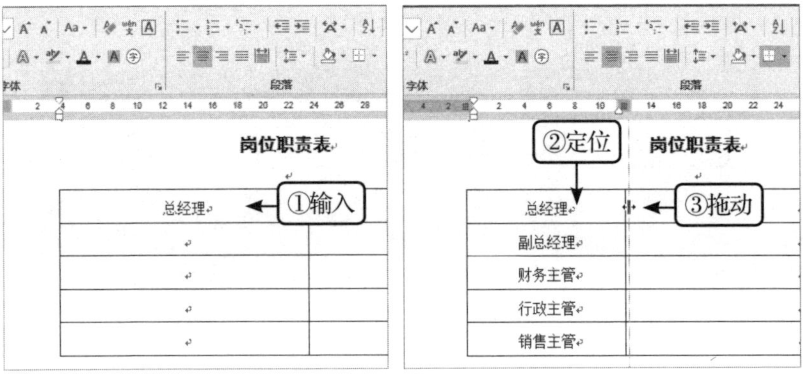

图 7-24

将文本插入点定位到第二列第一行中，输入总经理的岗位职责文本，将鼠标光标移动到该行的下边框线上，此时鼠标光标变为÷形状。按住鼠标左键向下拖动鼠标，手动调整表格的行高。选择该单元格的文本，在“表格工具 布局”选项卡中的“对齐方式”组中单击“中部两端对齐”按钮调整文本格式，如图 7-25 所示。

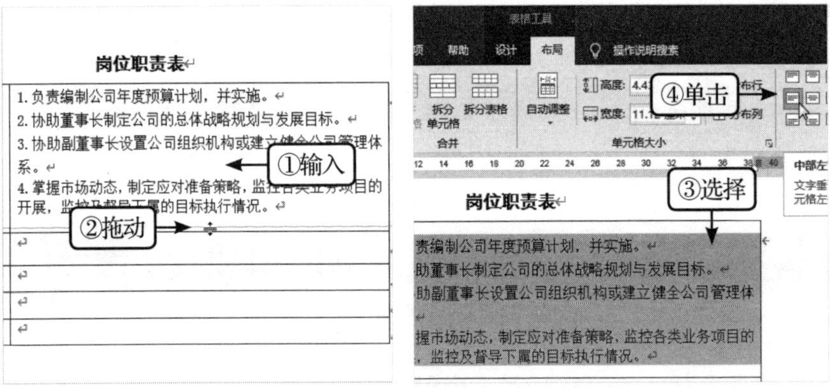

图 7-25

按照同样的方法完成表格内容的填写，并对表格的行高和列宽进行适当的调整，最终效果如图 7-26 所示。

岗位职责表

总经理	1. 负责编制公司年度预算计划，并实施。 2. 协助董事长制定公司的总体战略规划与发展目标。 3. 协助副董事长设置公司组织机构或建立健全公司管理体系。 4. 掌握市场动态，制定应对准备策略，监控各类业务项目的开展，监控及督导下属的目标执行情况。
副总经理	1. 全面负责公司内部的日常经营管理工作。 2. 负责公司组织结构的设置或建立健全公司管理体系。 3. 审定、批准公司管理制度或相关规定。
财务主管	1. 负责公司的全面财务会计工作。 2. 负责制定并完成公司的财务会计制度、规定和办法。 3. 解释、解答与公司的财务会计有关的法规和制度。
行政主管	1. 严格执行公司规章制度，认真履行其工作职责。 2. 负责组织对人力资源发展、劳动用工、劳动力利用程度指标计划的拟订、检查、修订及执行。
销售主管	1. 根据部门总体市场策略编制自己分管市场的销售计划。 2. 全面掌握本市场的变化和竞争对手情况，了解客源市场布置的流量，注意市场结构的变化。 3. 对本市场中的客源大户要熟悉他们的基本情况，随时关注其变化并适时做出应对。

图 7-26

7.2 设置员工手册的页眉页脚

员工手册一般有很多页，为了方便员工快速阅读，会在员工手册中设置页眉页脚，并设置页码，该如何进行操作呢？来看下面的内容。

7.2.1　设置首页和奇偶页位置不同

员工手册可分为首页、奇数页和偶数页 3 种，页面不同，页眉页脚的效果也会有所差异。下面将讲解首页和奇偶页位置不同的相关设置操作。

打开“×× 有限公司员工手册”文档，在任意页面的页眉区域双击鼠标左键进入页眉页脚编辑状态。在“页眉和页脚工具 设计”选项卡中选中“首页不同”复选框，将首页和正文页进行区别，如图 7-27 所示。

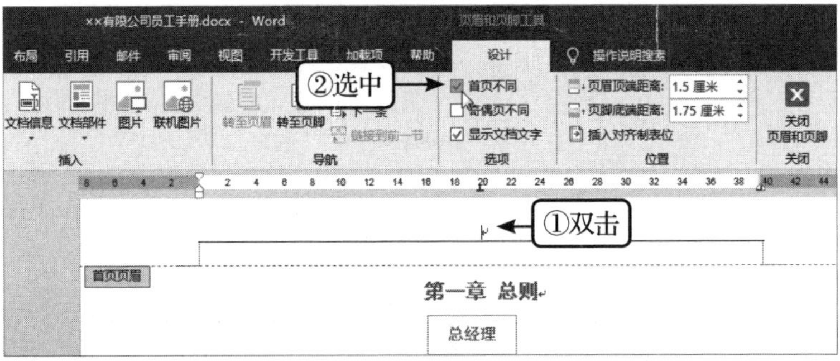

图 7-27

在“页眉和页脚工具 设计”选项卡“选项”工具组中选中“奇偶页不同”复选框，将正文的奇数页与偶数页进行区别。在“位置”工具组中将“页脚底端距离”设置为 1 厘米，如图 7-28 所示。

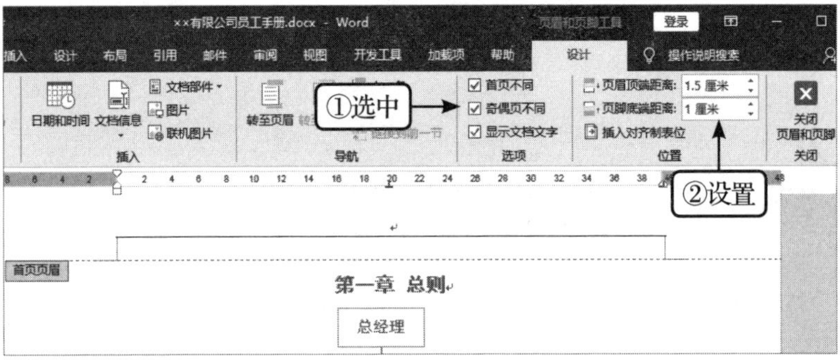

图 7-28

7.2.2 添加公司 LOGO 到偶数页页眉

一般来说，为了突出企业的规范性、整体性，会在员工手册中添加代表企业的 LOGO 图标，以此来突出企业的品牌形象。

在 Word 2016 中，为文档添加企业的 LOGO 图标可以通过自定义的方式在页眉中添加图片来实现，添加 LOGO 图标之后，还要对其大小、位置等属性进行设置。下面来介绍有关具体操作。

将文本插入点定位到偶数页页眉区域，单击“页眉页脚工具 设计”选项卡中的“图片”按钮，在打开的“插入图片”对话框中选择图片的保存路径，在中间的列表框中选择需要的 LOGO 图标，单击“插入”按钮。如图 7-29 所示。

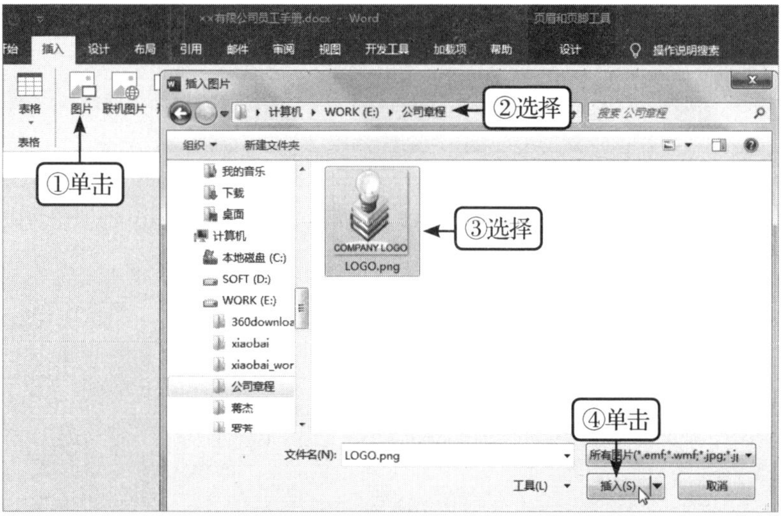

图 7-29

LOGO 图标插入到页眉区域后，“图片工具 格式”选项卡即被激活，单击“大小”组的“对话框启动器”按钮。在打开的对话框中将高度和宽度设置为 24%，单击“确定”按钮确认图片大小。如图 7-30 所示。

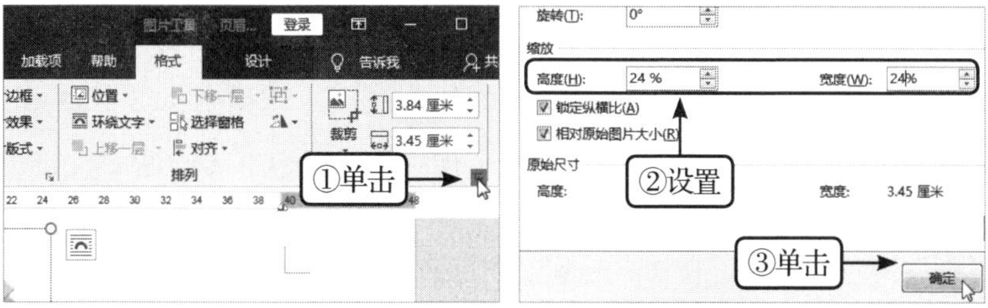

图 7-30

保持图片的选择状态，单击“布局选项”按钮，在打开的界面中选择“浮于文字上方”选项，更改图片的环绕方式。选择图片，按住鼠标左键不放，拖动鼠标将其移动到偶数页页眉的左上角，如图 7–31 所示。

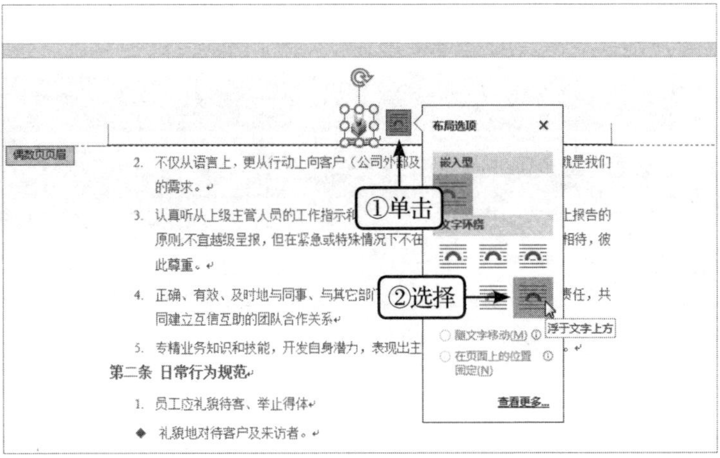

图 7–31

7.2.3 删除页眉中的横线

新建的 Word 文档，在进入到页眉页脚编辑状态后，页眉中会出现一条横线，为了文档的美观，可以通过段落的边框功能将其删除，并添加需要的文本内容。下面来看具体的操作。

选择页眉区域的段落标记，单击“开始”选项卡“段落”工具组中的“边框”下拉按钮，选择“无框线”选项。切换到奇数页页眉，选择段落标记，在“段落”工具组中用同样的方法，删除奇数页中的横线。如图 7–32 所示。

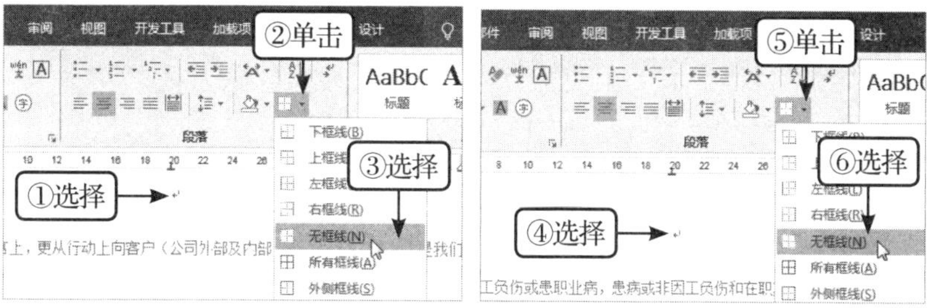

图 7-32

定位文本插入点到奇数页的页眉，直接输入公司名称。选择输入的公司名称文本，单击“右对齐”按钮，调整文本的对齐方式，如图 7-33 所示。

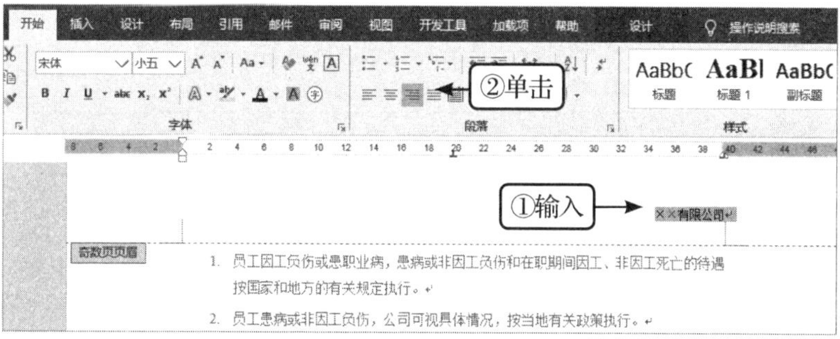

图 7-33

7.2.4　在页脚处添加制作时间和页码

设置了页眉的内容后，还需对员工手册的页脚添加制作时间及页码内容。通过插入日期和时间功能以及插入页码功能，即可在页脚处添加制作时间和页码，下面通过具体的实例操作讲解相关步骤。

单击“页眉和页脚工具 设计”选项卡，单击“转至页脚”按钮。在页脚中输入“制作时间：”文本，单击“插入”工具组中的“日期和时间”按钮，如图 7-34 所示。

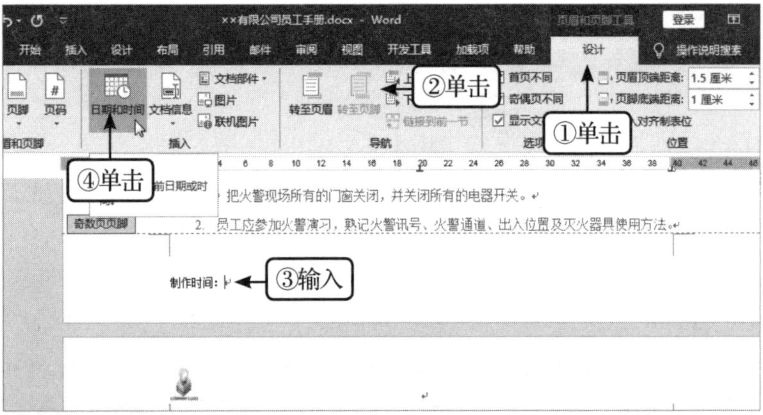

图 7-34

在打开的“日期和时间”对话框中选择一种日期样式，如选择“2019/10/21”样式，单击“确定”按钮，如图 7-35 所示。

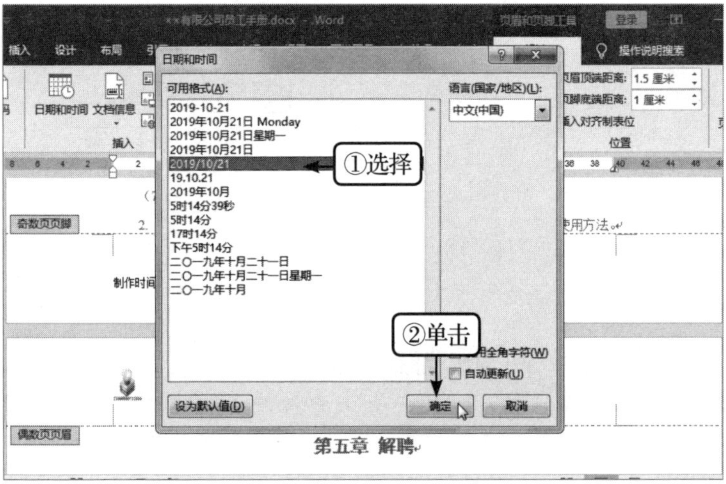

图 7-35

在插入的日期后面按空格键将文本插入点定位到页脚的右侧，单击“页眉和页脚”工具组中的“页码”下拉按钮，选择“当前位置 / 普通数字”选项，如图 7-36 所示。

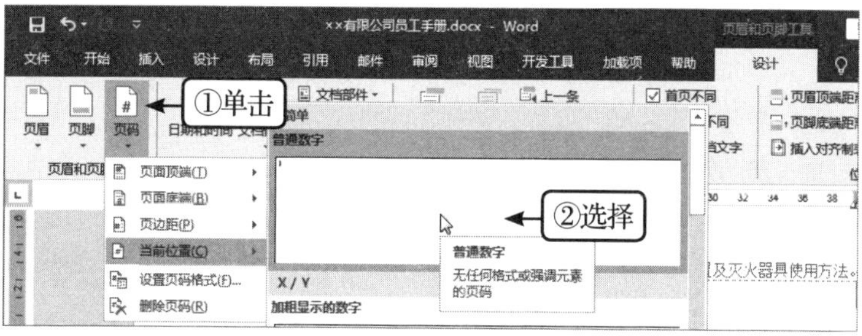

图 7-36

在插入页码的左侧和右侧分别输入“第”和“页”文本。复制第 3 页的所有页脚信息，切换到任意偶数页页脚，执行粘贴操作，快速设置偶数页的页脚信息。设置完成后单击“关闭页眉和页脚”按钮，退出页眉页脚编辑状态。如图 7-37 所示。

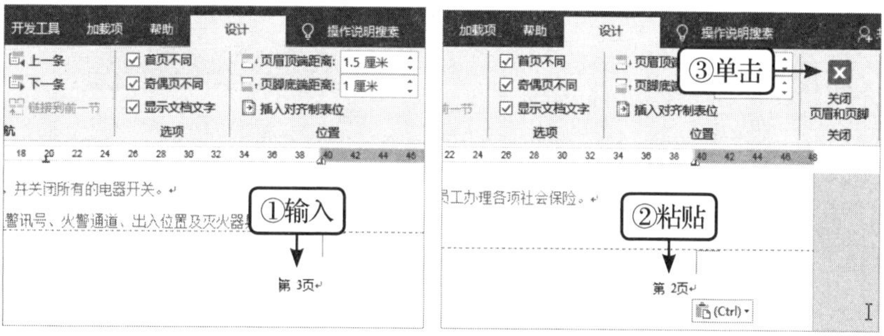

图 7-37

|7.3|
设置员工手册的封面并提取目录

一份完整的员工手册，一般会有一个正式、美观的封面，而且由于页数较多，内容复杂，所以需要插入文档目录，以便快速找到相关内容，这里我们用到 Word 2016 介绍相关操作，一起来看一下。

7.3.1 添加员工手册封面

在 Word 2016 中，可以通过插入封面功能在文档的首页插入封面，并设置封面效果，下面通过为员工手册添加封面为例讲解有具体操作。

打开“××有限公司员工手册”文档，单击“插入”选项卡，单击“封面”下拉按钮，选择“奥斯汀”封面。程序自动在文档的最前面插入一个封面页，在标题占位符中选择占位符文字，输入“员工手册”文本。如图 7-38 所示。

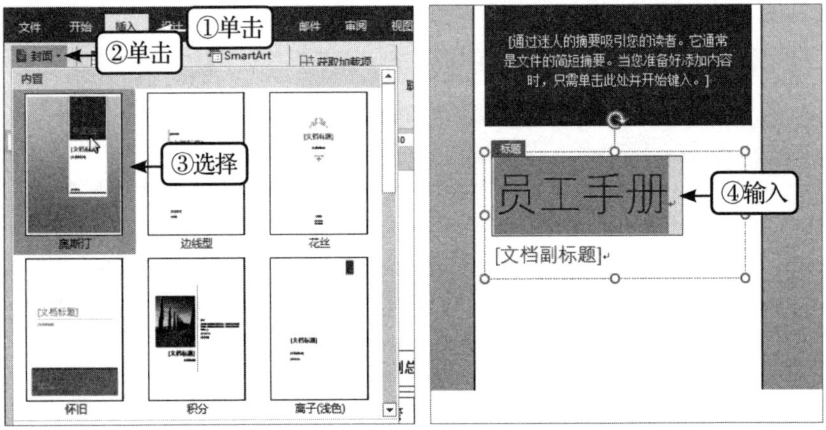

图 7-38

选择标题文本，在“字体”工具组中设置字体格式为“方正小标宋简体、黑色、小初”。按同样的方式输入副标题和摘要文本内容并设置字体格式。选择作者占位符，按两次【Backspace】键删除该占位符，如图 7-39 所示。

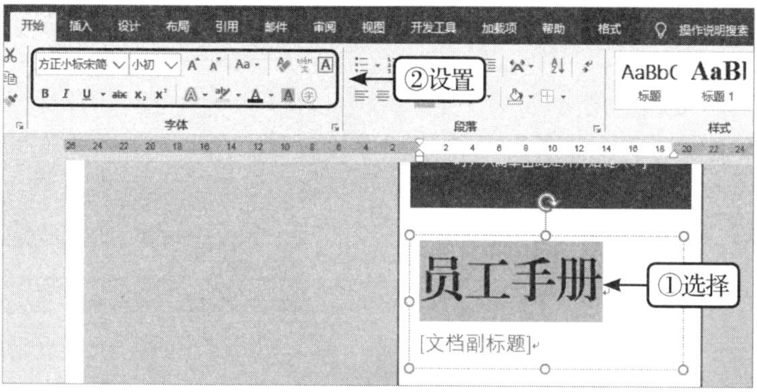

图 7-39

7.3.2　插入空白页

为了提取员工手册的目录，需要在文档的封面页后插入空白页，其具体的操作如下。

将文本插入点定位到内容页的开始位置，在“插入”选项卡中单击“空白页”按钮。程序自动在第二页插入一页空白页，在页面中输入“目　录”文本，单击“居中”按钮并设置对齐方式，如图 7-40 所示。

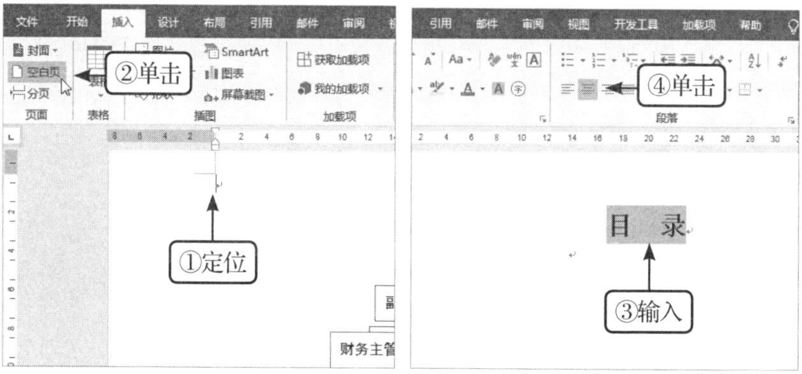

图 7-40

7.3.3 提取员工手册的目录

使用 Word 2016 插入目录，可以使用系统提供的文档目录功能快速提取目录。下面来看具体操作方法。

将文本插入点定位“目 录”文本的下一行，单击“引用”选项卡，单击“目录”下拉按钮，选择“自定义目录”命令。在打开的“目录”对话框中的“显示级别”数值框中输入“2”，单击“确定”按钮提取目录。如图 7-41 所示。

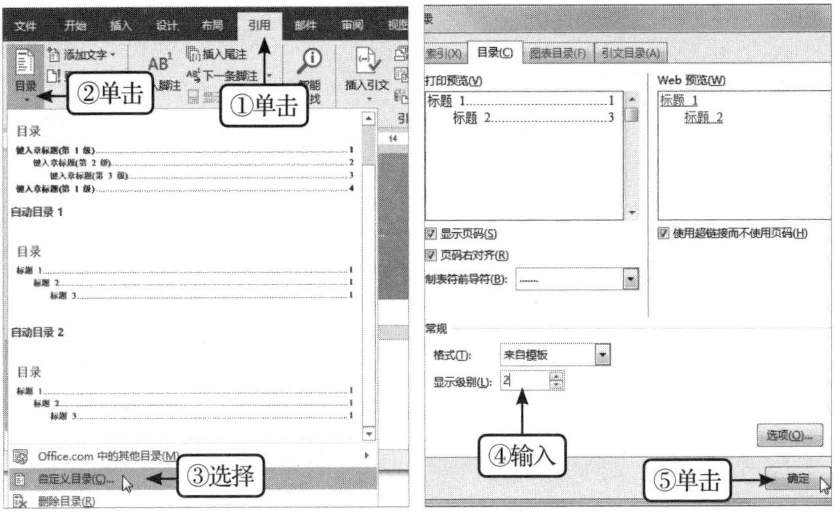

图 7-41

7.3.4 更新文档目录

通常来说，如果公司的员工手册页数较多，难免会出现标题格式级别出错需要修改的情况，可在提取目录后对目录的标题格式进行调整，不过需要通过更新目录功能将目录进行更新。具体操作如下。

对员工手册的文档进行一些调整后，返回到目录页面，在其中任意位置定位文本插入点，单击“目录”工具组中的“更新目录”按钮。在打开的“更新目录”对话框中选中“更新整个目录”单选按钮，单击“确定”按钮完成整个操作，如图 7-42 所示。

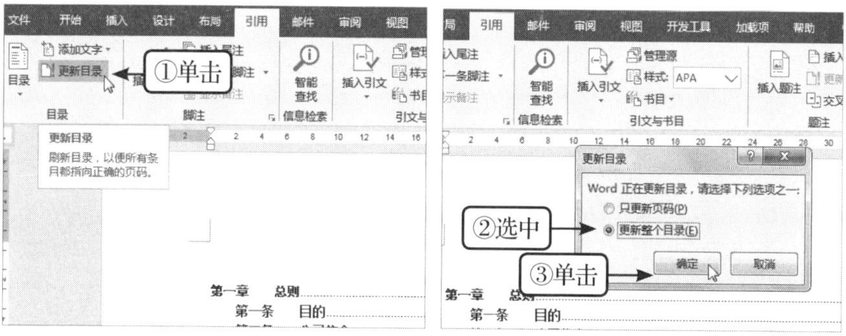

图 7-42

模板精选

资源 ××员工手册

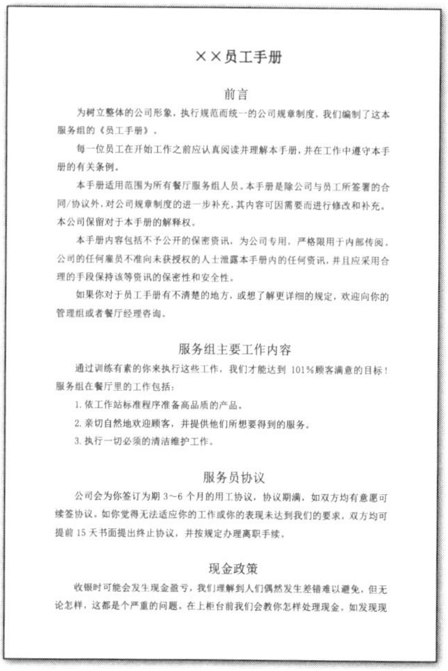

××员工手册

前言

为树立整体的公司形象，执行规范而统一的公司规章制度，我们编制了这本服务组的《员工手册》。

每一位员工在开始工作之前应认真阅读并理解本手册，并在工作中遵守本手册的有关条例。

本手册适用范围为所有餐厅服务组人员。本手册是除公司与员工所签署的合同/协议外，对公司规章制度的进一步补充，其内容可因需要而进行修改和补充。本公司保留对于本手册的解释权。

本手册内容包括不予公开的保密资讯，为公司专用，严格限用于内部传阅。公司的任何雇员不准向未获授权的人士泄露本手册内的任何资讯，并且应采用合理的手段保持该等资讯的保密性和安全性。

如果你对于员工手册有不清楚的地方，或想了解更详细的规定，欢迎向你的管理组或者餐厅经理咨询。

服务组主要工作内容

通过训练有素的你来执行这些工作，我们才能达到 101%顾客满意的目标！服务组在餐厅里的工作包括：

1. 依工作站标准程序准备高品质的产品。
2. 亲切自然地欢迎顾客，并提供他们所想要得到的服务。
3. 执行一切必须的清洁维护工作。

服务员协议

公司会为你签订为期 3～6 个月的用工协议，协议期满，如双方均有意愿可续签协议。如你觉得无法适应你的工作或你的表现未达到我们的要求，双方均可提前 15 天书面提出终止协议，并按规定办理离职手续。

现金政策

收银时可能会发生现金盈亏，我们理解到人们偶然发生差错难以避免，但无论怎样，这都是个严重的问题。在上柜台前我们会教你怎样处理现金。如发现现

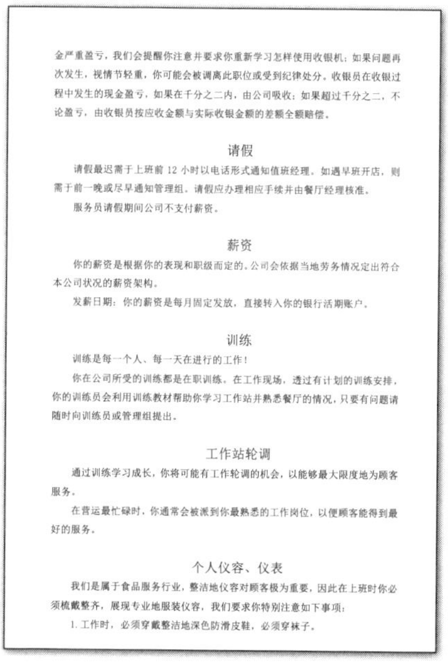

金严重盈亏，我们会提醒你注意并要求你重新学习怎样使用收银机；如果问题再次发生，视情节轻重，你可能会被调离此职位或受到纪律处分。收银员在收银过程中发生的现金盈亏，如果在千分之二内，由公司吸收；如果超过千分之二，不论盈亏，由收银员按应收金额与实际收银金额的差额全额赔偿。

请假

请假最迟需于上班前 12 小时以电话形式通知值班经理。如遇早班开店，则需于前一晚或尽早通知管理组。请假应办理相应手续并由餐厅经理核准。

服务员请假期间公司不支付薪资。

薪资

你的薪资是根据你的表现和职级而定的。公司会依据当地劳务情况定出符合本公司状况的薪资架构。

发薪日期：你的薪资是每月固定发放，直接转入你的银行活期账户。

训练

训练是每一个人、每一天在进行的工作！

你在公司所受的训练都是在职训练。在工作现场，透过有计划的训练安排，你的训练员会利用训练教材帮助你学习工作站并熟悉餐厅的情况，只要有问题请随时向训练员或管理组提出。

工作站轮调

通过训练学习成长，你将可能有工作轮调的机会，以能够最大限度地为顾客服务。

在营运最忙碌时，你通常会被派到你最熟悉的工作岗位，以便顾客能得到最好的服务。

个人仪容、仪表

我们是属于食品服务行业，整洁地仪容对顾客极为重要，因此在上班时你必须梳戴整齐，展现专业地服装仪容，我们要求你特别注意如下事项：

1. 工作时，必须穿戴整洁地深色防滑皮鞋，必须穿袜子。

资源 ××集团员工手册

××集团员工手册

目 录

一、前言
二、公司简介及发展远景
三、机构图
四、员工要求
五、员工义务
六、员工权利
七、奖惩条例
八、考勤管理
九、员工福利

公司简介及发展远景

××医药保健品集团于1990年10月注册成立，位于沈阳高新技术产业开发区，是以生产和经销医药、保健、美容、化妆用品为主的中外合资企业。

集团自成立以来，企业由最初的29人、100万元注册资本发展成为正式职工780人、注册资本2亿元的大型企业，累计销售额达20多亿元，利税近4亿元。

××集团现有生产基地面积99200 m²、建筑面积20700 m²，拥有现代化流水作业的口服液制剂、搽剂、冲剂、胶囊制剂型设备及生产能力，并具备了高水平的质量检测设备及生产能力。1996年8月召开的公司股东大会明确确定了集团未来发展的产业结构，在确保原有保健品生产经营的基础上，公司决定向新的医药、保健品、保健食品、化妆品、建筑、制酒、金融等领域进军。坐落在沈阳高新技术产业开发区、占地达10万平方米，计划年产值30亿元的现代化制药园区已投入初期建设。

××集团的拳头产品"××牌××液"是一种益肾健骨、通和血脉、促进新生、延年益寿的医疗保健品。对前列腺肥大、老花眼及老年白发等症有极佳的疗效，曾荣获国际、国内三十余项大奖，甚为广大用户所信赖。继拳头产品之后，又推出××胶囊、"××牌"出口浓缩型××液，"××"牌××擦剂、××玉膏、××口服液、当××胶囊、××口服液、××化妆品等系列产品。产品质量符合中华人民共和国有关技术标准。

1994年集团获得"全国中外合资企业人均高利税企业"的称号，集团董事长、总裁××先后荣获"全国杰出青年企业家"、"中国十大杰出青年"、"中国改革风云人物"、"全国劳动模范"等荣誉称号，并当选为沈阳市人大代表、辽宁省政协委员、中国外商投资企业协会理事、全国青年企业家协会副会长，多次受到党和国家领导人的亲切接见。

××集团按照现代企业管理制度实行标准化管理，注重集团整体CI形象的塑造，逐步建立了"××"的商品形象和企业形象，形成了具有××企业特色的企业文化——××之魂，倡导"以人为本，以法治人，追求永恒，坚持持久"。××集团的理想是：挺起民族工业的脊梁，屹立在世界经济东方，全面实现国际化、现代化。

××集团经过不断努力，正在驶向理想的彼岸，并已经完成了走向国际跨国集团的起步工作。××集团已先后取得在香港和美国的上市批准证书。××集团全体同仁深信：在集团董事会的正确指引下，只要有中国不断深化改革的政策保驾护航，××集团必将在国际经济舞台上大展宏图，成为拥有多种产业的国际化企业集团。

员工仪表及行为规范

一、员工仪表仪容

1. 商务活动及重要会议、集团总部员工日常上班，男士穿西服套装系领带，夏季穿衬衫系领带；女士宜根据不同场合，着职业套装、套裙、时装，但不宜太袒露。

2. 生产工人日常上班一律穿戴整齐工作服或无菌衣，做好手部消毒。

3. 所有员工一律佩带胸卡（左胸前）。

资源 浙江××控股集团有限公司员工手册

浙江××控股集团有限公司员工手册

欢迎您加入浙江××控股集团有限公司！作为本公司的员工，您将成为团队中的一员，为顾客提供最完美的产品和最周到的服务。浙江××控股集团有限公司的每位员工都将有自己独特的机会在公司的顾客和同行业中树立我们的形象，传播我们的经营理念。为了使您的工作成为公司最重要的部分之一，我们也将竭尽所能帮助您在岗位上得到发展并为您的事业成功助以一臂之力。

这是您的员工手册，它能指导您了解公司的政策和福利情况。熟悉了这些内容后，您将对公司运作及管理风格有一个更清楚的认识，包括您对我们的期望和我们对您的期望。如果您有不明确的地方，请提出自己的疑问。

除了这本手册外，您还要接受公司制定的其他政策。员工手册中规定的政策公司会根据实际情况定期修订。由于经营环境在不断改变，所以这些政策也需要随之相应变化，不过，任何政策的变动都将及时通知您。该手册中的内容（全部或局部）绝不意味着一份雇用合同或雇用保证。

员工守则

下级服从上级是公司管理的基本原则，员工应服从领导的工作安排和调度，按时完成任务，保质保量，不得无故拒绝、拖延或终止工作。员工应该热爱本职工作，忠于职守，尽职尽责。自觉遵守国家制定的有关法律及公司所有规章制度，依法办事，实现自我约束与组织约束相结合。严禁无组织无纪律，我行我素。保持公司良好的环境卫生是每位员工的责任，禁止随地吐痰、乱扔杂物、随意涂写。勤俭节约，爱护和保管好公司财物，责任范围内的遗失和损坏应予以赔偿。

服务期限

在浙江××控股集团有限公司的服务年限是指您在公司连续工作的时间长度，它以您最近一次的雇用时间为基准。在员工的技能和能力水平同等时，服务年限将作为晋升、获得培训机会及享受休假优先权的考虑因素。

若下列事件发生，服务年限中断。

1. 主动辞职；

2. 出于任何原因而终止合同；

3. 连续3天无故缺勤；

4. 在服务过程中下岗超过2个月；

试用问题

本公司对新进员工实行一至三个月的试用期。试用期满，并经部门考核通过的可正式签订劳动雇用合同。在试用期间及试用期后，雇用关系可由雇主和员工按照有关制度和书面协议的规定进行终结或续延。

资源 ××制药有限公司员工手册

××制药有限公司员工手册

致员工

海纳百川，英才汇聚。××制药有限公司热忱欢迎您的加盟。

××制药，健康良友，关爱生命，造福人类-是我们的崇高事业；精益求精，创新发展-是我们的一贯追求。

××人精诚团结，艰苦创业，造就了××今天的辉煌；××人勇于开拓，不断创新，实践了××跨世纪的诺言——亚洲最大的全套临床营养产品开发、生产和经营中心。我们有信心成为中国最具实力和呼引力的药合资企业。每位员工在这个团队里，凭借开拓、创新、挑战、拼争的执著精神，将会有一展身手的用武之地，施展才华的广阔舞台。

千里之行，始于足下。从您加入××制药的第一天起，愿您尽快地熟悉和了解她，让您的智慧和才华，在××制药"天生我材必有用"的最佳沃土里，随着公司的发展而升华。

我们的理念：

以高质量的产品和服务，关爱人类的生命和健康。

我们的目标：

临床营养领域的领导者。

我们的使命：

我们要对全体股东负责，为股东创造价值，实现股东利益最大化。

我们要对全体客户负责，无论是外部客户还是内部客户，他们利益的需求和满意是我们的首要关心和工作目标。

我们要对全体员工负责，合理地酬报员工所作的贡献，尊重他们的人格、尊严和隐私，赏识他们的才干，充分授权，发展潜能，提供安全、整洁的工作环境和良好的培训、发展机会，以对公司的忠诚负责和工作业绩作为评估依据，高业绩、高回报。

我们要营造开放的内部交流氛围，制订公平一致的政策，建立能者上，庸者下的用人机制，培养全体员工团结拼搏、永不言败、挑战自我、追求卓越的团队精神。

我们要保护环境和自然资源，敢于实践新的构思，不断研发革新项目，实现成本与技术领先，使企业永远立于不败之地。

行为准则

作为公司一员，个人表现直接影响公司形象，每位员工在各种场合必须时时具有"我代表××公司"的强烈意识，并以此规范和指导自己的行动。

一、职业道德

1. 热爱公司，忠诚于公司，不做损害公司利益的事，不兼职于其它公司。

2. 尽忠职守，勤勉地履行职责，高效优质地完成各项任务，为社会提供一流的产品和服务。

3. 遵章守纪，严守国家法律法规及公司各项规章制度和行为规范。

4. 安全操作，重视质量，积极提出合理化建议，努力增加公司效益。

5. 克己奉公，见义勇为，助人为乐，积极参加社会公益活动。

6. 保守机密，严禁向外泄露公司的商业及技术秘密，包括信息、资料等。

二、礼仪规范

1. 仪容、仪表

（1）员工应讲究个人卫生，注意自我修饰，培养健康的生活习惯，以保持良好的精神状态。

（2）生产系统员工必须按 GMP 规定依照不同工种的要求，穿着公司规定 的工作服。管理系统人员及营销人员在工作场所提倡职业着装。

（3）着装时，应注意发型、外套、衬衣、领带、鞋、袜及饰物的搭配。

2. 言谈、举止

（1）与人交谈时，礼貌、热情，称谓得体。

（2）姿态大方、自然。

（3）注意目光接触和聆听。不随意打断对方说话和否定对方的意见。

（4）举止文明，注意场合及礼节。

3. 电话

（1）接听迅速，不让铃声超过三次。

资源 江苏××高科技术股份有限公司员工手册

江苏××高科技术股份有限公司员工手册

前言

欢迎您加入××！

翻开这本《员工手册》，它将告诉您：

江苏××高科技术股份有限公司的概况；

公司的内部结构；

公司富有特色的企业文化；

一名合格员工的行为标准；

与您切身利益有关的制度摘要。

《员工手册》简明、完整地阐述了以上内容，并对关键概念进行了特别论述，是实际工作中的必备手册。同时，手册还提供了相应文件的名称，以便各位进一步查找。可以说，《员工手册》不仅是新员工进入公司的第一课，同时也是所有公司员工的必修课，希望各位同仁认真阅读并理解执行。

目录

第一章 公司简介

第二章 公司组织架构

第三章 公司企业文化

第四章 员工行为规范

第五章 员工薪酬、福利

第六章 相关制度摘要

结束语

公司简介

第一节 公司概述

××高科技术股份有限公司是国内大型 IT 连锁企业。公司是集 IT 产品与通讯产品研发、制造、销售、系统集成、服务为一体的贸、工、技大型民营企业集团，是中国 IT 销售前 20 强、江苏省连锁前 5 强企业。

公司前身为江苏××科技发展有限公司，成立于 2000 年 10 月，由江苏省首家信息产业上市公司宏图高科技股份有限公司与江苏三胞集团共同投资组建，总资产达 10 亿元人民币。公司拥有雄厚的资本势力，超强的销售网络和技术管理团队，现有员工近 3000 人，其中博士以上学历 38 人，硕士以上人员 72 人，大专以上人员达 80%。

××现下辖上海、苏皖两大平台。平台下设上海、合肥、南京、苏州、无锡、徐州、常州、扬州、江阴、淮安、南通、镇江等数十家大型专业连锁卖场，并与国内多所重点大学和研究所进行技术合作，设有××高科技术研发中心、××研究院等机构。目前，××正在积极筹备建设浙江、广东、湖南等区域平台。预计到 2004 年底，××连锁卖场将遍及全国，销售收入将达到 50 亿元。

××在努力发展自身的同时，深入推进"创新型矩阵管理"，建成了信息、服务、品牌和物流四大平台。公司还与英特尔、英迈国际、IBM、惠普、东芝、联想、方正、清华同方、TCL 等国内外 IT 知名企业进行合作，形成战略伙伴关系，取得了良好的经济效益，综合实力得到极大提高，科技水平不断攀升，参与全国市场竞争的实力迅速增强。

××正努力成为中国最大的 IT 企业！

第二节 公司的"四大平台"

××始终相信，通过自己不懈的努力，必定能架设起资讯产品厂商与最终消费者之间的桥梁，促进信息技术在中国的普及和应用。所以，无论是现在还是未来，××一直致力于搭建四大产业平台。这四大平台是：

物流平台

建立一个以卖场文化、WDM 市场模式为核心的完整的资讯产品物流平台系统，创立真正的从生产厂家到消费人群的市场模式。

信息平台

建立一个与物流平台共同成长的信息流电子商务平台，使有形市场和无形市场同步发展。信息平台的建设与成长模式，将确立公司未来电子商务领域拓展的基本方向。

资源 金××集团员工手册

金××集团员工手册

第一章 总则

本手册根据金××公司章程，依据公司人事、行政、财务等规章制度而制定，它能指导您了解任职期间的有关准则和政策，提供您在金××可享受的权利、所应承担的责任和义务等资料。熟悉了这些内容后，您将对公司动作和管理风格有一个更清楚的认识，包括您对我们的期望和我们对您的期望。

此版员工手册系试用版，由于公司的发展与经营环境的不断变化，本手册中规定的政策都有可能随之相应的修订，不过，任何政策的变动我们都将及时通知您。您有不明确的地方，请提出自己的疑问。我们希望您作为金××公司的一员感到愉快。本手册的解释权属于集团公司人力资源部。

金××的每一位在岗员工都应遵循本手册。

第二章 入职指引

报到

人力资源部是具体负责办理报道手续的职能部门，报到时您须出示以下有效证件原件并留复印件：1、身份证；2、学历证书、学位证书；3、职称证书、资格证书；4、婚姻状况证明、计划生育证明、独生子女证明；5、近期体检报告、免冠一寸近照10张。

当个人资料有以下更改或补充时，请您在一个月内到人力资源部出示相关证明的原件并留下复印件，以确保与您有关的各项权益：1、姓名或身份证号码；2、户籍；3、婚姻状况；4、职称、从业资格；5、培训结业或进修毕业。

1、入职指引

您进入公司后，部门都会指定一名员工作为您的入职指引人。入职指引人除了向您介绍公司、部门的基本情况和您的工作任务外，还会指导您如何领取办公用品，使用办公设备，用餐，搭乘班车等有关工作的具体事务。同时，公司将及时为您安排脱产的入司培训。

2、用餐

公司为您提供一定的午餐补助。集团公司员工可凭餐卡到公司餐厅就用自助午餐，子公司员工则享受各公司具体的午餐补助规定。

3、班车

公司上下班时间都有班车接送员工。如果你需要乘车上下班，可到总办车队咨询班车路线，联系是否能约定乘车地点和时间搭乘。

试用与转正

1、社会聘用员工的试用与转正

你入司后，一般头三个月为试用期。在试用期间你应尽快融入到公司的工作氛围中去，充分展示你的才干。这是你与公司互相了解互相适应的时期。如果在试用期内的任何时候，你认为金××公司对你不合适，你可以完全自由地提出辞职。同样地，如果你的工作无法达到要求，公司也会终止对你的试用。试用期满后，你须提出书面申请并填写《转正审批表》，经所在部门和人力资源部审核，通过主管业务的副总审批后，你就成为公司的正式员工了。在试用期间，如果你表现突出，经过人力资源部考核后，可缩短试用期，提前转正。

2、应届毕业生的见习与转正

应届本科生入司后见习期（试用期）为一年；应届硕士研究生（考取研究生前工作经历未满两年的）见习期为半年；有两年以上工作经历的应届硕士研究生及博士生试用期为三个月。见习期原则上不予缩短，如见习期内有特殊贡献，则可适当缩短见习期。

第三章 员工纪律和行为规范

员工守则

1、热爱公司，服务社会；

2、尊重他人，诚实守信；

3、用心做事，追求卓越；

4、不断进步，完善自我；

5、团结合作，坚持原则；

6、爱护公司财务，提倡勤俭节约；

第 8 章

员工手册与模板精选——PPT 演示版

很多企业在新员工入职的时候会对员工手册进行讲解，以便让员工快速了解公司。说到员工手册的讲解与展示，就需要利用演示文稿来帮忙。如何将员工手册的重点内容输入到 PPT 中呢？这需要我们对演示文稿的基本功能有一个认识。

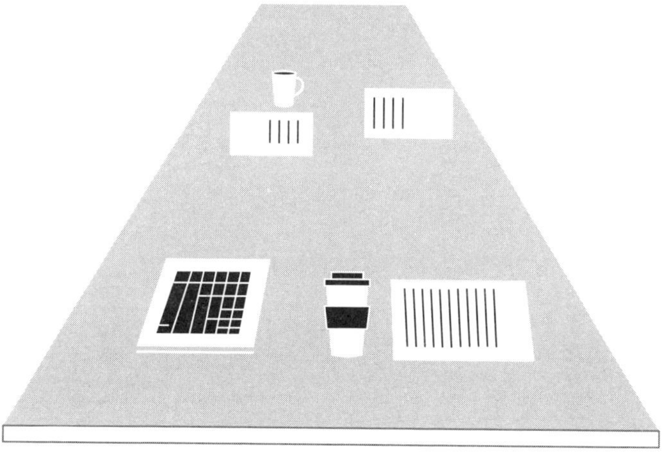

|8.1|
制作员工手册母版

通过纸质文件向员工传递公司基本的规章制度是较为基础的做法，有的公司还会在新员工入职会上，用演示文稿对员工手册的重点内容进行展示，那么就需要对员工手册的演示文稿进行制作。

8.1.1　创建“员工手册”空白演示文稿

要使用 PPT 演示员工手册，首先要创建一个指定名称的空白演示文稿，下面来讲解具体的操作。

启动 PowerPoint 2016 应用程序，新建一个空白演示文稿，单击快速访问工具栏中的“保存”按钮，在切换到的“另存为”选项卡中单击“浏览”按钮。如图 8-1 所示。

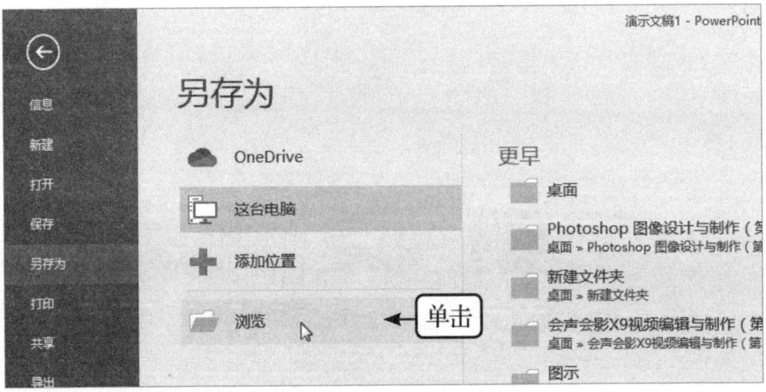

图 8-1

在打开的“另存为”对话框中设置保存位置，将文件名设置为“员工手册”，单击“保存”按钮完成操作，如图 8-2 所示。

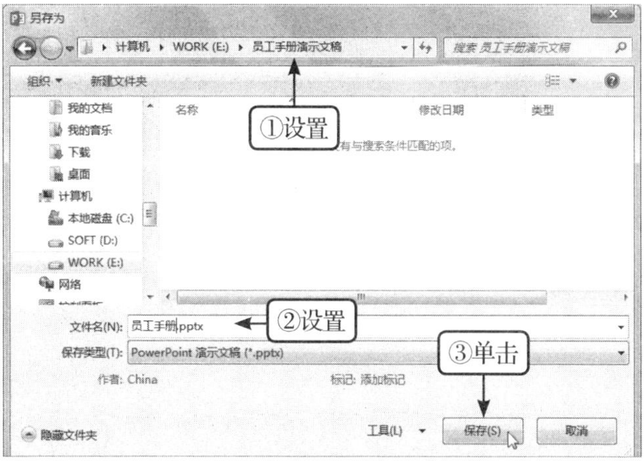

图 8-2

8.1.2　为员工手册母版添加背景

创建空白演示文稿后，接下来应该设置幻灯片母版，可利用幻灯片母版为所有幻灯片设置同样的背景色或者背景图片，具体操作方法如下。

在工作界面中单击“视图”选项卡，在“母版视图”工具组中单击“幻灯片母版”按钮，激活“幻灯片母版”选项卡，如图 8-3 所示。

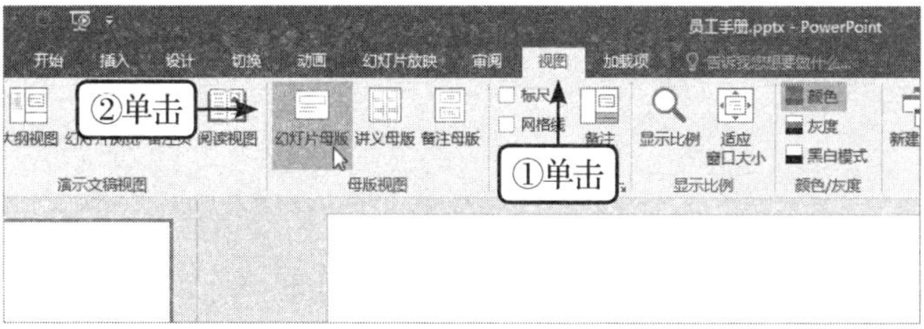

图 8-3

在左侧窗格中选择主母版，单击“幻灯片母版”选项卡中的“背景样式”下拉按钮，选择“设置背景格式”命令，如图 8-4 所示。

图 8-4

在打开的“设置背景格式”对话框中选中“图片或纹理填充”单选按钮，单击“文件”按钮。在打开的“插入图片”对话框中选择图片的保存位置，在中间的列表框中选择“图片 1”图片，单击“插入”按钮，如图 8-5 所示。

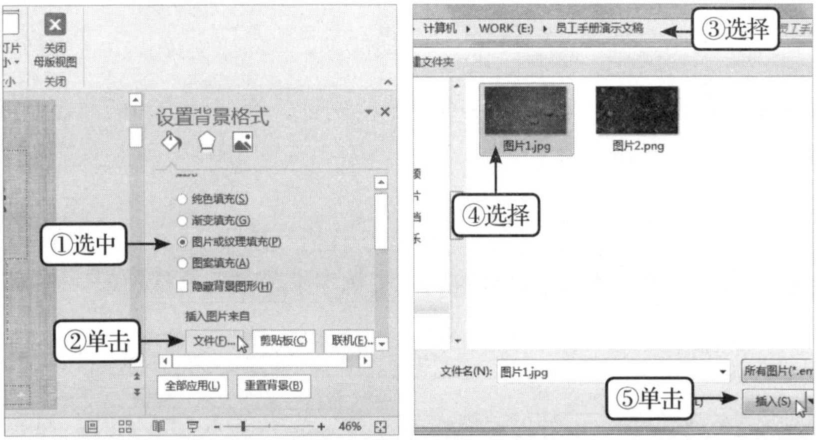

图 8-5

在返回的“设置背景格式”对话框中单击“关闭”按钮。选择标题幻灯片母版，右击，在弹出的快捷菜单中选择“设置背景格式”命令。

在打开的“设置背景格式”对话框中选中“图片或纹理填充”单选按钮，单击“文件”按钮，如图 8-6 所示。

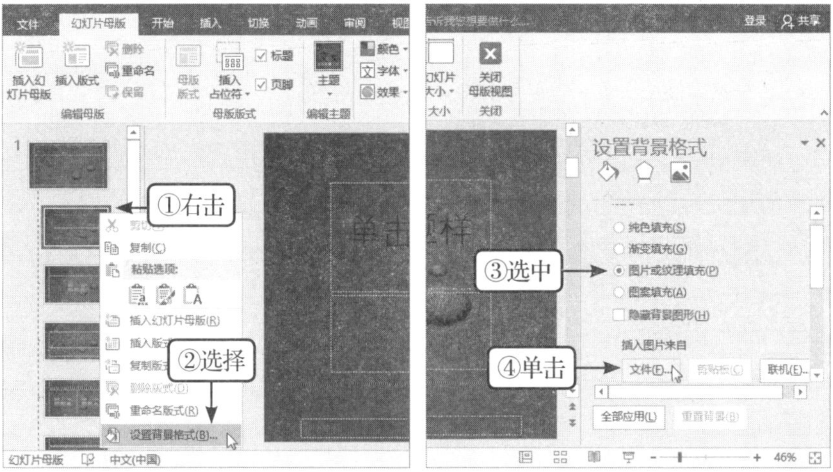

图 8-6

在打开的对话框中选择图片的保存位置，在中间的列表框中选择“图片 2”图片，单击“插入”按钮完成标题幻灯片母版的背景设置。在标题幻灯片母版上右击，在弹出的快捷菜单中选择“复制版式”命令，如图 8-7 所示。

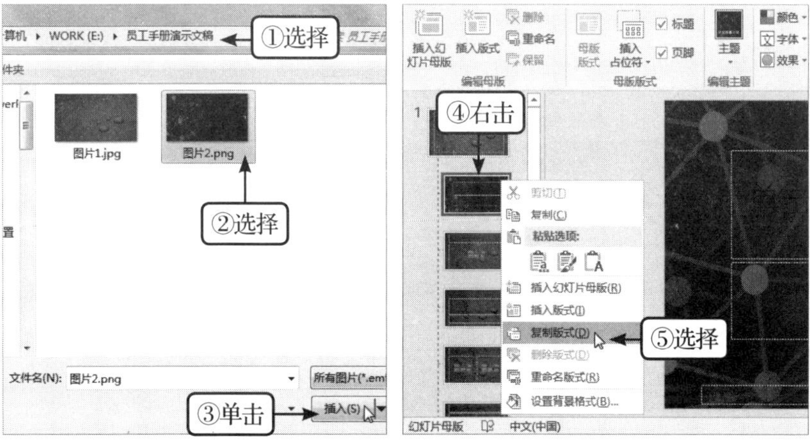

图 8-7

在复制的幻灯片上右击，在弹出的快捷菜单中选择“重命名版式”命令，打开“重命名版式”对话框，在“版式名称”文本框中输入“结束页”文本，单击“重命名”按钮完成结束幻灯片的命名。如图 8-8 所示。

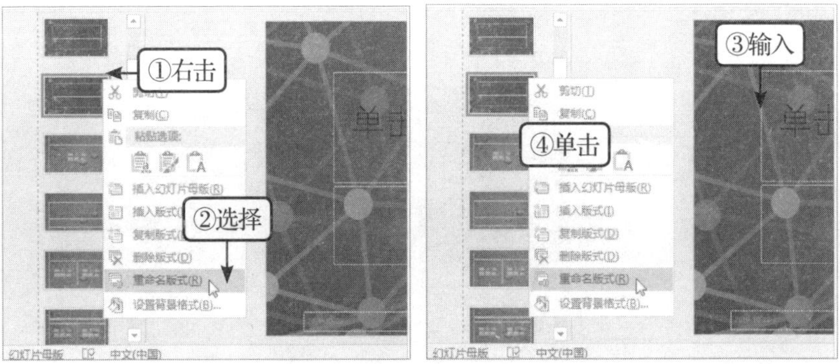

图 8-8

8.1.3 设置母版占位符中的字体格式

为母版幻灯片添加了背景后，还需要设置母版占位符的字体格式，这样能快速统一幻灯片的字体格式。下面通过在“员工手册”演示文稿中设置主母版中占位符中的字体格式为例，讲解相关操作。

在左侧窗格中选择幻灯片主母版，选择标题占位符文本，单击“开始”选项卡，在“字体”组中为文本设置字体格式。如图 8-9 所示。

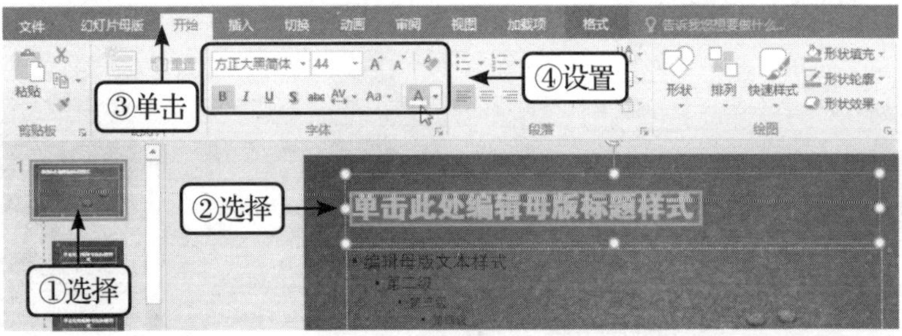

图 8-9

选择所有正文占位符文本，单击“开始”选项卡，然后在“字体”组中设置字体为“微软雅黑”，设置字体颜色为“白色，背景 1”，如图 8-10 所示。

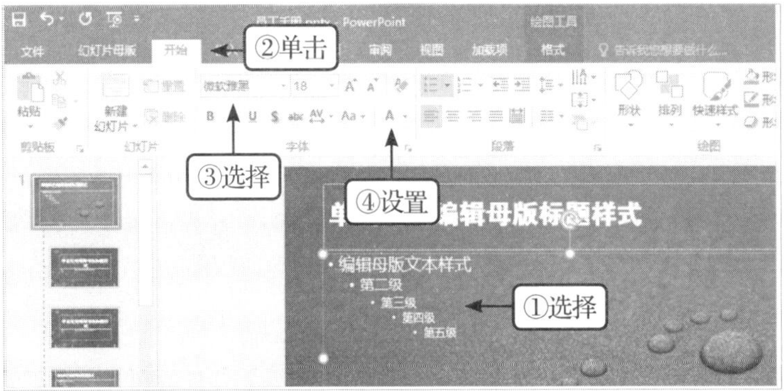

图 8-10

8.2 制作演示版的员工手册

幻灯片中的文本都是在文本框、占位符等对象中输入的，一份完整的演示文稿会包含多张幻灯片，如何将员工手册的内容输入进多张演示文稿中呢？请看下面的内容。

8.2.1　制作封面页和结束页

通过在“员工手册”演示文稿的标题幻灯片中录入标题内容，并新建一张结束页的版式幻灯片为例，讲解制作封面页和结束页的相关操作方法，具体步骤如下。

打开“员工手册”素材文件，将文本插入点定位到标题占位符中，输入“员工手册”文本。在副标题占位符中输入“× × 有限公司”，调整文本框到合适位置。将鼠标光标移动到左侧窗格中的幻灯片缩略图下方并单击，如图 8−11 所示。

图 8−11

单击“新建幻灯片”下拉按钮，选择“结束页”选项创建对应版式的幻灯片，如图 8−12 所示。

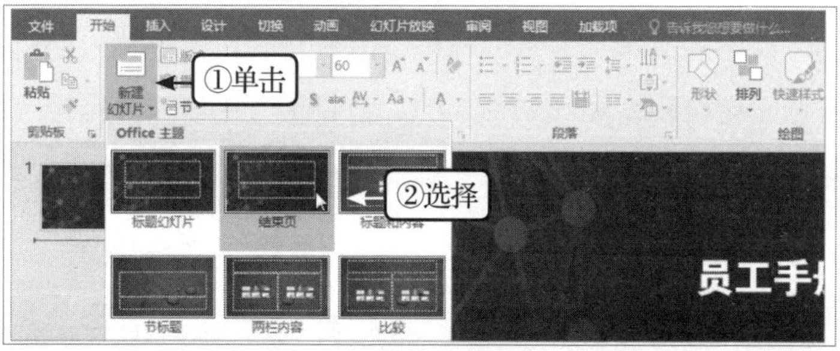

图 8−12

将文本插入点定位到标题占位符中，输入“谢谢”文本，删除副标题文本框，调整文本框到合适位置，如图 8−13 所示。

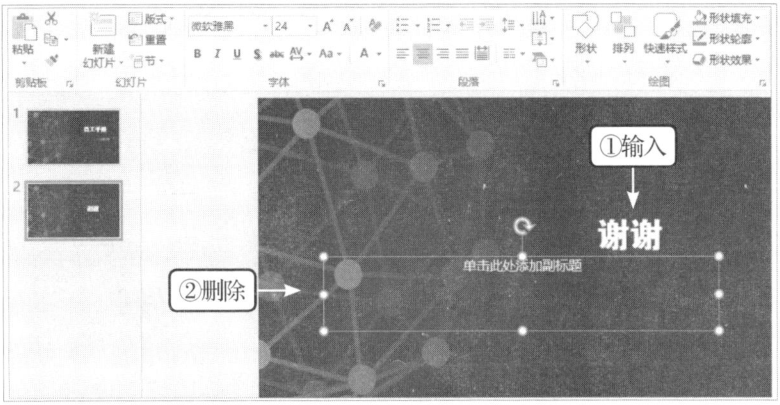

图 8-13

8.2.2 制作公司组织结构幻灯片

要想将组织结构图展示在演示文稿中，可以通过创建“仅标题”版式的幻灯片来完成该任务，具体步骤如下所示。

将鼠标光标移动到左侧窗格中的幻灯片缩略图下方并单击，单击“新建幻灯片”下拉按钮，选择“仅标题”选项创建对应版式的幻灯片，如图 8-14 所示。

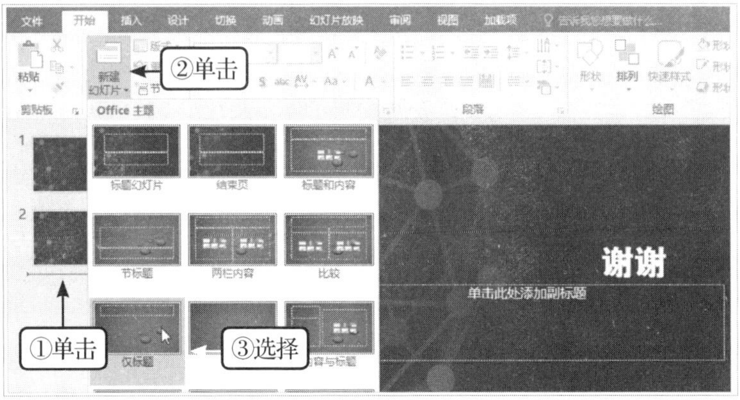

图 8-14

选择第3张幻灯片，然后将标题设置为“组织结构图”，在“插入”选项卡单击“SmartArt”按钮，创建组织结构图，如图8-15所示。

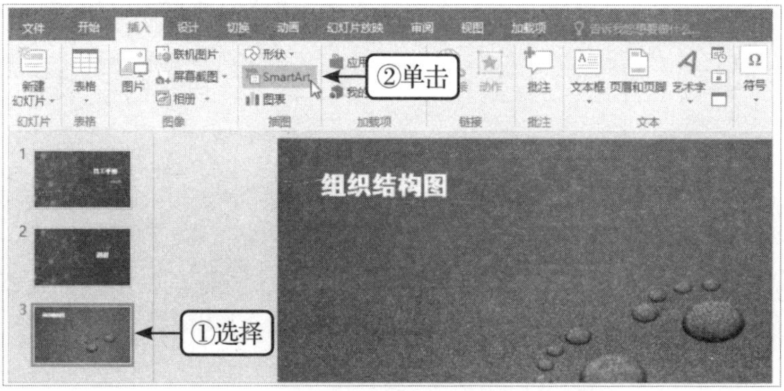

图8-15

完善组织结构图的结构层级，可通过单击“SmartArt工具 设计”选项卡中的“添加形状”下拉按钮，在形状的合适位置添加图形（方法与Word中相似），如图8-16所示。

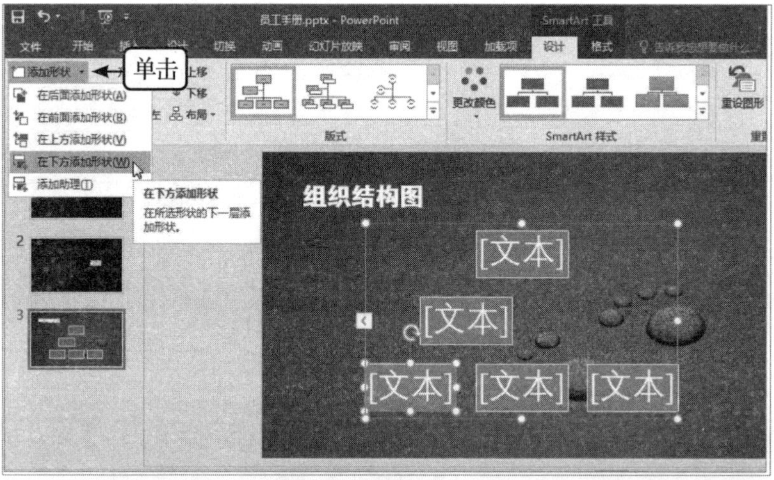

图8-16

在文本占位符中输入对应的职位信息，选择该组织结构图，在

“SmartArt 工具 设计”选项卡中单击“更改颜色”下拉按钮，选择适合的个性色。单击“SmartArt 工具 格式”选项卡，在“艺术字样式”工具组中选择合适的字体格式，调整组织结构图的大小和位置，如图 8-17 所示。

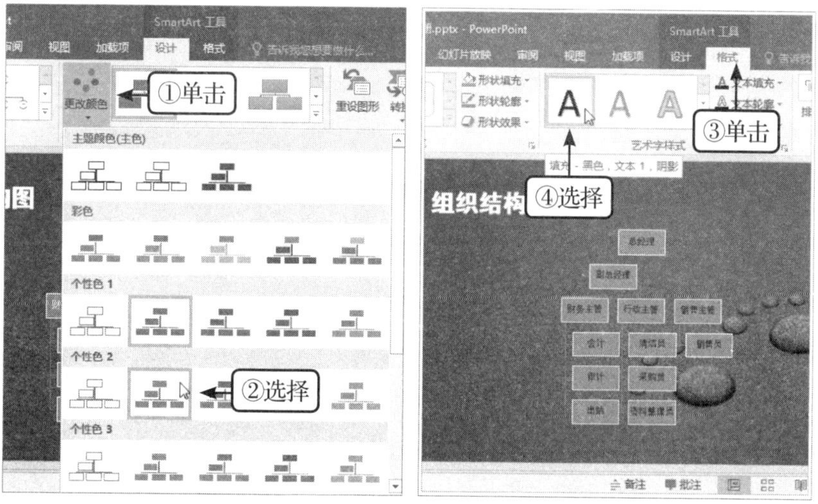

图 8-17

8.2.3 利用形状创建目录幻灯片

虽然文字是在文本框或者其他占位符中录入，但是为了整个幻灯片的页面更美观，可以利用一些形状来展示各种内容关系，下面通过在“员工手册”演示文稿中制作目录幻灯片为例，讲解在幻灯片中使用形状的相关操作方法，其具体步骤如下。

新建第 4 张幻灯片，然后将标题设置为“目录”。在“插入”选项卡下单击“形状”下拉按钮，选择需要的形状，如图 8-18 所示。

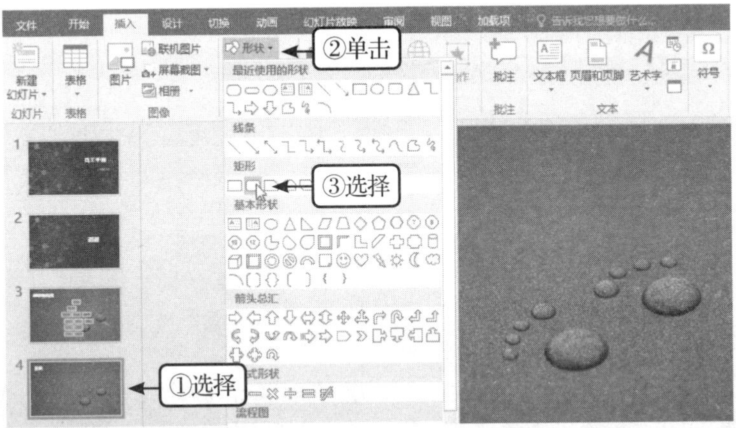

图 8-18

绘制一个形状，单击“绘图工具 格式”选项卡中的“形状填充”下拉按钮，选择“橙色，个性色 2”选项。打开“设置形状格式”对话框中，默认选中“纯色填充”单选按钮，设置透明度为“2%”，如图 8-19 所示。

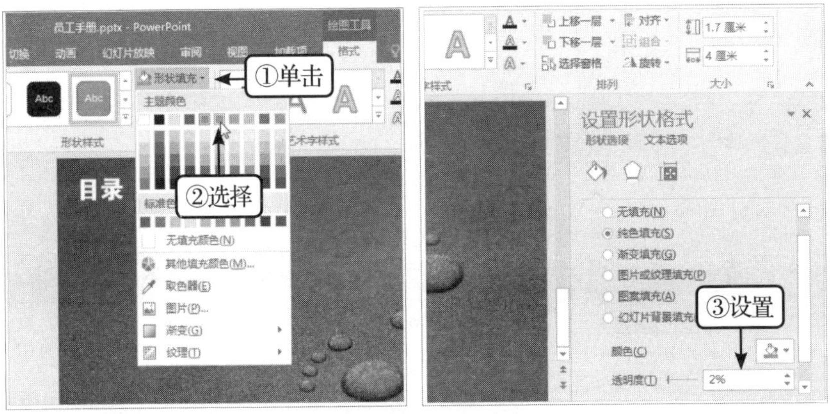

图 8-19

单击“关闭”按钮，保持形状的选择状态，在“绘图工具 格式”选项卡“大小”组中设置高度和宽度分别为 1.7 厘米和 4 厘米，如图 8-20 所示。

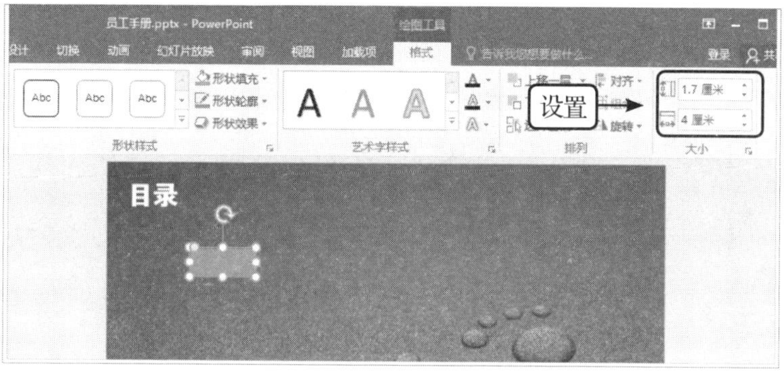

图 8-20

拖动黄色的控制点改变圆角矩形的弧度，复制一个同样的形状，设置其高度和宽度分别为 1.7 厘米和 11.4 厘米。在“绘图工具 格式”选项卡中单击“形状填充”下拉按钮选择合适的填充颜色，并设置图形的透明度为“10%”，如图 8-21 所示。

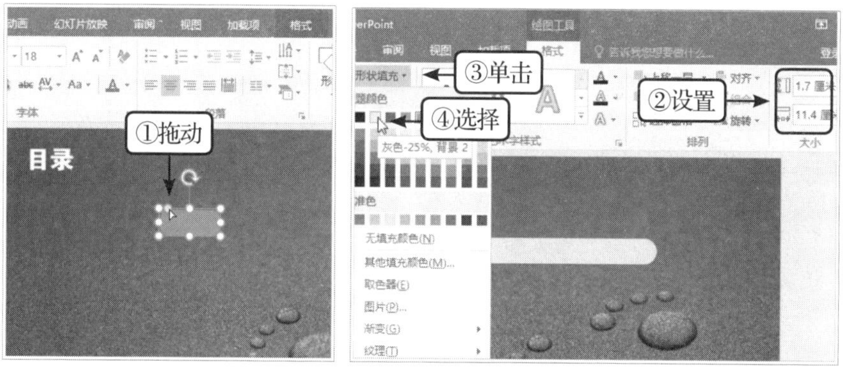

图 8-21

将两个图形重叠在一起，在橙色图形上右击鼠标，在弹出的快捷菜单中选择“置于顶层 / 上移一层”命令。同时选择两个图形，在绘图工具“格式”选项卡的“排列”组中选择“组合”选项将两个图形组合在一起，如图 8-22 所示。

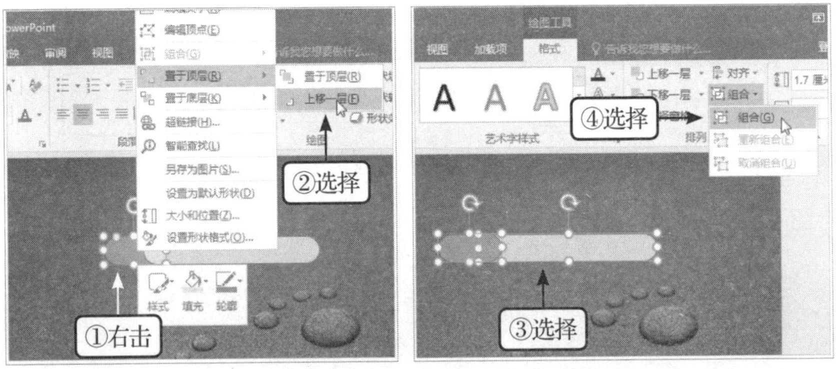

图 8-22

选择橙色图形右击鼠标，在弹出的快捷菜单中选择“编辑文字”命令，输入“第一章”文本，选择文本内容，单击“开始”按钮，设置字体格式，如图 8-23 所示。

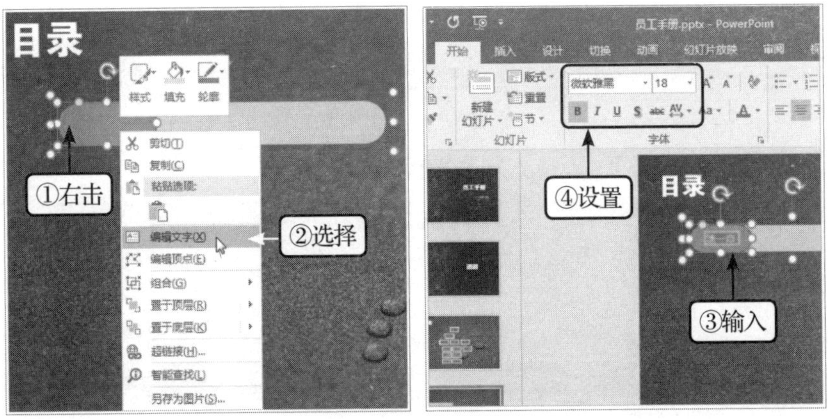

图 8-23

用同样的方法在右侧的图形上输入相应的文字并设置合适的字体格式。复制4个同样的组合图形，修改其文字内容，同时选择所有的图形，在“绘图工具 格式”选项卡的“排列”组中选择“对齐 / 横向分布”选项完成目录页的制作，如图 8-24 所示。

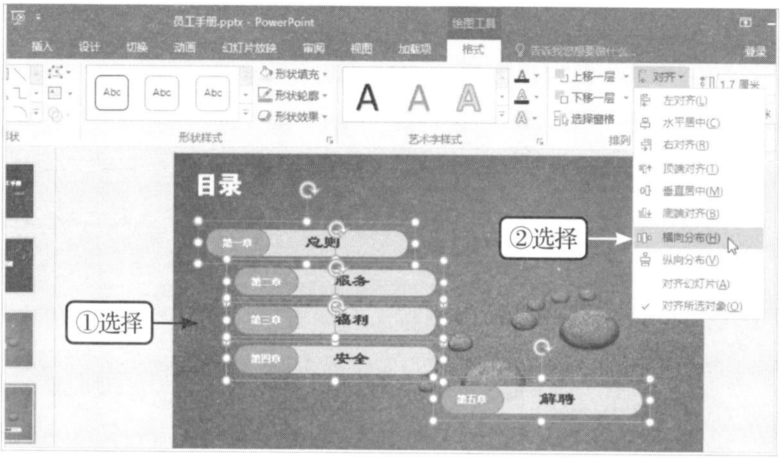

图 8-24

8.2.4　制作过渡页效果和子目录

制作过渡页只需对目录页的内容进行透明度的调整即可得到想要的效果，而子目录的制作方法与目录页的制作就更是大同小异了，下面来讲解相关的操作步骤。

复制目录页，删除“目录”标题文本框，同时选择所有的图形，调整位置。选择“第二章”橙色图形，设置其形状透明度为“20%”，如图 8-25 所示。

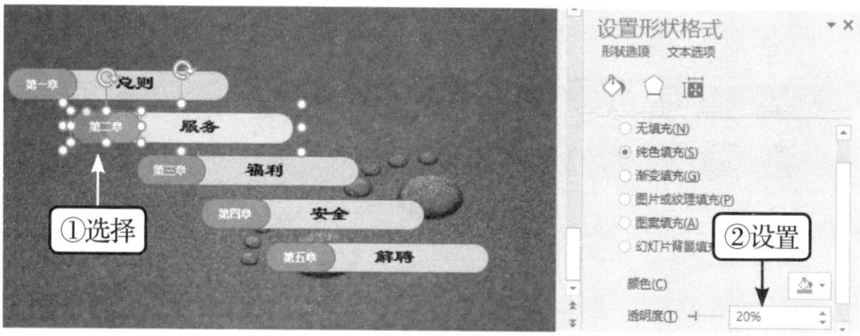

图 8-25

然后选择其右侧的图形，设置其透明度为"60%"，单击"关闭"按钮。按照同样的方法为下面3个图形设置透明度，完成过渡页的效果制作。如图8-26所示。

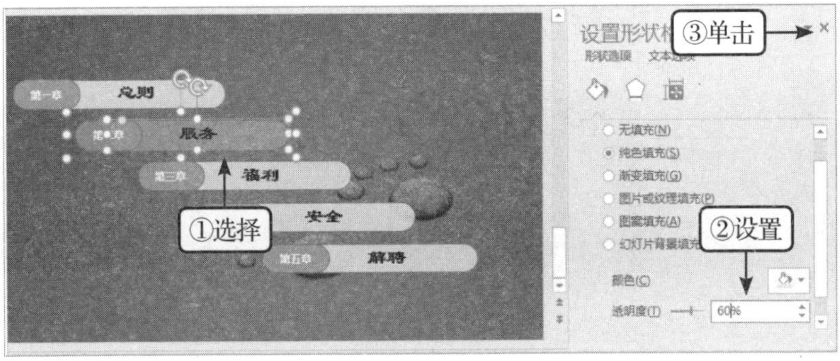

图 8-26

新建幻灯片，然后将标题设置为"第一章　总则"，插入需要的形状。保持形状的选择状态，设置高度和宽度分别为2.75厘米和12厘米。单击"主题样式"下拉按钮，选择适合的形状样式，如图8-27所示。

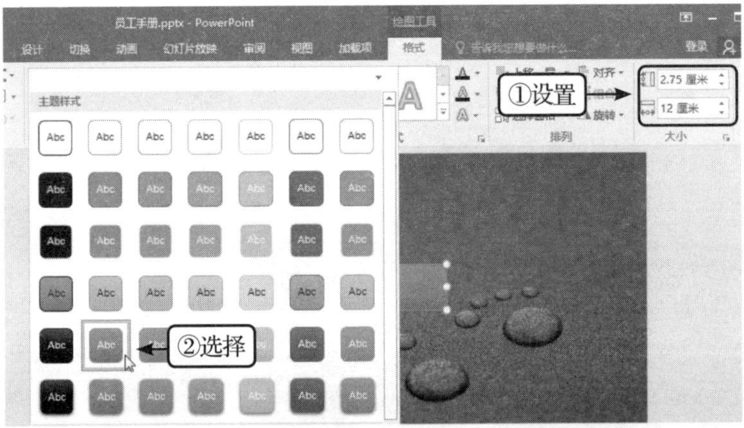

图 8-27

插入椭圆形形状，设置其高度和宽度为1.7厘米，保持形状的选择状态，在"绘图工具 格式"选项卡中单击"形状填充"下拉按钮，选择合适的主题颜色，如图 8-28 所示。

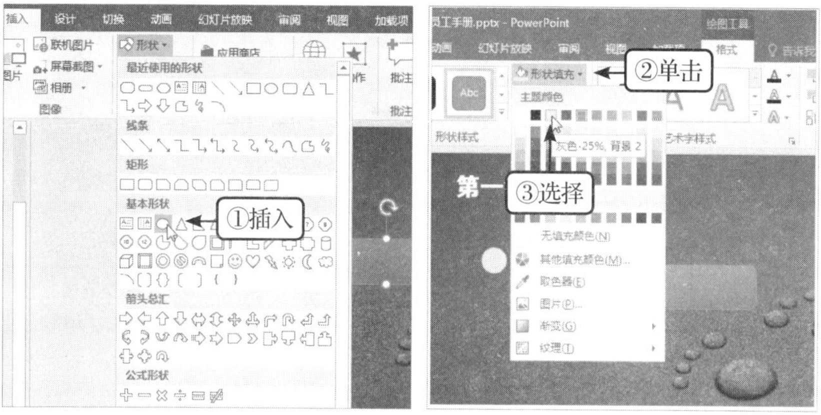

图 8-28

单击“形状效果”下拉按钮，选择合适的形状效果，组合两个图形并复制两个同样的组合图形，如图 8-29 所示。

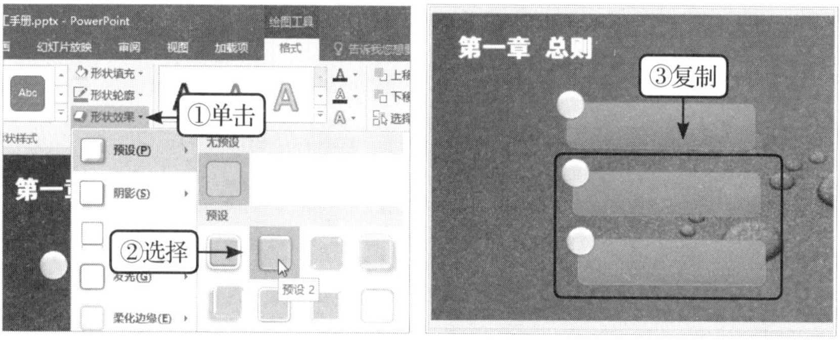

图 8-29

修改复制的组合图形的形状样式，并在图形内输入相应的文本内容，设置合适的文本格式。选择全部图形，设置对齐方式为“左对齐”，完成子目录的制作，如图 8-30 所示。

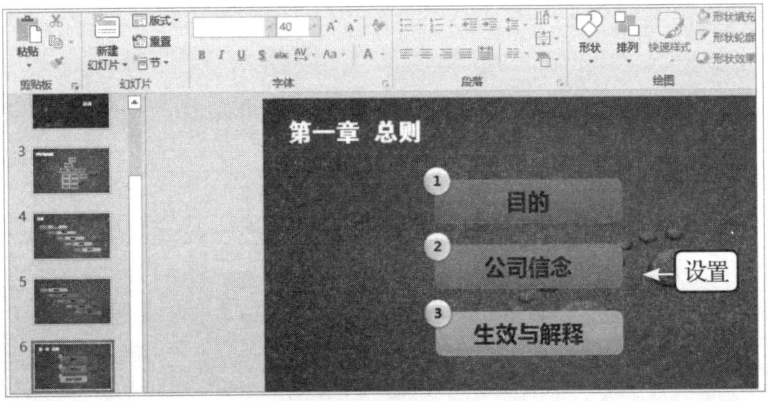

图 8-30

8.2.5 制作员工手册内容页

为了让员工手册的演示文稿看起来更加美观，在制作内容页的时候可以创建一些不同的图形样式来展示相应的文字内容。具体的操作方法如下。

新建“标题和内容”版式的幻灯片，然后将标题设置为“目的”，然后输入相应的文本内容，完成该页的制作，如图 8-31 所示。

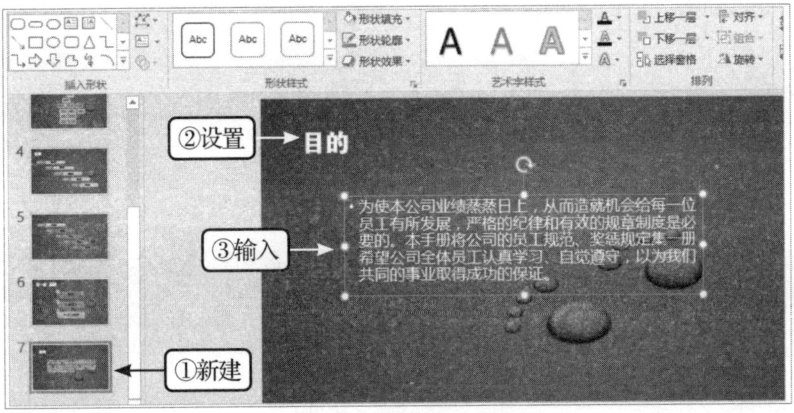

图 8-31

新建“仅标题”版式的幻灯片，然后将标题设置为“公司信念”。在其下方制作一个图示结构，输入相应的文字内容，完成该页的制作，如图 8-32 所示。

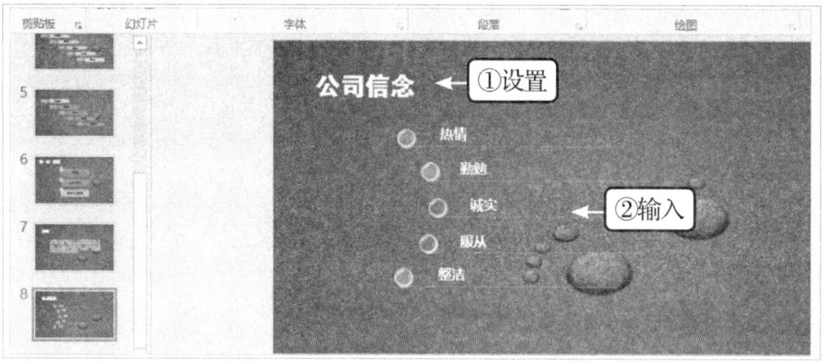

图 8-32

新建“仅标题”版式的幻灯片，然后将标题设置为“生效与解释”。在其下方制作一个图示结构，输入相应的文字内容，完成该页的制作。如图 8-33 所示。

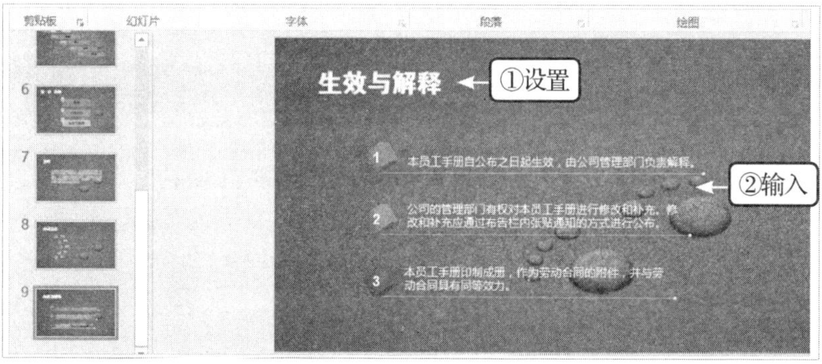

图 8-33

按照相同的方法制作第二章的过渡页，以及后面几章的内容页，效果如图 8-34 所示。

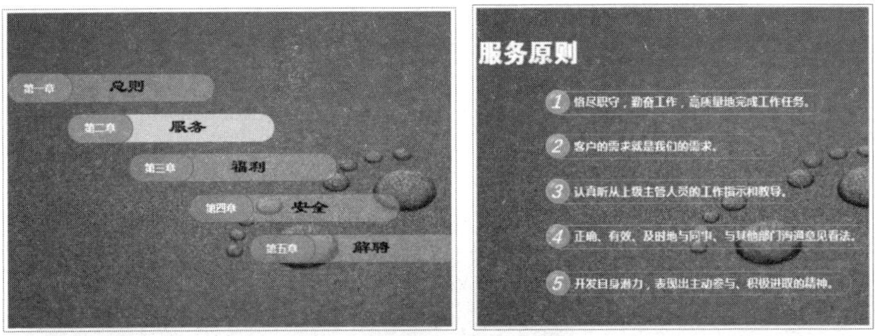

图 8-34

8.2.6 制作岗位职责表格

要将员工手册中的表格展示到演示文稿中，需要在演示文稿中插入一个同样的表格并加以美化，下面来看具体的操作。

新建“标题和内容”版式的幻灯片，然后将标题设置为“岗位职责”，单击文本占位符中的“插入表格”按钮，在打开的对话框中设置表格列数和行数，单击“确定”按钮，如图 8-35 所示。

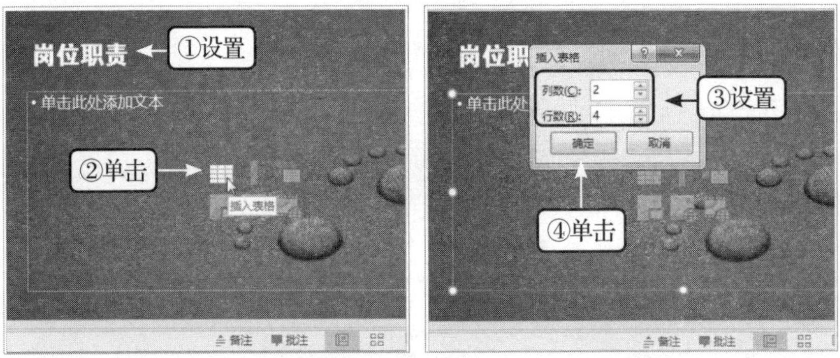

图 8-35

在表格第一行输入表头内容，选择文本内容，单击“开始”选项卡，在“段落”工具组中单击“居中”按钮，将表头内容居中显示。输入第一列的表内容，居中显示，单击“表格工具 布局”选项卡，在“单元格大小”工具组中设置列宽为“3.29 厘米”，如图 8-36 所示。

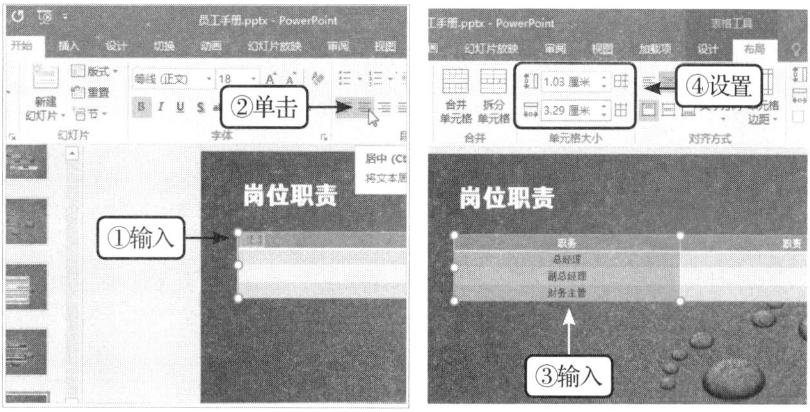

图 8-36

输入第二列表内容，将鼠标移到表格边框右侧中间的控制点，按住鼠标左键，向右拖动控制点调整第二列列宽。选择第一列表内容，在“表格工具 布局”选项卡下单击“垂直居中”按钮，如图 8-37 所示。

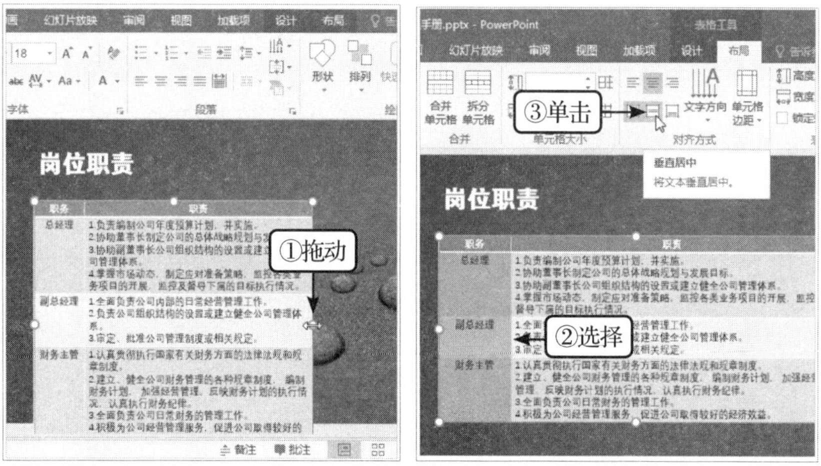

图 8-37

将鼠标光标移到第二行下边框线上，当鼠标光标变成 ÷ 形状时，按住鼠标左键向下拖动调整第二行行高，用同样的方法调整其他行的行高。单击“表格工具 设计”选项卡，单击“表格样式”下拉按钮，在弹出的菜单中选择合适的表格样式对表格进行美化，如图 8-38 所示。

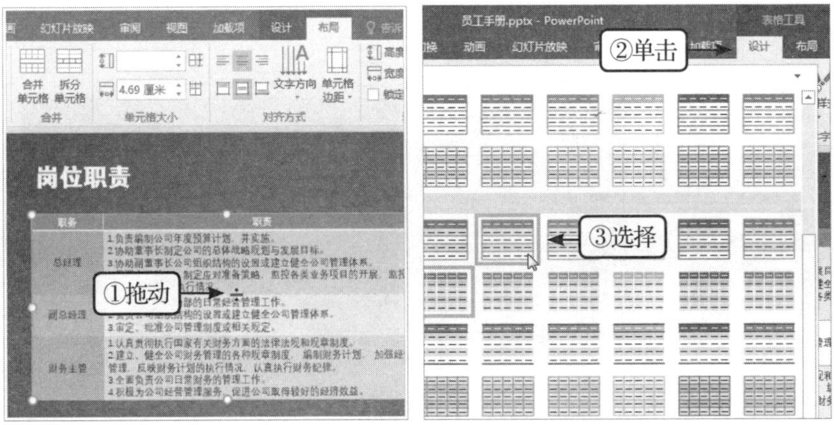

图 8-38

复制该幻灯片，保持表格表头内容不变，选择最后一行表格内容，在“表格工具 布局”选项卡中单击“删除”下拉按钮，在弹出的下拉菜单中选择“删除行”选项。删除表内容，将岗位职责表中剩下的内容输入到表格中，如图 8-39 所示。

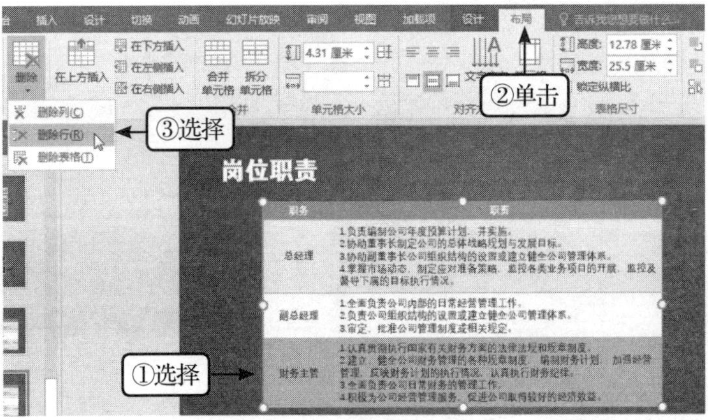

图 8-39

8.2.7　为幻灯片设置切换效果

制作好员工手册的演示文稿后，还需要在会议室等场所进行播放，才能展示给员工看。在播放幻灯片时，为了让幻灯片之间的切换更流畅、更自然，可以为幻灯片应用切换效果。下面来讲解相关的操作方法。

在左侧的任务窗格中选择第 1 张幻灯片，单击“切换”选项卡。单击“切换到此幻灯片”工具组中的“其他”按钮，在弹出的下拉菜单中选择“淡出”细微型切换效果，如图 8-40 所示。

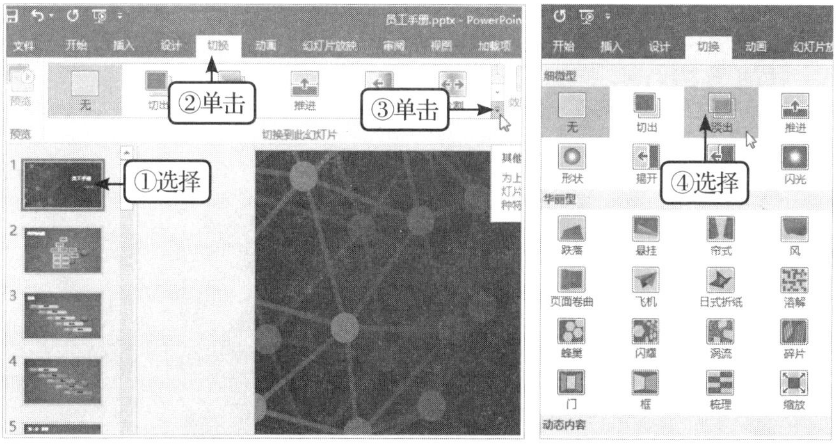

图 8-40

在“计时”工具组中，设置声音为“风铃”，设置持续时间为“01.25”，完成该页的切换效果设置。用相同的方法分别为第 2 ~ 28 张幻灯片应用不同的切换效果，也可以单击“计时”工具组中的“全部应用”按钮快速将切换效果应用到其他幻灯片，如图 8-41 所示。

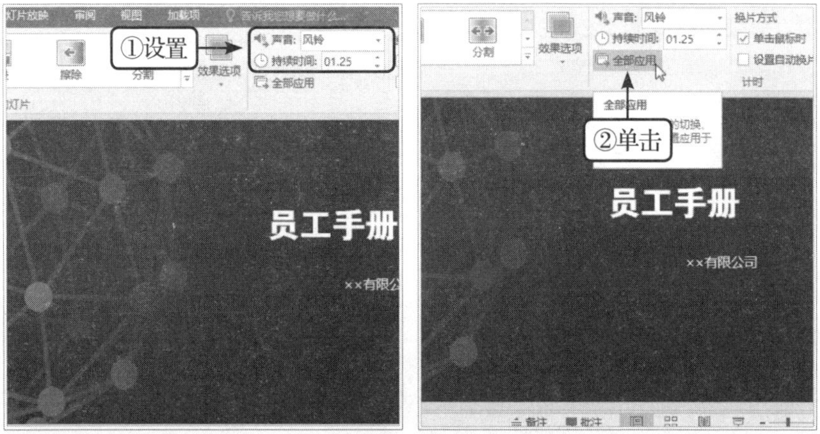

图 8-41

模板精选

资源 ××科技有限责任公司员工手册

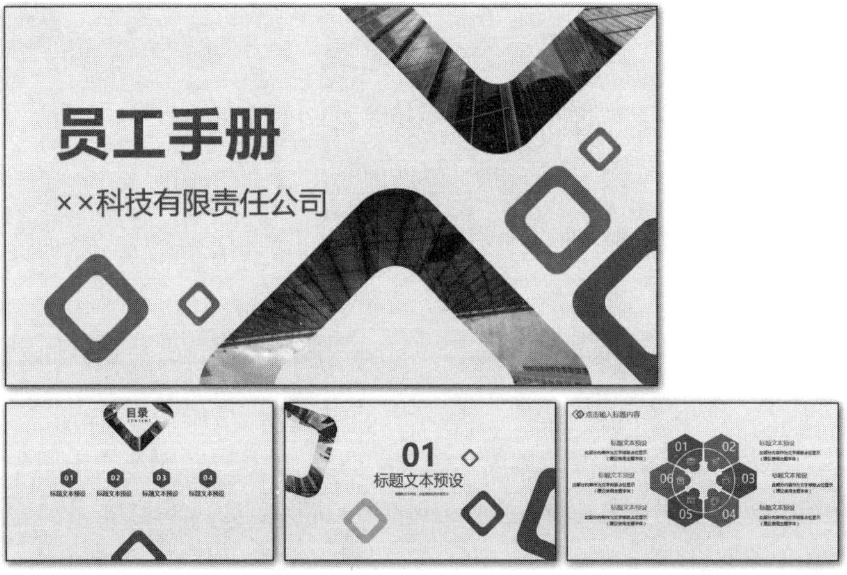

资源 ××文化有限公司员工手册

资源 ××制药公司员工手册

资源 ××快递股份有限公司员工手册

资源 ××软件开发公司员工手册

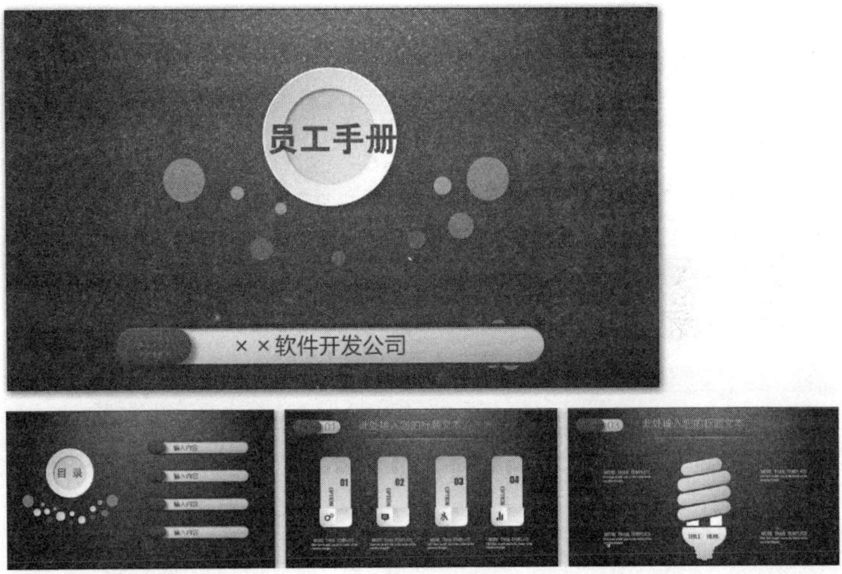